HSK Class Series

HSK
VOCABULARY
HANDBOOK

LEVEL 6
(Second Edition)

FLTRP I-
ar

Books Beyond Boundaries

ROYAL COLLINS

HSK Vocabulary Handbook: Level 6
(Second Edition)

FLTRP International Chinese Research and Development Center

First published in 2023 by Royal Collins Publishing Group Inc.
Groupe Publication Royal Collins Inc.
BKM Royalcollins Publishers Private Limited

Headquarters: 550-555 boul. René-Lévesque O
Montréal (Québec) H2Z1B1 Canada
India office: 805 Hemkunt House, 8th Floor,
Rajendra Place, New Delhi 110 008

ISBN: 978-1-4878-1003-0

To find out more about our publications,
please visit www.royalcollins.com.

CONTENTS

A

挨 ái *v.* suffer, endure, delay

【配】挨打，挨骂，挨时间

【例】①他挨骂了。②她坐在那里挨时间。

癌症 áizhèng *n.* cancer

【配】患上癌症，得了癌症

【例】①他得癌症了。②癌症很难治好。

爱不释手 àibúshìshǒu be so fond of sth that one will not let go of it

【例】①这本书他爱不释手。②同学们对这幅画爱不释手。

爱戴 àidài *v.* love and esteem

【配】深受爱戴

【例】①他得到战士们（zhànshìmen; soldiers）的爱戴。②王老师深受同学们的爱戴。

【同】尊敬

暧昧 àimèi *adj.* ambiguous, shady

【配】态度暧昧，关系暧昧

【例】①他的态度很暧昧。②他们俩关系暧昧。

安宁 ānníng   *adj.* peaceful, tranquil
【配】安宁的生活，安宁的世界
【例】①这地方十分安宁。②为了祖国的安宁，他决定从军（cóngjūn; enlist）。

安详 ānxiáng   *adj.* serene, composed
【配】目光安详，神态安详
【例】①爷爷安详地睡着了。②老人的神态很安详。

安置 ānzhì   *v.* find a suitable place (position, job, etc) for, arrange for the placement of
【配】房屋安置，安置人员
【例】①这些灾民（zāimín; victims of a natural calamity）得到了安置。②她把妹妹安置在一家旅馆。
【同】安排

按摩 ànmó   *v.* massage
【配】按摩全身，做按摩
【例】①他在按摩头部。②按摩可以使身心得到放松。
【扩】按摩师（ànmóshī; massagist）

案件 ànjiàn   *n.* case, law case
【配】法律案件，处理案件
【例】①这起案件发生在昨天。②警察正在处理案件。

案例 ànlì *n.* case, example of case

【配】典型案例

【例】①他在查找相关案例。②这个案例给了他很多启示。

暗示 ànshì *v.* hint, suggest

【配】给他暗示，自我暗示

【例】①他暗示我这里刚发生了一些事情。②老师暗示他离开。

昂贵 ángguì *adj.* expensive, costly

【配】价格昂贵，代价昂贵

【例】①这件衣服太昂贵了。②为了事业，他付出了昂贵的代价。

凹凸 āotū *adj.* full of bumps and holes, uneven

【配】凹凸不平

【例】这条山路凹凸不平。

熬 áo *v.* cook on a slow fire, endure

【配】熬粥，熬夜

【例】①奶奶正在熬粥呢！②他昨晚熬夜了。

奥秘 àomì *n.* profound mystery

【配】地球的奥秘，自然的奥秘

【例】①这其中的奥秘，你知道吗？②弟弟对大自然的奥秘很感兴趣。

B

巴不得 bābudé *v.* eagerly look forward to

【例】①他巴不得出去玩儿呢！②请她吃饭，她巴不得呢！

巴结 bājie *v.* fawn on, curry favour with

【配】巴结老师，巴结领导

【例】①他为了通过考试而巴结老师。②别巴结我，我可帮不了你。

【同】讨好

【反】得罪

扒 bā *v.* strip off, dig up, push aside

【配】扒开，扒土

【例】①他扒下衣服，跳进河里。②她扒开草丛 (cǎocóng; a clump of grass)。

疤 bā *n.* scar

【配】一道疤，疤痕，伤疤

【例】①他的头上有道疤。②他的伤好了，可是留下了疤。

拔苗助长 bámiáo-zhùzhǎng　try to help the shoots grow by pulling them upwards—artificially help the growth of a thing only to do it great harm
【例】①不要对孩子要求太高，否则只会拔苗助长。
②企业改革应该循序渐进，不能"拔苗助长"。

把关 bǎguān　*v.* check on, guard a pass
【配】层层把关，把好关
【例】①工人们对产品质量层层把关。②这次面试由他把关。

把手 bǎshou　*n.* handle, knob
【配】转动把手，门把手
【例】①他弄坏了门把手。②奶奶转动把手，打开门，走进屋里。

罢工 bàgōng　*v.* strike, go on strike
【配】举行罢工
【例】①工人们已经罢工一天了。②听说那里的出租车司机正在举行罢工。

霸道 bàdào　*adj.* overbearing, high-handed

【配】横行霸道（héngxíng-bàdào; ride roughshod over），霸道样儿
【例】①他真霸道！②你别再横行霸道了。

掰 bāi *v.* break off with hands, separate with fingers
【配】掰开，掰手腕（shǒuwàn; wrist）
【例】①他掰开了橘子。②别再掰你的手指了！

摆脱 bǎituō *v.* shake off, cast off, break away from
【配】摆脱困境，摆脱束缚
【例】①他成功摆脱了敌人。②我想帮助你摆脱困境。

败坏 bàihuài *v./adj.* corrupt; badly corrupted
【配】败坏名誉，道德败坏
【例】①你别做这种败坏名誉的事情。②丧失诚信（chéngxìn; honest and trustworthy）是社会道德败坏的根源。

拜访 bàifǎng *v.* pay a visit (to), call on
【配】拜访朋友，正式拜访
【例】①明天我去你家拜访。②他想正式拜访您。

拜年 bàinián *v.* pay a New Year call, extend New Year greetings

【配】给您拜年，拜大年

【例】①新年好，给您拜个年！②拜年是中国过春节的传统风俗。

拜托 bàituō　*v.*　request sb to do sth

【配】拜托您

【例】①小王，这件事就拜托了。②我想拜托您一件事儿。

颁布 bānbù　*v.*　issue, publish, promulgate

【配】颁布法令（fǎlìng; decree），颁布政策

【例】①最近政府颁布了新法令。②会议颁布了新章程（zhāngchéng; regulation）。

颁发 bānfā　*v.*　issue, award

【配】颁发法令，颁发奖章（jiǎngzhāng; medal）

【例】①校长为同学们颁发了毕业证书。②下面由我来为大家颁发奖金。

斑 bān　*n.*　spot, speck

【配】一块斑，斑点

【例】①因为晒了太长时间的太阳，她的脸上长了一些斑。②太阳上有一些黑色的斑点。

版本 bǎnběn *n.* edition, version

【配】不同版本，原版本

【例】①这本书有不同的版本。②这套教材有新旧两个版本。

半途而废 bàntú'érfèi give up halfway, leave sth unfinished

【例】①学习不可以半途而废。②你如果不继续做下去，不是半途而废吗？

【反】锲而不舍

扮演 bànyǎn *v.* play (the part of), act as

【配】扮演者，扮演角色

【例】①公主的扮演者是一个年轻女孩儿。②这个角色由他来扮演。

伴侣 bànlǚ *n.* partner, companion, mate

【配】一对伴侣，终身伴侣

【例】①他俩是一对幸福的伴侣。②一对伴侣正在湖边散步。

伴随 bànsuí *v.* accompany, follow

【配】伴随他，伴随着音乐

【例】①爷爷伴随奶奶走过一生。②她伴随着节奏跳起了舞。

绑架 bǎngjià *v.* kidnap

【配】绑架案，绑架事件

【例】①他被人绑架了。②他们绑架这个小孩儿是为了钱。

榜样 bǎngyàng *n.* example, model

【配】好榜样，做榜样

【例】①你是班长，应该做个榜样。②她常常帮助别人，是我们的好榜样。

磅 bàng *m./n.* pound; scales

【配】几磅，过磅

【例】①这个东西的重量是六磅。②她用磅称了称手里的水果。

包庇 bāobì *v.* shield, cover up

【配】包庇坏人，包庇罪

【例】①不要包庇你的朋友！②他因包庇罪犯而被逮捕了。

包袱 bāofu *n.* bundle wrapped in cloth, burden, load

【配】沉重的包袱，思想包袱

【例】①这个包袱太重了！②你应该放下思想包袱，自信地应对考试。

包围 bāowéi *v.* surround, encircle
【配】包围敌人，包围圈
【例】①他们被敌人包围了。②他被欢迎的人群（rénqún; crowd）包围了。

包装 bāozhuāng *n./v.* package; pack
【配】产品包装，包装礼物
【例】①这件礼物的包装真漂亮。②请把东西包装好。

饱和 bǎohé *v.* saturate
【配】饱和溶液（róngyè; solution），市场饱和
【例】①这杯盐水快饱和了。②这种商品在市场上已经饱和。

饱经沧桑 bǎojīng-cāngsāng have experienced many vicissitudes of life
【配】饱经沧桑的老人
【例】①爷爷是一位饱经沧桑的老人。②他的一生饱经沧桑。

保管 bǎoguǎn *v./adv.* take care of; surely

【配】保管资料，保管满意

【例】①请保管好您的随身物品！②这是我给你的礼物，保管你满意。

保密 bǎomì *v.* keep secret

【配】保密工作，替某人保密

【例】①这件事的保密工作做得真好，我们都不知道。②这件事情请你保密，别告诉别人。

保姆 bǎomǔ *n.* housemaid, housekeeper

【配】请保姆

【例】①奶奶请了一个保姆。②保姆去做饭了。

保守 bǎoshǒu *v./adj.* guard, keep; conservative

【配】保守秘密，思想保守

【例】①请保守这个秘密。②他的思想太保守了。

【反】开明

保卫 bǎowèi *v.* defend, safeguard

【配】保卫祖国，保卫和平

【例】①这家商场加强了保卫工作。②战士们日夜保卫祖国的和平。

保 养 bǎoyǎng *v.* take good care of one's health,

maintain

【配】保养身体，保养费

【例】①她很注重保养自己的皮肤。②他正在保养机器。

保障 bǎozhàng *v./n.* ensure, safeguard; guarantee

【配】保障生命安全，保障生活质量，重要保障

【例】①国家依法保障公民（gōngmín; citizen）的权利。
②安全是生产的保障。

保重 bǎozhòng *v.* take care of oneself

【配】多保重，保重身体

【例】①再见，请多保重！②你要保重身体，别太累了。

报仇 bàochóu *v.* revenge, avenge

【配】为某人报仇

【例】①别忘了向敌人报仇。②他发誓（fāshì; swear）
为朋友报仇。

【反】报恩（bào'ēn）

报酬 bàochou *n.* reward, remuneration, pay

【配】提高报酬，报酬太低

【例】①这份工作的报酬很高。②他给你多少报酬？

【同】薪水，工资

报答 bàodá *v.* repay, requite

【配】报答父母

【例】①我们不能忘了报答父母的养育之恩。②他是来报答你的。

【反】报复

报复 bàofù *v.* take reprisals, retaliate

【配】报复社会，报复某人

【例】①老师警告（jǐnggào; warn）他不要打击报复别人。②他的报复心太强了。

【反】报答

报警 bàojǐng *v.* call the police

【配】及时报警，向 110 报警

【例】①遇到危险情况可以向 110 报警。②他发现钱包被偷了，赶紧到附近的派出所（pàichūsuǒ; local police station）报了警。

报销 bàoxiāo *v.* submit an expense account, apply for reimbursement

【配】报销费用

【例】①车票可以报销。②公司能报销出差费用。

抱负 bàofù *n.* ambition, aspiration

【配】远大抱负，有抱负

【例】①他有远大的抱负。②她是个有抱负的人。
【同】理想

暴力 bàolì *n.* violence, force
【配】暴力集团，实施暴力
【例】①这个暴力集团的出现影响到人民的安全。②警察正在调查这起暴力事件。

暴露 bàolù *v.* expose, reveal
【配】暴露想法，暴露身份
【例】①这件事最终暴露在媒体面前。②敌人一不小心暴露了身份。
【扩】显露（xiǎnlù; show）

曝光 bàoguāng *v.* expose, make (sth bad) public
【配】多次曝光，曝光丑闻（chǒuwén; scandal）
【例】①这种相机有多次曝光功能。②这位明星的丑闻被多次曝光。

爆发 bàofā *v.* break out, erupt, burst
【配】火山（huǒshān; volcano）爆发，爆发阵阵掌声
【例】①听说那里有一座火山爆发了。②教室里爆发出一阵掌声。

爆炸 bàozhà　*v.* explode, blow up, detonate

【配】核（hé; nuclear）爆炸，宇宙爆炸

【例】①附近一家工厂爆炸了。②一颗原子弹（yuánzǐdàn; atom bomb）爆炸了。

卑鄙 bēibǐ　*adj.* mean, contemptible

【配】卑鄙的手段，卑鄙小人

【例】①这种行为太卑鄙了。②他是个卑鄙的人。

悲哀 bēi'āi　*adj.* grieved, sorrowful

【配】神情悲哀，感到悲哀

【例】①他露出悲哀的眼神。②我们为她的行为感到悲哀。

【同】悲痛（bēitòng）

悲惨 bēicǎn　*adj.* miserable, tragic

【配】悲惨世界，悲惨遭遇

【例】①他们过着悲惨的生活。②他挨饿受冻，十分悲惨。

北极 běijí　*n.* North Pole

【配】北极熊，北极圈

【例】①他想去北极探险（tànxiǎn; explore）。②北极熊生活在北极。

【反】南极（nánjí）

贝壳 bèiké　*n.* shell
【配】几个贝壳，美丽的贝壳
【例】①沙滩上有许多贝壳。②他捡了几个贝壳带回家。

备份 bèifèn　*v./n.* copy; backup
【配】备份文件，软件备份
【例】①为了避免数据丢失（diūshī; lose），我们需要备份这些文件。②这个文件有备份。

备忘录 bèiwànglù　*n.* memorandum
【配】一本备忘录
【例】①别忘了带备忘录！②他负责管理会谈备忘录。

背叛 bèipàn　*v.* betray, forsake
【配】背叛祖国，背叛朋友
【例】①他背叛了祖国，背叛了人民。②他背叛了我们之间的友情。

背诵 bèisòng　*v.* recite, repeat sth from memory
【配】背诵课文，背诵诗歌
【例】①这篇课文他背诵完了。②妹妹正在背诵古诗。

被动 bèidòng　*adj.* passive, unfavourable

【配】被动句，被动地位

【例】①工作要主动，不要被动。②在这场比赛中他一直处于被动。

【反】主动

被告 bèigào　*n.* defendant, the accused

【配】被告席，被告人

【例】①证据表明被告有罪。②被告方今天没有出现。

【反】原告

奔波 bēnbō　*v.* rush about

【配】来回奔波，为生活奔波

【例】①他常年奔波于上海和北京之间。②她为了工作四处奔波。

奔驰 bēnchí　*v.* run quickly

【配】在路上奔驰

【例】①白马奔驰在草原上。②汽车在马路上奔驰。

本能 běnnéng　*n./adv.* instinct; by instinct

【配】生存的本能，一种本能

【例】①哭是婴儿的本能。②对面的车奔驰而过，他本能地从窗口缩回了头。

本钱 běnqián *n.* capital
【配】做生意的本钱
【例】①做买卖需要有本钱。②健康的身体是学习的本钱。

本人 běnrén *pron.* oneself
【配】本人的东西，本人的观点
【例】①他知道这件事，你问他本人吧。②本人也认为这件事是对的。

本身 běnshēn *pron.* itself
【配】事情本身
【例】①生活本身就是丰富多彩的。②公司要发挥本身的优势。

本事 běnshi *n.* skill, ability
【配】有本事
【例】①这个人没什么本事。②你不会连这点儿本事都没有吧？
【同】本领

笨拙 bènzhuō *adj.* clumsy, awkward
【配】十分笨拙，笨拙的动作
【例】①他走路的样子很笨拙。②熊笨拙地爬上树。

崩溃 bēngkuì *v.* collapse, crumble

【配】精神崩溃，彻底崩溃

【例】①听到这个消息后，他快要崩溃了。②这个国家的经济濒临崩溃。

甭 béng *adv.* don't, needn't

【配】甭想，甭问

【例】①你甭问了，他不想说。②甭担心，会有办法的。

迸发 bèngfā *v.* burst out, burst forth

【配】真情迸发，迸发火花

【例】①观众中迸发出一阵热烈的掌声。②爱能使人迸发出强大的动力。

蹦 bèng *v.* jump, leap, spring

【配】蹦起来，蹦蹦跳跳

【例】①他高兴得蹦了起来。②皮球掉在地上，又蹦了起来。

逼迫 bīpò *v.* force, compel

【配】在压力的逼迫下，逼迫某人

【例】①在环境的逼迫下，他变得坚强了许多。②生活逼迫我们努力工作。

鼻涕 bítì   *n.* nasal mucus

【配】流鼻涕，擦鼻涕

【例】①妈妈帮孩子擦鼻涕。②她感冒了，流着鼻涕。

比方 bǐfang   *v./conj.* take for example; if

【配】打比方，比方说

【例】①北京有许多著名的公园，比方说颐和园。②比方删除这几个字，是否会更好？

比喻 bǐyù   *n./v.* metaphor, analogy; compare

【配】打比喻，比喻义

【例】①"他的脸像红苹果"是个比喻句。②诗歌中常用玫瑰花（méiguihuā; rose）比喻爱情。

比重 bǐzhòng   *n.* proportion

【配】所占比重

【例】①工业在国家经济中的比重上升了。②在我们班，男生占很小的比重。

鄙视 bǐshì   *v.* despise, look down upon

【配】鄙视别人，受到鄙视

【例】①大家在开玩笑，没有鄙视你的意思。②应该受到鄙视的是那些陷害别人的人。

【同】藐视，蔑视

闭塞 bìsè *v./adj.* block; hard to get to, ill-informed

【配】道路闭塞，消息闭塞

【例】①房间通风口闭塞，要马上找人来修理。②这个地方的交通很闭塞。③你的消息真闭塞。

弊病 bìbìng *n.* drawback, malpractice, malady

【配】社会弊病，消除弊病

【例】①这种方法有很多弊病。②政府正想办法消除这些社会弊病。

弊端 bìduān *n.* abuse, corrupt practice

【配】避免弊端，种种弊端

【例】①这样做可以避免这件事带来的弊端。②大家发现了这种方法的种种弊端。

臂 bì *n.* arm

【配】臂膀，臂力

【例】①他的臂力很大。②运动员的臂膀很结实。

边疆 biānjiāng *n.* border area, frontier

【配】保卫边疆，边疆的战士

【例】①战士们保卫边疆。②边疆的人民很热情。

边界 biānjiè *n.* boundary, border

【配】划定边界，边界地区

【例】①敌人们越过边界逃跑了。②签订这份协议的目的在于解决两国边界问题。

边境 biānjìng *n.* border, frontier

【配】越过边境，边境贸易

【例】①两国开展边境贸易。②这座山横跨 (héngkuà; stretch over) 两国边境。

边缘 biānyuán *n./adj.* edge, fringe; marginal

【配】大陆边缘，边缘学科

【例】①他处在崩溃的边缘。②他学的是一门边缘学科。

编织 biānzhī *v.* weave, knit, plait

【配】编织毛衣，编织品

【例】①妈妈在编织毛衣。②这个书包是手工编织的。

鞭策 biāncè *v.* spur on, urge on

【配】鞭策自己

【例】①我们要时刻鞭策自己努力学习。②她时刻鞭策自己不要懒惰。

贬低 biǎndī *v.* belittle, depreciate

【配】贬低别人，随意贬低

【例】①请你不要贬低别人。②任意贬低这部电影的做法是不客观的。

贬义 biǎnyì　*n.* derogatory sense

【配】贬义词

【例】①这个词带有贬义色彩。②这种说法是贬义的。

【反】褒义（bāoyì）

扁 biǎn　*adj.* flat

【配】扁平，扁圆

【例】①鸭子的嘴很扁。②盒子被压扁了。

变故 biàngù　*n.* unforeseen event, accident, misfortune

【配】一场变故，发生变故

【例】①经过这场变故，他更加成熟了。②他的家庭遭遇了变故。

变迁 biànqiān　*v.* change

【配】乡村的变迁，社会变迁

【例】①经过几十年的变迁，他的家乡变化很大。②随着社会的变迁，人们的生活也发生了变化。

变质 biànzhì　*v.* go bad, deteriorate

【配】牛奶变质，变质食品

【例】①这块肉不能吃，变质了。②商店不能卖已经变质的食物。

便利 biànlì　*adj./v.* convenient; facilitate

【配】交通便利，生活便利

【例】①这里的交通很便利。②为了便利群众，政府打算在这里修条铁路。

【同】方便

便条 biàntiáo　*n.* informal note

【配】写便条，一张便条

【例】①他给你留了一张便条。②她正在给老师写便条。

便于 biànyú　*v.* be easy to, be convenient for

【配】便于记忆，便于计算

【例】①这种方法便于记忆。②这个包便于携带。

遍布 biànbù　*v.* spread all over

【配】遍布全球

【例】①网络遍布全世界。②这座山野草遍布。

辨认 biànrèn　*v.* recognise, identify

【配】难以辨认，辨认方向

【例】①天太黑了，我辨认不出前面的道路。②你的字写得不清楚，老师很难辨认。

辩护 biànhù　*v.* speak in defence of, argue in favour of
【配】辩护律师，辩护人
【例】①我是她的辩护律师。②谁为他的行为辩护？

辩解 biànjiě　*v.* provide an explanation, try to defend for oneself
【配】进行辩解
【例】①你怎么辩解也没有用了。②小偷不停地为自己辩解。

辩证 biànzhèng　*adj.* dialectical
【配】辩证统一，辩证法
【例】请你辩证地看待这个问题。

辫子 biànzi　*n.* braid, plait
【配】梳辫子，扎辫子
【例】①她梳着一条辫子。②我妹妹的辫子很长。

标本 biāoběn　*n.* specimen, sample
【配】制作标本，标本室
【例】①同学们在观察生物标本。②那个蝴蝶标本昨天被他弄丢了。

标记 biāojì   *v./n.*   mark; sign, symbol
【配】标记日期，英文标记
【例】①照片上标记着拍照（pāizhào; take photos）日期。②她在本子上做了一个标记。

标题 biāotí   *n.*   heading, headline
【配】文章标题
【例】①我看不懂课文的标题。②别忘了写上标题！

表决 biǎojué   *v.*   decide by vote
【配】表决权，投票表决
【例】①为了选出代表，他们正在进行表决。②我建议分组进行举手（jǔ shǒu; raise one's hand）表决。

表态 biǎotài   *v.*   clarify one's position
【配】拒绝表态，明确表态
【例】①他拒绝对这个问题表态。②她明确表态说，她支持我们。

表彰 biǎozhāng   *v.*   cite (in dispatches), commend
【配】表彰大会，受到表彰
【例】①校长打算表彰学习成绩优秀的同学。②他见义勇为的行为受到了表彰。

憋 biē　*v./adj.* hold back; oppressed
【配】憋住，憋气
【例】①他憋了一肚子话，不愿说出来。②打开窗户吧，我有点儿憋得慌。

别墅 biéshù　*n.* villa
【配】一幢别墅，高级别墅，别墅区
【例】①他住在别墅里。②那边有一个高级别墅区。

别致 biézhì　*adj.* novel, unique
【配】造型别致，样式别致
【例】①这件毛衣真别致。②她戴了一朵别致的小花儿。

别扭 bièniu　*adj.* uncomfortable, disagreeable
【配】闹别扭，觉得别扭
【例】①他俩正闹别扭呢。②这首歌听起来真别扭。

濒临 bīnlín　*v.* be on the verge of, be close to
【配】濒临灭绝，濒临死亡
【例】①这种动物已经濒临灭绝了。②这个国家濒临太平洋（Tàipíngyáng; Pacific）。

【扩】濒危（bīnwēi; be in imminent danger）

冰雹 bīngbáo *n.* hailstone
【配】下冰雹
【例】①冰雹啪啪地落在屋顶上。②天气预报说今天会下冰雹。

丙 bǐng *n.* third
【配】丙级，丙类
【例】①这批产品的质量只达到丙级。②这些保健品（bǎojiànpǐn; health products）都属于丙类药。

并非 bìngfēi *v.* be actually not
【配】并非如此，并非这样
【例】①事情并非你想的那样。②并非我不喜欢这件衣服，是它实在太贵了。

并列 bìngliè *v.* stand side by side
【配】并列第一
【例】①他们并列坐在第一排。②在这次比赛中，英国队与法国队并列第二。

拨 bō *v.* move or adjust (with the hand, the foot, a stick, etc)

【配】拨打电话，拨快

【例】①遇到危险，请拨打 110 报警。②他把手表拨快了五分钟。

波浪 bōlàng *n.* wave

【配】波浪线，层层波浪

【例】①这两个数字中间有一个波浪线。②层层波浪击打着岩石。

波涛 bōtāo *n.* great waves, billows

【配】掀起波涛，波涛汹涌

【例】①大风掀起了海上的波涛。②海上波涛汹涌。

剥削 bōxuē *v.* exploit

【配】剥削人民，剥削阶级

【例】①在那个时代，农民处于被剥削的地位。②这个老板残酷地剥削员工。

播种 bōzhòng *v.* grow by sowing seeds

【配】播种土豆

【例】①这些种子应该在四月播种。②农民们在春天播种玉米。

伯母 bómǔ *n.* aunt

【配】一位伯母

【例】①今天她的伯母来看她了。②他有两位伯母。

博大精深 bódà-jīngshēn　extensive and profound
【例】①这门科学真是博大精深。②中国的文化博大
精深。

博览会 bólǎnhuì　*n.* fair
【配】世界博览会，举行博览会
【例】①今年的世界博览会在这座城市召开。②她在
博览会开幕式上发表讲话。

搏斗 bódòu　*v.* fight, wrestle
【配】进行搏斗，与他搏斗
【例】①他在搏斗中受伤了。②警察与罪犯进行搏斗。

薄弱 bóruò　*adj.* weak
【配】薄弱环节，意志薄弱
【例】①这是这个系统中最薄弱的一环。②这个国家
的防御系统太薄弱了。

不顾 búgù　*v.* take no care of, disregard
【配】不顾一切，不顾别人的感受
【例】①他不顾河水冰冷，跳下去救人。②她完全不
顾别人的看法，想做就做。

不愧 búkuì *adv.* worthy of

【配】真不愧，不愧是

【例】①她不愧是专家。②他成绩优秀，不愧为李教授的学生。

不料 búliào *conj.* but unexpectedly

【例】①我正打算走，不料他来了。②本子我以为带来了，不料忘在家里了。

不像话 búxiànghuà *adj.* outrageous, unreasonable

【配】太不像话

【例】①你这么做太不像话了。②才开学几天你就不想上学了，真不像话。

不屑一顾 búxiè yígù regard as beneath one's notice

【例】①他对我不屑一顾。②她对别人的建议不屑一顾。

补偿 bǔcháng *v.* compensate, make up

【配】补偿损失，补偿办法

【例】①他没有得到任何补偿。②我一定会补偿你的损失。

补救 bǔjiù *v.* remedy

【配】补救措施，补救方法

【例】①他们不得不立刻采取补救措施来处理这个问题。②请您告诉我们如何补救。

补贴 bǔtiē *v./n.* subsidise; subsidy
【配】补贴生活费，增加补贴
【例】①学校每个月补贴老师们 500 元餐费。②我们除了工资外还有补贴。

捕捉 bǔzhuō *v.* seize, catch
【配】捕捉猎物，捕捉笑容
【例】①猎人（lièrén; hunter）正在捕捉猎物。②摄影师捕捉到了她最美的笑容。

哺乳 bǔrǔ *v.* breast-feed
【配】哺乳动物，哺乳幼儿
【例】①兔子是哺乳动物。②母猫正给小猫哺乳。

不得已 bùdéyǐ *adj.* have to
【配】迫不得已，万不得已
【例】①我们也是不得已才告诉他的。②不到不得已的时候，千万别把秘密说出来！

不妨 bùfáng *adv.* may/might as well
【配】不妨说说，不妨试试

【例】①你不妨去试一下。②咱们不妨问问他，他应该知道。

不敢当 bùgǎndāng *v.* I really don't deserve this

【配】愧不敢当

【例】①这么高的荣誉，我可不敢当。②您这么盛情款待我，我实在不敢当。

不禁 bùjīn *adv.* can't help (doing sth)

【例】①听到这个消息，这个孩子不禁流下了眼泪。②他不禁爱上她了。

不 堪 bùkān *v./adj.* cannot stand, be unable (to); extreme

【配】不堪入目，不堪回首（huíshǒu; look back），陈旧不堪

【例】①额外的生活费用让他不堪重负（zhòngfù; heavy burden）。②这间屋子破旧不堪。

不可思议 bùkě-sīyì inconceivable

【配】让人不可思议，不可思议的事情

【例】①他这个人很不可思议。②发生这种事真是让人不可思议。

不免 bùmiǎn *adv.* unavoidably

【配】不免担心

【例】①儿子很晚还没回家，她不免有些担心。②第一次参加演出，他不免有点儿紧张。

不时 bùshí *adv.* often

【例】①他不时跑出去看看。②天空中不时有飞机飞过。

不惜 bùxī *v.* not stint, not hesitate (to do sth)

【配】不惜一切，不惜代价

【例】①他不惜一切代价帮助我们。②她不惜花大笔钱为自己建造别墅。

不相上下 bùxiāng-shàngxià be equally matched

【例】①他们的身高不相上下。②这两名选手在比赛中一直不相上下。

不言而喻 bùyán'éryù it goes without saying

【例】①他的聪明是不言而喻的。②那种美好的感觉真是不言而喻。

不由得 bùyóude *adv./v.* as a natural consequence; can't help

【配】不由得哭了，不由得你做主

【例】①冷风吹过来，他不由得哆嗦了一下。②他态度十分诚恳，不由得你不信。

不择手段 bùzé-shǒuduàn　by hook or by crook
【例】①他为了金钱不择手段。②她是个不择手段的人。

不止 bùzhǐ　*v.* exceed, not stop
【配】不止两个，奋斗不止
【例】①他比我不止大一岁。②生命不息，奋斗不止。

布告 bùgào　*n./v.* notice, bulletin; post
【配】一张布告，布告天下
【例】①这张布告贴得太高了。②晚上七点在会议室举行研讨会（yántǎohuì; seminar），特此布告。

布局 bùjú　*n./v.* layout, arrangement, composition; distribute
【配】房间的布局，合理布局
【例】①他们正在设计房屋的布局。②这个花园布局得很合理。

布置 bùzhì　*v.* fix up, arrange
【配】布置会场，布置房间
【例】①他的弟弟正在布置会场。②你的房间布置得很好。

步伐 bùfá *n.* pace, step
【配】整齐的步伐，步伐一致
【例】①她加快了步伐。②战士们迈着坚定的步伐走了过去。

部署 bùshǔ *v.* dispose, deploy
【配】财政部署，部署军队
【例】①总司令把军队部署在西边。②政府正在研究现代化建设的战略部署工作。

部位 bùwèi *n.* position, place
【配】身体部位，关键部位
【例】①声带是发音的关键部位。②注意不要碰你受伤的部位。

C

才干 cáigàn *n.* ability, competence
【配】有才干，杰出的才干
【例】①他是一个有才干的人。②我们相信他的领导才干。
【同】才能（cáinéng）

财富 cáifù *n.* riches, wealth

【配】共有财富，财富中心

【例】①成功和财富改变了他的性格。②自信心是一种宝贵的财富。

财务 cáiwù *n.* financial affairs

【配】财务制度，财务公司

【例】①他们遇到一些财务困难。②我们公司应该注意防止出现财务问题。

财政 cáizhèng *n.* finance

【配】财政管理，财政状况

【例】①他被任命为财政部长。②妹妹在财政部门工作。

裁缝 cáifeng *n.* tailor, dressmaker

【配】一个裁缝，裁缝店

【例】①他姐姐是个裁缝。②那家裁缝店在当地很有名。

裁判 cáipàn *v./n.* decide; referee

【配】裁判胜负，裁判员

【例】①这场比赛由他裁判胜负。②他是这场篮球比赛的裁判。

裁员 cáiyuán *v.* reduce the staff

【例】①这家公司正在裁员。②为了缓解公司财政压力，老板决定裁员。

采购 cǎigòu *v./n.* purchase; purchaser
【配】负责采购，采购员
【例】①她采购了大量化妆品。②他是公司的采购。

采集 cǎijí *v.* gather, collect
【配】采集数据
【例】①为了完成报告，大家到处采集信息。②他正在采集数据。

采纳 cǎinà *v.* accept, adopt
【配】采纳建议
【例】①他的意见被采纳了。②我们应该积极采纳别人的建议。

彩票 cǎipiào *n.* lottery
【配】买彩票，一张彩票
【例】①我的彩票中奖了。②咱们去买彩票吧！

参谋 cānmóu *n./v.* staff officer; give advice
【配】参谋人员，请你参谋
【例】①他在军队里担任作战参谋。②让我来给你参谋这事儿吧。

参　照 cānzhào　*v.* refer to as a reference, consult and follow

【配】参照对象，参照标准

【例】①请参照你们的课本来回答这个问题。②我们参照原文对这篇翻译文章做了修改。

残疾 cánjí　*n.* deformity, disability

【配】残疾人

【例】①我们应该关心、帮助残疾人。②她因为腿有残疾而行动不方便。

【扩】残缺（cánquē; incomplete）

残酷 cánkù　*adj.* cruel

【配】残酷无情，残酷的手段

【例】①他遭受了敌人残酷的迫害。②妹妹的去世对他来说是一个残酷的打击。

【同】残忍

残留 cánliú　*v.* remain

【配】残留物，残留的食物

【例】①桌子上还残留着面包屑。②残留的碎片（suìpiàn; fragment）散落一地。

残忍 cánrěn　*adj.* merciless, bloody

【配】十分残忍，手段残忍

【例】①他本性（běnxìng; natural instinct）残忍。②敌人残忍地杀害了他。

【同】残酷

灿烂 cànlàn　*adj.* bright, brilliant

【配】笑容灿烂，灿烂的阳光

【例】①他笑得很灿烂。②今天的阳光真灿烂。

仓促 cāngcù　*adj.* hurried

【配】很仓促，仓促之间

【例】①他们仓促地采取了行动。②他走得很仓促。

【反】沉着，从容

仓库 cāngkù　*n.* warehouse, storehouse

【配】一个仓库，大仓库

【例】①这个仓库里有很多老鼠。②他们把食品放在仓库里。

苍白 cāngbái　*adj.* pale

【配】脸色苍白，苍白的皮肤

【例】①他面色苍白，可能不太舒服。②你的脸色有些苍白，生病了吗？

舱 cāng *n.* cabin

【配】机舱，船舱

【例】①船舱里有食物，你去拿吧。②他迅速走出机舱。

操劳 cāoláo *v.* work hard, take care of

【配】日夜操劳，操劳一生

【例】①别太操劳了，注意身体！②为了照顾家庭，她日夜操劳，头发都过早地白了。

操练 cāoliàn *v.* drill, practice

【配】操练士兵

【例】①战士们操练了很长时间。②我们在广场上操练。

操纵 cāozòng *v.* operate, control

【配】操纵灵活，操纵机器

【例】①在这只小船上，他负责操纵方向。②我怀疑他受人操纵。

操作 cāozuò *v.* operate

【配】操作人员，易于操作

【例】①这台机器易于操作。②老师给了我们许多实际操作的机会。

嘈杂 cáozá　*adj.* noisy, clamorous
【配】人声嘈杂，嘈杂声
【例】①咱们走吧，这里人声嘈杂。②他来到农村，逃避城市的嘈杂。
【反】安静

草案 cǎo'àn　*n.* draft
【配】一个草案，准备草案
【例】①草案准备好了吗？②这条法律草案已经通过了。

草率 cǎoshuài　*adj.* careless, not serious
【配】办事草率，草率从事
【例】①你这样做太草率了！②他草率地做了决定。

侧面 cèmiàn　*n.* profile, side aspect
【配】侧面头像，侧面打听
【例】①从侧面看，他很像你。②我从侧面打听到了一些消息。
【反】正面 (zhèngmiàn)

测量 cèliáng　*v.* survey
【配】测量温度
【例】①我们测量了河水的温度。②工程师正在测量这座桥的长度。

策划 cèhuà *v./n.* scheme, plot, bring about; plotter
【配】策划活动，策划人
【例】①他们好像在策划一个阴谋。②王先生是这部电影的策划。

策略 cèlüè *n./adj.* tactics, policy; tactful
【配】战斗策略，产品策略
【例】①这家公司的价格策略很灵活。②处理这个问题应该策略一些。

层出不穷 céngchū-bùqióng emerge in an endless stream
【例】①我们班好人好事层出不穷。②现在的商品种类真是层出不穷。

层次 céngcì *n.* level, gradation, administrative level
【配】不同层次，层次结构
【例】①他和你的文化层次不同。②这本书适合不同层次的学生。
【同】条理

插座 chāzuò *n.* socket, outlet
【配】一个插座，电源插座
【例】①我想去买一个插座。②这个插座已经插满了，你再找找别的地方吧。

查获 cháhuò *v.* hunt down and seize

【配】查获毒品

【例】①警方查获了一批毒品。②海关查获了大量走私物品。

岔 chà *n./v.* branch, fork; interrupt the topic (of conversation)

【配】分岔，岔路，把话岔开

【例】①路在这里分了岔。②他有意岔开话题。

刹那 chànà *n.* instant

【配】一刹那，刹那间

【例】①光一刹那就消失了。②刹那间我想到了他。

【同】瞬间

诧异 chàyì *adj.* surprised, astonished

【配】感到诧异

【例】①他露出诧异的表情。②她的做法让我们很诧异。

【同】惊奇，惊讶

柴油 cháiyóu *n.* diesel oil

【配】柴油机，柴油价格

【例】①你知道柴油的生产方法吗？②最近柴油价格

不断上涨 （shàngzhǎng; rise）。

搀 chān　*v.* help sb by the arm, support

【配】搀扶，搀着他

【例】①他们两人互相搀着走了过去。②女孩儿跑过来搀住老人。

馋 chán　*v./adj.* be gluttonous; greedy, envious

【配】嘴馋，馋人

【例】①香味儿馋得我直流口水。②一看见漂亮的衣服，她就特别眼馋。

缠绕 chánrào　*v.* intertwine, bother

【例】①绳子缠绕在箱子上。②他一直被思念缠绕着。

产业 chǎnyè　*n.* industry, property, estate

【配】信息产业，产业结构

【例】①信息产业的发展意义重大。②国家正在积极推进产业结构的调整。

阐述 chǎnshù　*v.* expound, elaborate

【配】阐述理论，阐述观点

【例】①请你阐述一下这个理论。②她明确阐述了自己的观点。

【同】论述（lùnshù）

颤抖 chàndǒu   *v.* quiver, thrill
【配】有点儿颤抖，声音颤抖
【例】①他感到心在颤抖。②因为紧张，她的声音有些颤抖。

昌盛 chāngshèng   *adj.* prosperous
【配】繁荣昌盛
【例】①国家日益昌盛。②为了祖国的繁荣昌盛，我们要努力工作。

尝试 chángshì   *v.* try, attempt
【配】一次尝试，失败的尝试
【例】①为了增肥，他尝试着多吃一些肉。②他勇敢地尝试了一次蹦极（bèngjí; bungee）。

偿还 chánghuán   *v.* repay
【配】偿还贷款，加倍偿还
【例】①欠你的钱，我会尽快偿还。②他说自己太穷，偿还不起欠银行的钱。

场合 chǎnghé   *n.* occasion
【配】正式场合，不分场合

【例】①不管什么场合他总是穿那身衣服。②请你注意一下场合，不要乱说话！

场面 chǎngmiàn *n.* occasion, scene

【配】感人的场面，场面隆重

【例】①当时场面特别感人。②这场演出的场面太壮观了。

场所 chǎngsuǒ *n.* location, place

【配】公共场所，居住场所

【例】①别在公共场所乱扔垃圾。②这里是居住场所，请保持安静。

敞开 chǎngkāi *v.* open wide

【配】敞开窗户，敞开心扉 (xīnfēi; heart)

【例】①请你把房门敞开。②他终于向我们敞开了心扉。

畅通 chàngtōng *adj.* unblocked, unimpeded

【配】畅通无阻，道路畅通

【例】①这里交通畅通无阻。②请保持道路畅通。

畅销 chàngxiāo *adj./v.* be in great demand; sell well

【配】畅销书

【例】①这些都是今年的畅销书，卖得特别好。②这部小说畅销海内外。

倡导 chàngdǎo　*v.* initiate, advocate

【配】倡导者，倡导低碳（dītàn; low-carbon）生活

【例】①他率先（shuàixiān; first）倡导素质教育。②政府倡导大家乘坐公共交通工具出行。

倡议 chàngyì　*v./n.* suggest, propose; first proposal

【配】倡议和平，倡议书，响应倡议

【例】①我们倡议和平，反对战争。②同学们积极地响应学校的倡议，捐赠（juānzèng; contribute）了大量书籍。

钞票 chāopiào　*n.* bank note

【配】数钞票，一张钞票

【例】①他正在数钞票。②我有一张五美元的钞票。

超越 chāoyuè　*v.* surpass, exceed, transcend

【配】超越梦想，超越对手

【例】①只有超越自己，才能实现梦想。②我们要努力超越对手，取得胜利。

巢穴 cháoxué　*n.* nest, burrow

【配】建巢穴，进入巢穴

【例】①森林里到处都是鸟兽（niǎoshòu; birds and beasts）的巢穴。②我们要摧毁（cuīhuǐ; crush, destroy）敌人的巢穴。

朝代 cháodài *n.* dynasty

【例】①中国历史上有很多朝代。②唐朝（tángcháo; Tang Dynasty）是中国历史上非常繁荣的一个朝代。

嘲笑 cháoxiào *v.* jeer, mock

【配】嘲笑别人

【例】①请你们别嘲笑他。②他没有把他人的嘲笑放在心上。

【同】讥笑

潮流 cháoliú *n.* trend, tide, current

【配】时代潮流，一股潮流

【例】①他对时尚潮流很感兴趣。②你这样做是违反时代潮流的。

撤退 chètuì *v.* retreat

【配】军队撤退，迅速撤退

【例】①我们的军队撤退到了河边。②敌人正在迅速撤退。

撤销 chèxiāo   *v.* repeal

【配】撤销合同

【例】①学校撤销了他的教师资格。②这项决定被撤销了。

沉淀 chéndiàn   *n./v.* sediment; form a sediment

【配】沉淀物

【例】①杯子里有一层沉淀物。②水比较混浊，沉淀一下再喝。

沉闷 chénmèn   *adj.* depressed

【配】沉闷的气氛

【例】①他是一个很沉闷的人，不爱说话。②屋里的气氛太沉闷了，我待不下去了。

沉思 chénsī   *v.* ponder, contemplate

【配】静静地沉思

【例】①他静静地沉思了一个小时。②女孩儿陷入了沉思。

沉重 chénzhòng   *adj.* heavy, hard

【配】心情沉重

【例】①听了这个消息，他的心情很沉重。②教室里的气氛有点儿沉重。

沉着 chénzhuó *adj.* calm, self-possessed

【配】沉着冷静，很沉着

【例】①他是个沉着冷静的人。②你一定要沉着面对考试。

【同】从容

【反】仓促

陈旧 chénjiù *adj.* old-fashioned

【配】陈旧的建筑，样式陈旧

【例】①这些家具太陈旧了。②他的思想很陈旧。

陈列 chénliè *v.* display, exhibit

【配】陈列展品，陈列物品

【例】①博物馆里陈列着珍贵的展品。②荣誉证书陈列在奖品室里。

陈述 chénshù *v.* declare, state

【配】陈述事实，个人陈述

【例】①原告正在陈述事实。②请你做十分钟的个人陈述。

衬托 chèntuō *v.* set off, provide a background (for sth)

【配】互相衬托，衬托得很美丽

【例】①绿叶把红花衬托得格外美丽。②她的脸色被这件衣服衬托得很漂亮。

称心如意 chènxīn-rúyì   have sth as one wishes
【配】称心如意的生活
【例】①他们的生活称心如意。②愿你新年称心如意！

称号 chēnghào   *n.* name, title
【配】一个称号，荣誉称号
【例】①她赢得"优秀学生"的光荣称号。②他获得了三个冠军称号。

成本 chéngběn   *n.* cost
【配】增加成本，生产成本
【例】①这次投资成本很高。②工厂应该降低生产成本。

成交 chéngjiāo   *v.* complete a contract, reach a deal
【配】买卖成交，顺利成交
【例】①这笔生意顺利成交了。②请问什么价格可以成交？

成天 chéngtiān   *adv.* all day long
【配】成天睡觉
【例】①他家电视成天开着。②她成天玩游戏。

成效 chéngxiào *n.* result, effect
【配】（没）有成效，成效显著
【例】①尽管他们很努力，但还是没有成效。②这种药物服用（fúyòng; take）后马上见成效。

成心 chéngxīn *adv.* deliberately, with deliberate intent
【配】成心骗人
【例】①他这么做不是成心的。②你这是成心气我！

成员 chéngyuán *n.* member
【配】一名成员，全体成员
【例】①一些成员反对这项决定。②他是学生会的成员。

呈现 chéngxiàn *v.* present, appear, demonstrate
【配】呈现出，精彩呈现
【例】①屏幕上呈现出清晰的画面。②我们会为您呈现一场精彩的演出。

诚挚 chéngzhì *adj.* sincere
【配】诚挚的友谊，诚挚的祝福
【例】①他向我表达了诚挚的感激。②向您献上我们最诚挚的祝福。

承办 chéngbàn *v.* undertake, accept an assignment
【配】承办案件，承办单位
【例】①这场晚会是由我们公司承办的。②这个项目他终于承办下来了。

承包 chéngbāo *v.* contract
【配】承包工程，承包食堂（shítáng; canteen）
【例】①那个工程已经承包出去了。②个人不能承包学校的食堂。

承诺 chéngnuò *v./n.* promise to undertake; promise
【配】承诺不使用暴力，做出承诺
【例】①两国已经承诺不会使用暴力解决争端。②他不想做出任何承诺。

城堡 chéngbǎo *n.* castle
【配】一座城堡，美丽的城堡
【例】①王子住在一座美丽的城堡里。②这座城堡历史悠久。

乘 chéng *v.* ride, take
【配】乘车，乘船
【例】①我乘飞机来的。②她每天乘地铁上下班。

盛 chéng   *v.* fill

【配】盛饭，盛水

【例】①给我盛一碗粥。②这个杯子是用来盛水的。

惩罚 chéngfá   *v.* punish

【配】惩罚小偷，惩罚学生

【例】①老师正在惩罚那两个打架的学生。②如果你再犯错，我就要惩罚你了。

澄清 chéngqīng   *v./adj.* clarify; clear

【配】澄清事实，澄清的湖水

【例】①请你澄清一下这件事。②透过澄清的湖水，我看到了许多鱼。

橙 chéng   *n.* orange

【配】橙子，橙色

【例】①农民正在摘橙子。②我喜欢橙色的衣服。

秤 chèng   *n.* scale, steelyard

【配】一杆秤，秤砣

【例】①我的秤很精准 (jīngzhǔn accurate)。②他有个体重秤。

吃苦 chīkǔ   *v.* bear

【配】学会吃苦，吃苦耐劳（nàiláo; able to endure hard work）

【例】①他是个能吃苦的孩子。②只有不怕吃苦，才能取得好成绩。

吃力 chīlì   *adj.* strenuous, arduous, laborious

【配】说话吃力，感到吃力

【例】①他说话很吃力。②走了一段山路后，我感到很吃力。

迟 钝 chídùn   *adj.* slow (in thought or action), dull-witted

【配】反应迟钝，脑子迟钝

【例】①他今天生病了，反应有点儿迟钝。②他是一个对感情迟钝的人，你不要怪他。

【反】灵敏，敏捷，机智

迟缓 chíhuǎn   *adj.* sluggish, slow

【配】动作迟缓，进展迟缓

【例】①他动作迟缓。②这个项目进展迟缓。

迟疑 chíyí   *adj.* hesitant

【配】迟疑不决

【例】①别迟疑了，快走吧。②她没有迟疑，马上答应了。

持久 chíjiǔ *adj.* lasting

【配】持久和平，旷日持久(kuàngrì-chíjiǔ; long-drawn-out)

【例】①我们希望世界和平能够持久。②这种药的效果很持久。

赤道 chìdào *n.* equator

【配】赤道以南

【例】①这个国家在赤道以南。②赤道附近非常热。

赤字 chìzì *n.* deficit

【配】财政赤字

【例】①这个国家财政赤字严重。②今年经济出现了预算赤字。

冲动 chōngdòng *n./v.* impulse; get excited, be impetuous

【配】创作冲动，一时冲动

【例】①看着眼前的景色，他一下就有了创作的冲动。②她一时冲动，摔了手机。

冲击 chōngjī *v.* beat, shock

【配】冲击很大，文化冲击

【例】①海浪冲击着岩石。②这件事情对他冲击很大。

冲突 chōngtū *v.* conflict, clash, collide

【配】发生冲突，激烈冲突

【例】①双方发生了激烈冲突。②边境冲突导致战争的爆发。

充当 chōngdāng *v.* serve as, play the role of

【配】充当内行，充当领导

【例】①你来充当我们的导游吧。②王教授充当这次会议的主席。

充沛 chōngpèi *adj.* abundant, plentiful

【配】雨水充沛，精力充沛

【例】①今年雨水充沛。②运动使他精力充沛。

【同】丰沛（fēngpèi）

充实 chōngshí *adj./v.* rich, substantial; enrich, replenish

【配】充实的生活，充实自己

【例】①他现在的生活很充实。②阅读可以充实我们的生活。

充足 chōngzú *adj.* adequate, sufficient, abundant

【配】粮食充足，充足的时间

【例】①仓库里的粮食很充足。②学生们应该保证充足的睡眠。

重叠 chóngdié *v.* overlap

【配】互相重叠

【例】①这两个部门的工作有些重叠。②历史和文学这两个学科有些内容是重叠的。

【扩】折叠（zhédié; fold）

崇拜 chóngbài *v.* worship, adore

【配】崇拜英雄，十分崇拜

【例】①孩子们从小就崇拜英雄。②那个男孩儿十分崇拜他的父亲。

【扩】推崇（tuīchóng; praise highly）

崇高 chónggāo *adj.* noble, sublime

【配】崇高的理想，崇高的敬意（jìngyì; respect）

【例】①教师是一个很崇高的职业。②他的理想很崇高。

崇敬 chóngjìng *v.* admire, revere

【配】崇敬某人，值得崇敬

【例】①她很崇敬她的母亲。②我们怀着崇敬的心情，与那位老人道别（dàobié; bid farewell）。

稠密 chóumì　*adj.* dense
【配】人口稠密
【例】①这一片树林枝叶稠密。②亚洲是世界上人口
比较稠密的地区。

筹备 chóubèi　*v.* make preparations, get ready for
【配】筹备工作，筹备婚礼
【例】①我们已经完成了会议筹备工作。②他在筹备
一场婚礼。

丑恶 chǒu'è　*adj.* ugly, repulsive
【配】十分丑恶，丑恶的嘴脸
【例】①他露出一副丑恶的嘴脸。②这幅画的内容表
现了人性丑恶的一面。
【同】丑陋（chǒulòu）

出路 chūlù　*n.* way out (of a difficult situation, etc)
【配】没有出路，一条出路
【例】①眼前我们没有出路，只能等待救援（jiùyuán;
rescue）。②他不知道出路在哪里。

出卖 chūmài　*v.* sell (off), betray

【配】出卖机密，出卖朋友

【例】①他出卖了军事机密！②他不会出卖朋友。

出身 chūshēn   *n./v.* family background, class origin; be born from

【配】平民出身，出身农民

【例】①他的出身是工人。②他出身于农民家庭。

出神 chūshén   *v.* be in a trance

【配】听得出神

【例】①他看着水杯出神。②她出神地望着窗外。

出息 chūxi   *n./v.* future prospects; make progress

【配】有出息，出息多了

【例】①那个孩子真没出息。②现在他出息多了。

初步 chūbù   *adj.* preliminary, initial

【配】初步制定，初步计划

【例】①这只是初步计划。②他初步打算今年回家过年。

除 chú   *v./prep.* divide; except, besides

【配】除……以外……

【例】①23 不能被 5 整除。②除她以外，其他人都到了。

处分 chǔfèn　*v./n.*　punish; punishment

【配】处分某人，受到处分

【例】①你再犯错我就要处分你了！②学校撤销了原先给他的处分。

处境 chǔjìng　*n.*　situation

【配】处境危险

【例】①他的处境很危险。②请你考虑一下我们目前的处境。

处置 chǔzhì　*v.*　punish, handle

【配】处置罪犯，合理处置

【例】①我们有权依法处置罪犯。②我们应该合理处置这些资金。

储备 chǔbèi　*v./n.*　store for future use; stockpile, reserve

【配】储备资源，粮食储备

【例】①军队储备了大量粮食。②我们应该增加自己的知识储备。

【同】储存

【扩】存储（cúnchǔ; store）

储存 chǔcún　*v./n.*　store; stockpile

【配】储存食物，储存量

【例】①请把这些食物储存在冰箱里。②仓库里还有少量储存。

【同】储备

储蓄 chǔxù *n./v.* one's savings; save, deposit

【配】储蓄银行,在银行储蓄

【例】①老人把他的储蓄捐给了灾区 (zāiqū disaster area)。②他一点儿一点儿地储蓄下来,终于还清了欠款。

触犯 chùfàn *v.* offend

【配】触犯法律

【例】①他真的触犯了法律吗? ②你的行为触犯了他的尊严。

川流不息 chuānliú-bùxī   flow past in an endless stream

【配】川流不息的车辆

【例】①大街上的车辆来来往往,川流不息。②马路上行人川流不息。

穿越 chuānyuè   *v.* traverse, travel through

【配】穿越森林,穿越时空

【例】①我们穿越森林,来到河边。②这块草地禁止行人穿越。

传达 chuándá *v./n.* convey; reception and registration of callers at a public establishment

【配】传达消息，传达室

【例】①我把消息传达给他了。②老人在这个单位当了一辈子传达。

传单 chuándān *n.* leaflet

【配】发传单，一张传单

【例】①他帮我们发传单。②请你把这些传单送过去。

传授 chuánshòu *v.* impart

【配】传授知识，传授本领

【例】①传授知识是老师的责任。②他将自己的本领传授给徒弟。

船舶 chuánbó *n.* ship, boat

【配】船舶业

【例】①船舶停靠在码头旁。②这个国家的船舶工业很发达。

喘气 chuǎnqì *v.* breathe (deeply), pant

【配】喘口气

【例】①我听到了他的喘气声。②他停下来喘了口气。

串 chuàn   *m./v./n.* string; string together; string of things

【配】一串，串起来，肉串儿

【例】①他送给我一串项链（xiàngliàn; necklace）。②她把这些珍珠用线串了起来。③这家餐厅的羊肉串儿很好吃。

床单 chuángdān   *n.* sheet

【配】干净的床单，洗床单

【例】①床单该洗洗了。②他不小心弄脏了床单。

创立 chuànglì   *v.* found, establish

【配】创立公司，创立协会

【例】①这家公司是他创立的。②他创立了科学家协会。

创新 chuàngxīn   *v./n.* bring forth new ideas; innovation

【配】创新观点，改革创新

【例】①科技只有不断创新，才能更好地服务人类。②今年他又有了两项创新。

创业 chuàngyè   *v.* begin an undertaking, start a major task

【配】决定创业，创业之初

【例】①他决定创业。②创业之初，他的资金十分紧缺（jǐnquē; in short supply）。

创作 chuàngzuò　*v./n.* create, produce; literary or artistic work

【配】创作歌曲，新创作

【例】①这首歌是他创作的。②我们一起欣赏了他的新创作。

吹牛 chuīniú　*v.* throw the bull, brag

【例】①他喜欢吹牛，大家都不喜欢他。②你别吹牛了，我不信。

吹捧 chuīpěng　*v.* flatter, lavish praises on sb

【配】吹捧某人，互相吹捧

【例】①这幅画被吹捧为名画。②他们俩总是互相吹捧。

炊烟 chuīyān　*n.* smoke from cooking

【配】一缕（lǚ; m.）炊烟，炊烟升起

【例】①现在的城市里已经没有炊烟了。②每次见到炊烟升起，我就会回忆起故乡。

垂直 chuízhí　*v.* perpendicular (to sth)

【配】垂直线

【例】①这两条线是互相垂直的。②请让尺子与地面保持垂直。

【反】平行

锤 chuí *n./v.* hammer; hammer into shape

【配】锤子，千锤百炼（qiānchuí-bǎiliàn; thoroughly tempered）

【例】①我想买一把锤子。②经过战场的千锤百炼，他终于成长为一名合格的将军。

纯粹 chúncuì *adv./adj.* purely; pure

【例】①你这么做纯粹是胡闹。②他是纯粹的法国人。

纯洁 chúnjié *adj./v.* pure, clean and honest; purify

【配】思想纯洁，纯洁无瑕（wúxiá; flawless）

【例】①她是一个很纯洁的孩子。②阅读好作品可以纯洁心灵。

慈善 císhàn *adj.* charitable, benevolent, philanthropic

【配】慈善事业，慈善机构

【例】①他退休以后，一直从事慈善事业。②红十字会（Red Cross）是一个世界性的慈善机构。

慈祥 cíxiáng　*adj.* kind
【配】非常慈祥，慈祥的面容
【例】①这位老人的笑容非常慈祥。②奶奶露出了慈祥的微笑。

磁带 cídài　*n.* tape
【配】一盒磁带，听磁带
【例】①我买了一盒音乐磁带。②这段话被录在磁带上了。

雌雄 cíxióng　*n.* male and female, victory and defeat
【配】雌雄同体，一决雌雄
【例】①这是一种雌雄同体的动物。②他俩打算在这次比赛中一决雌雄。

次品 cìpǐn　*n.* defective product
【配】残次品
【例】①这批货里有次品。②我们商场从不卖次品。
【反】精品（jīngpǐn）

次序 cìxù　*n.* sequence, order
【配】按次序
【例】①这些页码的次序不对。②请大家把书本按次序放好！

伺候 cìhou　*v.*　serve, act as a valet

【配】伺候某人，难伺候

【例】①他正在伺候生病的奶奶。②他什么都不爱吃，真难伺候！

【同】侍候（shìhòu）

刺 cì　*v./n.*　sting; thorn

【例】①他被针刺到了。②你要小心仙人掌（xiānrén-zhǎng; cactus）的刺啊！

从容 cóngróng　*adj.*　calm, unhurried

【配】举止从容（carry oneself with ease），从容考虑

【例】①他很有礼貌，举止从容。②这件事情你还需要从容考虑一下。

【同】沉着

【反】仓促

丛 cóng　*m.*　a clump of

【配】一丛杂草（zácǎo; weeds）

【例】墙边长着一丛杂草。

凑合 còuhe　*v./adj.*　make do with sth; not too bad

【配】凑合一下

【例】①只有这些吃的，你就凑合一下吧。②这里的

环境还凑合。

【同】将就

粗鲁 cūlǔ *adj.* crude, coarse, rough

【配】很粗鲁，举止粗鲁

【例】①他是个粗鲁的人。②她说话粗鲁，不像个女孩儿。

窜 cuàn *v.* flee, make alterations in wording

【配】逃窜，窜改

【例】①敌人四处逃窜。②这份文件是被人窜改过的。

摧残 cuīcán *v.* ravage, ruin

【配】摧残身体，严重摧残

【例】①这个消息对他的心理是一种严重摧残。②刚开的花儿被大风摧残了一天。

脆弱 cuìruò *adj.* weak

【配】身体脆弱，感情脆弱

【例】①她的病刚好，身体很脆弱。②你别太脆弱了，要坚强起来！

【反】顽强

搓 cuō *v.* rub with hands

【配】搓手，搓衣服

【例】①他冷得不停地搓手。②洗毛衣的时候要轻一点儿搓。

磋商 cuōshāng *v.* discuss seriously, exchange views, confer

【配】反复磋商，进行磋商

【例】①经磋商，双方终于达成了一致的意见。②在开会磋商之前我想见见他。

【同】协商

挫折 cuòzhé *v.* set back, defeat

【配】遇到挫折，严重挫折

【例】①他遇到挫折时表现得很坚强。②你要多表扬孩子，不要挫折了他的积极性。

D

搭 dā *v.* set up, travel by, hang

【配】搭积木（jīmù toy bricks），搭车

【例】①你跟我搭车过去吧。②绳子上搭着一条毛巾。

搭档 dādàng *n./v.* partner; pair up

【配】好搭档，一对搭档

【例】①我需要和我的搭档商量一下。②我们俩搭档

多年了。

搭 配 dāpèi　*v.* combine proportionally, cooperate, match

【配】词语搭配，搭配衣服

【例】①这两个词可以搭配在一起使用。②白色上衣搭配黑色裤子很好看。

达成 dáchéng　*v.* reach (an agreement, etc)

【配】达成共识（gòngshí; consensus），达成一致

【例】①他们终于达成了协议。②两国在和平问题上达成共识。

答辩 dábiàn　*v.* defend one's thesis, defend oneself

【配】论文答辩，答辩权

【例】①她正在进行毕业答辩。②请你注意答辩时间！

答复 dáfù　*v./n.* reply; answer

【配】答复某人，得到答复

【例】①他现在就能答复你。②我明天给你答复。

打包 dǎbāo　*v.* pack, bale

【配】打包下载，打包带走

【例】①剩下的菜咱们打包吧，别浪费。②你把这些

东西打包之后放到车上。

打官司 dǎ guānsi go to court, engage in a lawsuit

【配】和某人打官司

【例】①他们两家在打官司。②我不想和你打官司。

打击 dǎjī *v.* hit, strike, attack

【配】沉重的打击

【例】①国家依法打击扰乱市场秩序的行为。②这件事对她来说是一次沉重的打击。

打架 dǎjià *v.* fight

【配】和某人打架

【例】①两个孩子正在打架。②你不要为这点儿小事跟人打架。

打量 dǎliang *v.* look sb up and down, size up

【配】打量某人，上下打量

【例】①他仔细地打量着这个人。②我们俩互相打量着。

打猎 dǎliè *v.* hunt

【配】去打猎

【例】①我看见他打猎回来了。②这里禁止打猎。

【扩】猎人（lièrén; hunter），猎物（lièwù; prey）

打仗 dǎzhàng   *v.* fight

【配】准备打仗

【例】①他打仗回来后，一条腿受伤了。②这两个国家正在打仗。

大不了 dàbuliǎo   *adj./adv.* terrible; at the worst

【例】①不就是第一名吗？没什么大不了的。②他想怎么样？我大不了不干了！

大臣 dàchén   *n.* cabinet minister (of a monarchy)

【配】一位大臣，财政大臣

【例】①好几位大臣被皇帝免了职。②他是新任命的财政大臣。

大伙儿 dàhuǒr   *pron.* everyone, all of us

【例】①大伙儿都在等你呢！②星期天大伙儿一起出去玩儿怎么样？

大肆 dàsì   *adv.* wantonly, without any constraint

【配】大肆传播，大肆渲染（xuànrǎn; exaggerate）

【例】①他们大肆传播这条假新闻。②关于这件事情，请你不要大肆渲染。

大体 dàtǐ   *adv./n.* in general, on the whole; general principle

【配】大体上，识大体

【例】①这幅画大体上画得还可以。②你应该识大体，顾大局。

大意 dàyi *adj.* careless

【配】粗心大意

【例】①你太大意了，让小偷偷了钱包。②这件事大意不得！

大致 dàzhì *adj./adv.* rough, approximate; roughly, approx-imately, more or less

【例】①他向老师大致汇报了事情发生的经过。②完成这项工作大致需要三个小时。

歹徒 dǎitú *n.* evil person who commits crimes

【配】一个歹徒，残忍的歹徒

【例】①这些歹徒已经被逮捕了。②歹徒绑架了他的儿子。

【同】匪徒（fěitú）

代价 dàijià *n.* price, cost

【配】付出代价，沉重的代价

【例】①为了和平，我们不惜一切代价。②他们为这次失误付出了沉重的代价。

代理 dàilǐ *v.* act on behalf of sb, act as agent
【配】代理工作，代理商
【例】①他出差期间，我会代理他的工作。②这位律师一直代理他的业务。

带领 dàilǐng *v.* lead, guide
【配】带领大家，带领团队
【例】①队长带领大家打赢了比赛。②老师带领学生读课文。

怠慢 dàimàn *v.* neglect, show indifference (to sb)
【配】怠慢某人
【例】①招待不周，怠慢大家了。②别怠慢了客人。

逮捕 dàibǔ *v.* arrest
【配】逮捕小偷
【例】①小偷终于被逮捕了。②警察正在逮捕犯罪嫌疑人。

担保 dānbǎo *v.* guarantee, vouch for
【配】担保某人
【例】①我们担保你不会有危险。②她担保对方一定同意这份合同。

胆怯 dǎnqiè *adj.* timid

【配】很胆怯，胆怯的人

【例】①他胆怯地说："对不起。"②他面对凶狠（xiōnghěn; ferocious）的歹徒毫不胆怯。

【同】胆小

【反】勇敢

诞辰 dànchén *n.* birthday (of a respected person or senior)

【例】①热烈庆祝祖国诞辰六十周年。②今天是王老先生 90 岁的诞辰。

诞生 dànshēng *v.* be born, come into being

【例】① 1949 年 10 月 1 日，中华人民共和国诞生了。②新的国王诞生了。

淡季 dànjì *n.* off season, slack time

【配】旅游淡季

【例】①现在是旅游淡季。②淡季票价比旺季的便宜得多。

【反】旺季（wàngjì）

淡水 dànshuǐ *n.* fresh/sweet water

【配】淡水湖

【例】①我们喝的水是淡水。②科学家在考察这个淡水湖的水质。

蛋白质 dànbáizhì   *n.* protein
【配】补充蛋白质
【例】①豆类食品里含有优质蛋白质。②你应该多补充一些蛋白质。

当场 dāngchǎng   *adv.* on the spot, at the scene
【配】当场抓住，当场揭发
【例】①小偷被当场抓住了。②他当场给大家做了演示。

当 初 dāngchū   *n.* beginning, outset, time when sth happened
【配】想当初
【例】①你当初是怎么想的？②我当初就不同意这种做法。

当代 dāngdài *n.* contemporary era, present age
【配】当代文学
【例】①她是一位中国当代著名作家。②这篇文章分析了当代大学生价值观念的变化趋势。

当面 dāngmiàn   *adv.* face to face, in sb's presence
【配】当面说

【例】①你应该当面问清楚。②有什么话请当面说。

当前 dāngqián　*n./v.* present (time); be faced with

【配】当前的情况，大敌当前

【例】①当前的情况对我们很有利。②大敌当前，我们应该团结一致。

当事人 dāngshìrén　*n.* person involved or in charge

【配】事件当事人

【例】①我们可以跟事件当事人沟通一下。②他是当事人，非常清楚这件事的全过程。

当务之急 dāngwùzhījí　thing of top priority

【例】①现在当务之急是找到他本人。②保护环境是当务之急。

当选 dāngxuǎn　*v.* be elected

【配】当选总统，当选主席

【例】①他当选为下一届主席。②你不用告诉我，我知道她已经当选了。

党 dǎng　*n.* party, society

【配】党派，入党

【例】①他们的党派在选举中失败了。②他刚入党，是名新党员。

档案 dàng'àn　*n.* file, record, archive
【配】管理档案，学生档案
【例】①我负责管理档案。②学生档案由学校保管。

档次 dàngcì　*n.* quality, level, grade
【配】档次低，一个档次
【例】①我的店里有不同档次的服装。②这家餐厅的档次不高。

导弹 dǎodàn　*n.* guided missile
【配】导弹实验，一枚导弹
【例】①那艘船被导弹击中了。②科学家们正在进行导弹实验。

导航 dǎoháng　*v.* navigate
【配】导航系统，导航台
【例】①信号灯是用来导航的。②飞机的导航系统出现了故障。

导向 dǎoxiàng　*n./v.* guidance, orientation; lead to
【配】舆论导向，导向性
【例】①这份报纸负责引导正确的舆论导向。②这次争论将把两国关系导向恶化。

捣乱 dǎoluàn *v.* create a disturbance, make trouble
【配】别捣乱
【例】①他成心捣乱。②你是来捣乱的还是来帮忙的？

倒闭 dǎobì *v.* go bankrupt, close down
【配】工厂倒闭
【例】①这家工厂倒闭了。②几家大银行在经济危机中倒闭了。

盗窃 dàoqiè *v.* steal
【配】入室盗窃，盗窃罪
【例】①他因入室盗窃被逮捕。②法律禁止一切盗窃行为。
【同】偷盗（tōudào）

稻谷 dàogǔ *n.* paddy
【配】种植稻谷
【例】①我们种植了大量稻谷。②收获的稻谷堆成了山。

得不偿失 débùchángshī the loss outweighs the gain
【例】①他这样做得不偿失。②为了减肥而牺牲健康，实在是得不偿失。

得力 délì *adj./v.* able, competent; benefit from
【配】得力助手，得力于
【例】①他是我的得力助手。②我能成功，得力于他的帮助。

得天独厚 détiāndúhòu be particularly favoured by nature
【配】得天独厚的条件
【例】①北京的创业条件得天独厚。②我们拥有种植水稻的得天独厚的地理环境。

得罪 dézuì *v.* offend, give offence to
【配】得罪某人，得罪不起
【例】①我得罪领导了。②他因为坚持原则，得罪了一些人。
【同】冒犯
【反】巴结，讨好

灯笼 dēnglong *n.* lantern
【配】一盏（zhǎn; m.）灯笼，红灯笼
【例】①大门上挂着一个大灯笼。②孩子们正在用南瓜（nánguā; pumpkin）做灯笼。

登 陆 dēnglù　*v.* land, (of a commodity) enter the market of an area or region

【配】登陆作战，台风登陆

【例】①部队已经在这个地点登陆。②这种新产品已登陆我国市场。

登录 dēnglù　*v.* log on, enter, log in

【配】登录系统，用户登录

【例】①你可以通过手机登录这个网站。②登录系统，你就可以搜索到想要的信息。

蹬 dēng　*v.* press down or push with the foot, step on

【配】蹬自行车，蹬腿

【例】①风太大了，他只得用力蹬自行车。②她蹬在窗台上挂窗帘。

等候 děnghòu　*v.* wait for, await

【配】等候机会

【例】①我们正在为您办理证件，请您耐心等候。②她一直在等候你的出现。

【同】等待

等级 děngjí　*n.* grade, degree, rate

【配】等级标准，不同等级

【例】①我们的工资等级不一样。②等级标准不同，考试难度也不同。

瞪 dèng *v.* stare at

【配】瞪眼

【例】①我走进教室的时候，她瞪了我一眼。②你瞪我干什么？

堤坝 dībà *n.* dykes and dams

【配】修建堤坝，一道堤坝

【例】①政府为农民修建堤坝。②一道堤坝拦住了洪水。

敌视 díshì *v.* be antagonistic to

【配】敌视某人，敌视态度

【例】①请不要对他采取敌视的态度。②他们互相敌视，不可能合作。

抵达 dǐdá *v.* arrive in/at, reach

【配】抵达机场，抵达目的地

【例】①总统将在今天下午抵达机场。②他已经平安抵达目的地。

抵抗 dǐkàng *v.* resist

【配】顽强抵抗，抵抗到底

【例】①他们英勇地抵抗敌人的侵略。②经常锻炼可以提高身体抵抗疾病的能力。

【同】反抗

【反】投降

抵制 dǐzhì *v.* boycott, resist, refuse (to cooperate)

【配】抵制腐败，贸易抵制

【例】①我们要坚决抵制腐败行为。②他们对新政策进行抵制。

地步 dìbù *n.* condition, plight

【配】悲惨的地步，危险的地步

【例】①你怎么落到如此悲惨的地步！②他们之间已经发展到了公开对抗的地步。

地势 dìshì *n.* physical features of a place

【配】地势很低，地势平坦

【例】①这里地势高，水向下流。②高原地势平坦，一望无际。

地质 dìzhì *n.* geology

【配】地质学，地质构造，考察地质

【例】①这个地方的地质条件很复杂。②这所大学的地质学专业很有名。

递增 dìzēng　　*v.* steadily increase

【配】逐年递增，递增趋势

【例】①该地区人口逐年递增。②随着经济的发展，人们的收入递增趋势十分明显。

颠簸 diānbǒ　　*v.* shake, jolt

【配】上下颠簸

【例】①小船在风浪中颠簸。②汽车在山路上颠簸了一天。

颠倒 diāndǎo　　*v.* confuse, put upside down, reverse

【配】颠倒黑白，是非颠倒

【例】①你俩的出场顺序颠倒一下。②这只盒子应该颠倒过来放。

典礼 diǎnlǐ　　*n.* ceremony, celebration

【配】开学典礼，毕业典礼

【例】①典礼在歌声中结束了。②校长出席了开学典礼。

典型 diǎnxíng　　*adj./n.* typical; typical case

【配】典型例子，艺术典型

【例】①他的性格是典型的中国人性格。②这个人物形象是中国现代文学中的艺术典型。

点缀 diǎnzhuì *v.* beautify

【配】点缀风景

【例】①洁白的衣服上点缀着两朵小花。②野花点缀了春天的草原。

电源 diànyuán *n.* electric/power source

【配】电源开关（kāiguān; switch），打开电源

【例】①出门之前别忘了切断（qiēduàn; cut off）电源。②麻烦你把电源开关打开。

垫 diàn *n./v.* pad, cushion; fill up, insert

【配】床垫，垫高

【例】①这张床垫睡起来很舒服。②他在脚下垫了一块砖。

惦记 diànjì *v.* remember with concern, worry about

【配】惦记某人

【例】①妈妈总是惦记着在外地读书的我。②这件事我惦记了很长时间。

奠定 diàndìng *v.* establish, settle

【配】奠定基础

【例】①这项政策为经济发展奠定了基础。②我们现在应该好好学习，才能为将来的发展奠定基础。

叼 diāo　*v.* hold in the mouth

【配】叼着鱼，叼着烟

【例】①这只猫的嘴里叼着一条鱼。②他站在那里，嘴里叼着一支烟。

雕刻 diāokè　*v./n.* engrave; sculpture

【配】精心雕刻，雕刻展览

【例】①这座雕像 (diāoxiàng; statue) 是用石头雕刻的。②他正在欣赏雕刻展览。

雕塑 diāosù　*n./v.* sculpture; carve

【配】一座雕塑，雕塑家

【例】①博物馆里展出了几件著名雕塑。②艺术家们用大理石（dàlǐshí; marble）雕塑了一件工艺品。

吊 diào　*v.* hang

【配】吊灯，吊上来

【例】①一盏（zhǎn; m.）灯吊在屋顶上。②他从井里吊了一桶水上来。

调动 diàodòng　*v.* transfer

【配】工作调动，调动情绪

【例】①由于工作调动，他去了另一个部门。②我们应该调动同学们的积极性。

跌 diē *v.* drop, fall

【配】跌落，跌下去

【例】①你要小心，别跌下去。②最近商品价格下跌了。

丁 dīng *n.* fourth, cube

【配】丁类，鸡丁

【例】①丁类词是不太常用的词。②做这道菜应该把黄瓜切成丁。

叮嘱 dīngzhǔ *v.* repeatedly warn or urge

【配】反复叮嘱，叮嘱某人

【例】①妈妈叮嘱我路上小心。②他转过身来再三叮嘱自己的学生。

盯 dīng *v.* stare, gaze

【配】盯着某人

【例】①他双眼盯着黑板。②他一直盯着我看。

定期 dìngqī *v./adj./n.* fix a time; regular; term

【配】定期开会，定期检查

【例】①哪天举行毕业典礼还未定期。②领导定期检查工作。③他把银行里的存款由活期改为定期。

定义 dìngyì   *n./v.* definition; define
【配】下定义，数学定义
【例】①老师让学生们背诵定义。②他的行为可以被
定义为犯罪。

丢人 diūrén   *v.* lose face
【配】真丢人，丢人现眼
【例】①我不想在公开场合丢人。②他这么做真丢人。

丢三落四 diūsān-làsì   be forgetful and always leaving
things behind
【例】①他很马虎，总是丢三落四的。②这人做事丢
三落四。

东道主 dōngdàozhǔ   *n.* host
【例】①英国是这届运动会的东道主。②我们受到了
东道主的热情招待。

东张西望 dōngzhāngxīwàng   look in every direction
【例】①别东张西望的，认真听讲！②孩子们东张西
望，寻找自己的父母。

董事长 dǒngshìzhǎng   *n.* chairman of the board

【配】一位董事长

【例】①他是这家公司的董事长。②董事长正在开会。

动荡 dòngdàng　*v./adj.* undulate; (social or political) unrest, upheaval

【配】社会动荡，动荡不安

【例】①一阵风吹来，湖水动荡。②经济危机容易引发社会动荡。

动机 dòngjī　*n.* motive, motivation, intention

【配】动机不纯，良好动机

【例】①我可以看出他们动机不纯。②他的动机很明显。

动静 dòngjing　*n.* sound of action, activity

【配】有动静，动静太大

【例】①下课了吗？怎么没动静？②他们的动静太大，邻居都受不了了。

动力 dònglì　*n.* motion, power

【配】动力系统，有动力

【例】①弟弟学习很有动力。②经济是社会发展的动力。

动脉 dòngmài　*n.* artery

【配】动脉系统，动脉血管

【例】①血液在动脉血管（xuèguǎn; blood vessel）中循环。②铁路是经济的动脉。

动身 dòngshēn　*v.*　leave, go on a journey
【配】准备动身，动身启程
【例】①他收拾一下就动身了。②妹妹动身去上海了。

动手 dòngshǒu　*v.*　start work, hit with hands or fists
【配】动手做饭，动手打架
【例】①他一回到家就马上动手做饭。②你别跟他动手，他打架很厉害。

动态 dòngtài　*n.*　movement, dynamic state, development
【配】动态图，动态过程
【例】①这种平衡是动态的平衡。②我们要注意观察经济发展的动态。
【反】静态（jìngtài）

动员 dòngyuán　*v.*　mobilise, arouse
【配】动员大家
【例】①学生们都被动员起来了。②你去动员动员他们，让他们也来参加比赛。

冻结 dòngjié　*v.*　freeze (wages, prices, etc)

【配】冻结存款（cúnkuǎn; bank deposit）

【例】①他的银行存款被冻结了。②政府冻结了他的财产。

栋 dòng *m.* [used for housing]

【配】一栋楼

【例】①那栋房子太旧了。②这栋楼是教学楼。

【同】幢

兜 dōu *n./v.* pocket; move around, wrap up and let hang in piece of cloth

【配】衣兜，裤兜，兜风

【例】①他从衣兜里掏出钱来。②今天天气不错，我开车带你兜风吧！③你口袋里兜着什么？

陡峭 dǒuqiào *adj.* steep

【配】陡峭的山路

【例】①因为这里山势陡峭，所以我们走得很慢。②我们要走一段陡峭的山路才能到达目的地。

斗争 dòuzhēng *v.* struggle, fight

【配】艰苦斗争，长期斗争

【例】①我们为了和平而斗争。②他们经过长期斗争，终于取得了胜利。

督促 dūcù *v.* urge sb to complete a task

【配】督促某人

【例】①老师督促我们赶紧写作业。②他督促我立即处理这件事。

毒品 dúpǐn *n.* drugs, poison, narcotics

【配】买卖毒品，走私毒品

【例】①买卖毒品是违法犯罪行为。②他因走私毒品而被逮捕。

独裁 dúcái *v.* exercise dictatorship (over)

【配】独裁者，独裁统治

【例】①人民反对独裁者。②这个国王实行独裁统治。

堵塞 dǔsè *v.* block, stop up

【配】管道（guǎndào; pipe）堵塞，交通堵塞

【例】①管道被垃圾堵塞了。②这里交通堵塞的情况很严重。

赌博 dǔbó *v.* gamble

【配】禁止赌博，赌博活动

【例】①他喜欢赌博，这不是一件好事。②她禁止丈夫参与赌博。

杜绝 dùjué　*v.*　put an end (to)

【配】杜绝腐败，杜绝赌博

【例】①应杜绝校园内暴力事件的发生。②政府制定这条政策是为了杜绝腐败。

端 duān　*v./n.*　hold sth level with both hands, carry; end, extremity, beginning

【配】端水，开端

【例】①帮我端一杯水来，谢谢！②南极是地球的最南端。

端午节 Duānwǔ Jié　*n.*　Dragon Boat Festival

【例】①今天是端午节。②你知道端午节的起源吗？

端正 duānzhèng　*adj./v.*　regular, upright; rectify

【配】五官端正，品行端正，端正作风

【例】①他的字写得很端正。②请你端正态度！

短促 duǎncù　*adj.*　of very short duration, brief

【配】时间短促，呼吸短促

【例】①考试时间太短促了，很多人都没答完。②他呼吸短促，脸色苍白。

断定 duàndìng　*v.*　conclude, judge

【例】①我断定这件事是他做的。②他断定这不是一件简单的事情。

断绝 duànjué *v.* break off
【配】断绝关系，断绝来往
【例】①这两个国家已经断绝了外交关系。②他与朋友断绝了来往。

堆积 duījī *v.* accumulate
【配】堆积起来，堆积如山
【例】①孩子们用沙子（shāzi; sand）堆积出了一座小城堡。②这里的垃圾堆积如山。

队伍 duìwu *n.* troops
【配】专业队伍，带领队伍
【例】①我们的队伍继续前进。②学生们排成整齐的队伍向前走去。

对策 duìcè *n.* counter-measure for dealing with a situation
【配】适当的对策，研究对策
【例】①你想出适当的对策了吗？②我们正在研究解决这个问题的对策。

对称 duìchèn *adj.* symmetrical

【配】对称的布局

【例】①这件衣服的两边不对称。②对称的图形很好看。

对付 duìfu   *v.* handle, deal with, make do

【配】对付某人，对付敌人

【例】①他这人很难对付。②这台电脑修一修还可以对付着用。

对抗 duìkàng   *v.* oppose, resist, confront

【配】对抗某人

【例】①这样对抗下去，对双方都不利。②我们应该联合起来，对抗共同的敌人。

对立 duìlì   *v.* be antagonistic

【配】对立起来，对立统一

【例】①不要把家庭和工作对立起来。②质量和数量既对立又统一。

对联 duìlián   *n.* antithetical couplet

【配】写对联，贴对联

【例】①我们俩正在写对联呢！②春节的时候，中国人家家户户都要贴对联。

对应 duìyìng　*v.* match, correspond

【配】一一对应，相互对应

【例】①汉语里的"桌子"一词和英语里的"desk"完全对应吗？②这两种现象是相互对应的。

对照 duìzhào　*v.* contrast

【配】对照例子，对照一下

【例】①你对照一下就会发现这两个词的差别。②请对照例子完成以下练习。

兑现 duìxiàn　*v.* cash a check, fulfill

【配】兑现支票，兑现承诺

【例】①支票可以在这里兑现。②答应别人的事情就应该兑现。

顿时 dùnshí　*adv.* at once, immediately

【例】①一听到这个消息，她顿时就哭了。②风一来那团白烟顿时就消失了。

多元化 duōyuánhuà　*adj.* pluralistic

【配】多元化社会

【例】①现在是多元化社会。②我国的文化是多元化的。

哆嗦 duōsuo　*v.* tremble, shiver

【配】哆嗦一下，打哆嗦

【例】①天气寒冷，他冻得直哆嗦。②她听到这个消息哆嗦了一下。

堕 落 duòluò   *v.* morally degenerate, sink into depravity

【配】思想堕落

【例】①他竟然堕落到了这个地步！②他再穷也不会堕落到去偷钱。

【反】上进

E

额外 éwài   *adj.* extra

【配】额外收入

【例】①这是我的额外工作。②她这个月有很多额外收入。

恶心 ěxīn   *adj./v.* nauseated, sick; nauseate, disgust

【配】真恶心，让人恶心

【例】①你真让我恶心！②我恶心得想吐。

恶化 èhuà   *v.* worsen

【配】关系恶化，病情恶化

【例】①两国关系进一步恶化。②他的病情开始恶化了。

遏制 èzhì　*v.* check, contain

【配】遏制发展，遏制病情

【例】①这个地方的传染病总算得到了遏制。②他遏制不住自己急切的心情。

恩怨 ēnyuàn　*n.* resentment, grudge

【配】个人恩怨，恩怨情仇

【例】①让我们忘记个人恩怨吧！②他俩的恩怨我怎么知道？

而已 éryǐ　*aux.* that's all, nothing more

【例】①我只是睡了十分钟而已。②她只是开玩笑而已。

二氧化碳 èryǎnghuàtàn　*n.* carbon dioxide

【配】二氧化碳中毒，排放二氧化碳

【例】①这家工厂每天向空气中大量排放二氧化碳。②二氧化碳是一种有刺激性气味的无色气体 (qìtǐ; gas)。

F

发布 fābù　*v.* release, issue

【配】发布会，发布消息

【例】①我们在等待新闻发布会的开始。②这是刚刚发布的消息。

发财 fācái *v.* get rich

【配】发大财

【例】①他好像一夜之间就发财了。②恭喜 (gōngxǐ; congratulate) 发财！

发呆 fādāi *v.* be in a daze

【例】①他站在那里发呆。②别发呆了，快工作！

发动 fādòng *v.* start, launch, mobilise

【配】发动战争，发动汽车

【例】①这里的农民刚刚发动了一场暴乱（bàoluàn; riot）。②那辆汽车发动不起来了。

发觉 fājué *v.* discover, detect, find

【配】发觉上当

【例】①他发觉自己上当受骗了。②我发觉这件事情没那么简单。

发射 fāshè *v.* launch, shoot, fire

【配】发射卫星，发射导弹

【例】①中国发射了一颗人造卫星。②导弹发射升空了。

发誓 fāshì *v.* vow, pledge, swear

【配】对天发誓

【例】①他对天发誓，一定要爱她一生一世。②叔叔发誓要戒烟 (jièyān; give up smoking)。

发行 fāxíng *v.* issue, publish

【配】发行货币，出版发行

【例】①国家计划发行新货币。②这本书将于下个月出版发行。

发炎 fāyán *v.* get inflamed

【配】伤口发炎，嗓子发炎

【例】①小心伤口发炎。②他的嗓子发炎了。

发扬 fāyáng *v.* make full use of, develop

【配】发扬光大，发扬精神

【例】①我们应该把优秀的文化传统发扬光大。②我们要发扬艰苦奋斗的精神。

发育 fāyù *v.* develop, grow

【配】发育成熟，生长发育

【例】①这本书对儿童的智力发育有帮助。②他已经到了生长发育的年龄。

法人 fǎrén *n.* legal entity/body

【配】企业法人

【例】①他是这家公司的法人。②他被选举为法人代表。

番 fān　*m.* [used for actions, deeds, etc]

【例】①他上下打量了我一番。②他误会了，你得给他解释一番。

凡是 fánshì　*adv.* all, every

【配】凡是……都……

【例】①凡是考试作弊的，都会被取消考试资格。②凡是孩子自己可以做的事情，都应该尽量让他们自己做。

繁华 fánhuá　*adj.* prosperous, bustling

【配】繁华的都市，十分繁华

【例】①香港是一个很繁华的城市。②北京的前门大街十分繁华。

【反】偏僻

繁忙 fánmáng　*adj.* busy, bustling

【配】繁忙的工作，特别繁忙

【例】①他的工作一直很繁忙。②我不喜欢繁忙的生活。

繁体字 fántǐzì　*n.* traditional Chinese characters

【配】写繁体字

【例】①我们正在学习写繁体字。②这个字是繁体字。

【反】简体字

繁殖 fánzhí *v.* propagate, reproduce, breed
【配】人工繁殖，生物繁殖
【例】①炎热的天气使牛奶中的细菌迅速繁殖。②植物在这种情况下不能繁殖。

反驳 fǎnbó *v.* retort, refute
【配】反驳某人
【例】①老师的观点也不是不可以反驳。②不少人反驳他的理论。

反常 fǎncháng *adv.* unusual, abnormal
【配】反常的举动
【例】①你怎么了？怎么有些反常？②真奇怪，学校里竟然出现了这种反常现象。
【反】正常

反感 fǎngǎn *n./adj.* antipathy; disgusted
【配】引起反感，感到反感
【例】①他不礼貌的行为举止引起了大家的反感。②我对这一行为感到反感。

反抗 fǎnkàng *v.* revolt, resist

【配】反抗统治，奋起反抗

【例】①人民纷纷反抗国王的残暴 (cánbào; cruel) 统治。②敌人已经无力反抗了。

【同】抵抗

【反】投降

反馈 fǎnkuì *v.* feed back

【配】反馈信息

【例】①这次调查反馈回来一些有用的信息。②你如果有意见，请及时反馈给我们。

反面 fǎnmiàn *n./adj.* reverse side, back; negative, opposite

【配】事情的反面，反面教材

【例】①爱的反面不是恨。②在这件事中，他起了反面作用。

反射 fǎnshè *v.* reflect

【配】条件反射，光的反射

【例】①月亮反射太阳光。②光是从镜子那边反射过来的。

反思 fǎnsī *v.* think back to sth that happened, recollect

【配】反思历史，反思过去

【例】①他正在反思刚才的错误行为。②你真该好好反思反思！

反问 fǎnwèn　*v.* ask back, ask (a question) in reply

【配】反问句

【例】①他不回答我的问题，却反问我的看法。②我反问她："你怎么也没去？"

反之 fǎnzhī　*conj.* on the other hand…, conversely…

【配】反之亦然（fǎnzhī yìrán; and vice versa）

【例】①我认为勤劳是优点，反之，懒惰就是缺点。②虚心使人进步，反之，骄傲会导致失败。

泛滥 fànlàn　*v.* flood, (of bad ideas or unhealthy tendencies) spread unchecked

【配】洪水泛滥

【例】①这个村庄在洪水泛滥时被淹没了。②目前市场上盗版（dàobǎn; copyright piracy）光盘泛滥。

范畴 fànchóu　*n.* category

【配】基本范畴，工作范畴

【例】①这件事属于他的工作范畴。②这两件事不属于同一范畴。

贩卖 fànmài　*v.* peddle, sell

【配】贩卖货物，贩卖毒品

【例】①法律禁止贩卖毒品。②他因非法贩卖枪支(qiāngzhī; gun) 被捕。

方位 fāngwèi　*n.* direction, position, orientation

【配】判断方位，方位词

【例】①雾天开车很难确定自己的方位。②他在地图上找到了自己的方位。

方言 fāngyán　*n.* dialect

【配】讲方言，方言区

【例】①他们讲的是方言。②我听不懂这个地区的方言。

方圆 fāngyuán　*n.* neighbourhood, circumference; rectangle and circle

【配】方圆几十里

【例】①附近方圆几十里都是沙漠，哪里有水呢？②没有规矩，不成方圆。

方针 fāngzhēn　*n.* policy, guideline

【配】路线方针，方针政策，制定方针

【例】①现阶段的方针政策在一段时期内不会改变。②目前的教育方针是什么？

防守 fángshǒu   *v.* defend, protect (against)

【配】防守球门

【例】①他负责防守球门。②战士们日夜防守边关 (biānguān; frontier pass)。

防御 fángyù   *v.* defend

【配】防御工程

【例】①军队由防御转向进攻。②他们在修建防御 工事。

【反】进攻

【扩】抵御 (dǐyù; resist)

防止 fángzhǐ   *v.* prevent, guard against

【配】防止传染，防止混乱

【例】①政府采取这项措施是为了防止犯罪行为。②我 们要努力防止事故的发生。

防治 fángzhì   *v.* provide prevention and cure

【配】防治疾病，防治污染

【例】①药品是防治疾病的有力武器。②环境污染该 怎样防治？

访问 fǎngwèn   *v.* visit

【配】访问美国，进行访问

【例】①国家主席对韩国进行了友好访问。②已经有一千多人访问了他的博客（bókè; blog）。

纺织 fǎngzhī *v.* spin and weave

【配】纺织厂，纺织业

【例】①她在纺织厂上班。②这个国家的纺织业很发达。

放大 fàngdà *v.* enlarge

【配】放大照片，放大音量（yīnliàng; volume）

【例】①这张照片被放大了。②这台显微镜（xiǎnwēijìng; microscope）将细菌放大了 1000 倍。

【扩】放大镜（fàngdàjìng; magnifying glass）

放射 fàngshè *v.* radiate

【配】放射光芒，放射治疗

【例】①宝石（bǎoshí; precious stone）放射出耀眼的光芒。②医生对病人进行放射治疗。

飞禽走兽 fēiqín zǒushòu birds and beasts

【例】①动物园里，飞禽走兽，什么动物都有。②这里植物多，飞禽走兽也多。

飞翔 fēixiáng *v.* fly

【配】展翅飞翔

【例】①一群天鹅（tiān'é; swan）在湖面上飞翔。②鸟儿在天空飞翔。

飞跃 fēiyuè　*v.* leap, jump
【配】飞跃黄河
【例】①他曾经驾驶摩托车飞跃黄河口。②这是认识过程中的一次飞跃。

非法 fēifǎ　*adj.* illegal
【配】非法经营，非法占有
【例】①依法打击非法经营活动。②你这么做是非法的。

肥沃 féiwò　*adj.* fertile
【配】肥沃的土壤，土地肥沃
【例】①我们生活在这片肥沃的土地上。②这里土壤肥沃，适宜种玉米。

诽谤 fěibàng　*v.* slander, defame, speak evil of
【配】诽谤某人，诽谤罪
【例】①诽谤他人是违法的。②这是诽谤，你不要相信。

肺 fèi　*n.* lung
【配】肺部
【例】①哪些动物用肺部呼吸？②吸烟的人容易得肺病。

废除 fèichú *v.* repeal, abolish, abrogate

【配】废除法律，废除条约

【例】①这项法律条文被废除了。②新政府废除了两国间的不平等条约。

废寝忘食 fèiqǐn-wàngshí forget all about eating and sleeping; neglect one's meals and sleep

【例】①王教授备课非常投入，常常废寝忘食。②废寝忘食地复习了一个月以后，他终于通过了考试。

废墟 fèixū *n.* ruins

【配】一片废墟，变成废墟

【例】①这栋房子被烧成了一片废墟。②他从废墟中走了出来。

沸腾 fèiténg *v.* boil over, seethe with excitement

【配】水沸腾

【例】①锅里的水沸腾了。②听说要放假，整个教室顿时沸腾了。

分辨 fēnbiàn *v.* distinguish, differentiate

【配】分辨真假，分辨是非

【例】①天黑了，我们难以分辨方向。②我们应该具备分辨是非的能力。

【扩】辨别（biànbié; differentiate）

分寸 fēncùn　*n.* sense of proportion
【配】把握分寸，注意分寸
【例】①做事情请把握好分寸。②说话要注意分寸。
【扩】尺寸（chǐcùn; measure）

分红 fēnhóng　*v.* distribute bonus
【配】年底分红
【例】①这个项目组年底会分红吗？②这家公司按股份分红。

分解 fēnjiě　*v.* break down, resolve
【配】分解动作，化学分解
【例】①我们把公式分解一下。②糖和淀粉（diànfěn; starch）在消化时被分解。

分裂 fēnliè　*v.* split, divide
【配】分裂国家
【例】①犯罪分子企图分裂国家，破坏稳定。②一个细胞分裂成了两个。

分泌 fēnmì　*v.* secrete
【配】分泌唾液（tuòyè; saliva）

【例】①眼泪是由眼部器官分泌出来的。②奶牛在听音乐时可以分泌更多乳汁（rǔzhī; milk）。

分明 fēnmíng　*adj./adv.*　clear; clearly
【例】①这个团队责任分明，效率很高。②这件事分明是你负责，什么时候换成我了？

分歧 fēnqí　*n./adj.*　difference (of opinion, position); different, divergent
【配】消除分歧，有分歧
【例】①我们之间应该消除分歧。②他们在这件事上意见分歧。

分散 fēnsàn　*v./adj.*　divert, distribute; scattered
【配】分散注意力，住得分散
【例】①他们负责分散敌人的注意力。②村子里的人们住得很分散。

吩咐 fēnfù　*v.*　tell, instruct, command
【配】吩咐某人，按照吩咐
【例】①他吩咐我们小心点儿。②请你按照吩咐去做。

坟墓 fénmù　*n.*　grave, tomb
【配】一座坟墓，挖坟墓

【例】①这是一座古代公主的坟墓。②这座坟墓里埋藏着一位英雄战士。

粉末 fěnmò *n.* powder
【配】金属粉末，粉末污染
【例】①这些白色粉末是什么？②我倒了点儿热水让粉末溶解。
【扩】淀粉（diànfěn; starch）

粉色 fěnsè *n.* pink
【配】粉色的衣服，粉色的杯子
【例】①粉色和蓝色搭配起来很好看。②这双鞋子是粉色的。

粉碎 fěnsuì *adj./v.* turn/fall into pieces; smash, shatter
【配】摔得粉碎，粉碎阴谋
【例】①这个瓶子被摔得粉碎。②我们彻底粉碎了敌人的阴谋。

分量 fènliàng *n.* weight
【配】分量很足，有分量
【例】①这些肉分量很足。②他的话对我们来说很有分量。

愤怒 fènnù *adj.* angry

【配】非常愤怒，感到愤怒

【例】①这让很多人感到愤怒。②他对此表示十分愤怒。

丰满 fēngmǎn *adj.* abundant, well-developed, plump

【配】身材丰满，羽翼（yǔyì; wing）丰满

【例】①她的身材很丰满。②小鸟的羽翼逐渐丰满了。

丰盛 fēngshèng *adj.* sumptuous, rich

【配】丰盛的午餐

【例】①这顿饭很丰盛。②主人准备了一桌丰盛的宴席（yànxí; banquet）。

丰收 fēngshōu *v.* have a bumper harvest

【配】粮食丰收，丰收的果实

【例】①今年我们的粮食丰收了。②农民们正在庆祝丰收。

风暴 fēngbào *n.* storm

【配】一场风暴，大风暴

【例】①风暴终于在夜里停了下来。②船在风暴中颠簸。

风度 fēngdù *n.* bearing, mien

【配】风度翩翩（piānpiān; elegant），有风度
【例】①他风度翩翩，令人着迷。②他有学者风度。

风光 fēngguāng *n.* scenery, view
【配】风光无限，美丽的风光
【例】①乡村的风光真美。②这里的草原风光很独特。

风 气 fēngqì *n.* general mood, atmosphere, common practice
【配】学习风气，社会风气
【例】①全社会应该形成良好的学习风气。②勤俭节约的社会风气已经形成。

风趣 fēngqù *adj./n.* witty, humorous; wit
【配】很风趣，风趣的话语
【例】①他是个很风趣的人。②她的演讲不够风趣。
【同】幽默

风土人情 fēngtǔ rénqíng local conditions and customs
【例】①他很想了解乡村的风土人情。②这次旅行我们见识了各地不同的风土人情。

风味 fēngwèi *n.* special flavour
【配】北京风味，四川风味

【例】①这道菜是意大利风味的。②我喜欢具有老北京风味的炸酱面（zhájiàngmiàn; noodles with soybean paste）。

封闭 fēngbì *v.* close, seal off

【配】封闭机场

【例】①他把自己封闭起来。②政府下令立即封闭机场。

【反】开放

封建 fēngjiàn *n./adj.* feudalism; feudal

【配】反对封建，封建社会

【例】①中国古代是封建社会。②他的思想太封建了。

封锁 fēngsuǒ *v.* blockade, seal off

【配】封锁消息，封锁边境

【例】①报社迅速封锁了消息。②警察封锁了这条路。

锋利 fēnglì *adj.* sharp, keen

【配】锋利的刀子，目光锋利

【例】①这是一把锋利的刀。②猫有锋利的爪子（zhuǎzi; claw）。

逢 féng *v.* meet, come upon

【配】逢人，重逢，逢年
【例】①他逢人就说他的故事。②她每逢新年都会给孩子买新衣服。

奉献 fèngxiàn　*v.* devote, dedicate
【配】奉献生命，无私奉献
【例】①他为祖国和平奉献了自己的生命。②老王是一个无私奉献的人。
【反】索取

否决 fǒujué　*v.* veto
【配】否决权，否决提议
【例】①会议代表有否决权。②这项提议被她否决了。

夫妇 fūfù　*n.* husband and wife, a (married) couple
【配】一对夫妇，夫妇俩
【例】①他们是一对夫妇。②夫妇俩在河边散步。
【同】夫妻　(fūqī)

夫人 fūrén　*n.* wife, Madame
【配】总统夫人
【例】①这位是总统夫人。②夫人，请这边走。

敷衍 fūyǎn　*v.* act in a perfunctory manner, make do

with

【配】敷衍某人，敷衍几日

【例】①他随便敷衍了几句便走开了。②剩下的粮食还能敷衍几日。

服从 fúcóng *v.* obey

【配】服从命令，绝对服从

【例】①你们必须无条件服从这个命令。②我服从组织的安排。

服气 fúqì *v.* feel convinced

【配】不服气

【例】①他这样做你服不服气？②在事实面前，你不服气不行。

俘虏 fúlǔ *v./n.* capture; captive

【配】战争俘虏，交换俘虏

【例】①我军俘虏了五名敌军战士。②两国打算交换俘虏。

符号 fúhào *n.* mark, sign, symbol

【配】标点符号，一个符号

【例】①这个符号代表什么意思？②他在背诵化学元素符号。

幅度 fúdù *n.* width, extent
【配】大幅度，动作幅度
【例】①国家经济大幅度增长。②该产品价格上涨的幅度不大。

辐射 fúshè *v./n.* radiate; radiation
【配】有辐射，防辐射
【例】①这个工厂的工人受到了大量辐射。②这个面具可以防辐射。

福利 fúlì *n.* welfare, well-being
【配】社会福利，福利院
【例】①这份工作的福利很好。②他们不关心社会福利问题。

福气 fúqi *n.* good luck, good fortune
【配】有福气
【例】①有这样优秀的儿子是你的福气。②她相信自己是一个有福气的人。

抚摸 fǔmō *v.* stroke,caress
【配】轻轻抚摸
【例】①妈妈轻轻抚摸着孩子的小脸。②在他的抚摸下，小猫安静地睡着了。

抚养 fǔyǎng　*v.* foster, bring up, raise

【配】抚养后代，抚养权，抚养费

【例】①你有责任抚养这个孩子。②他是由奶奶抚养长大的。

俯视 fǔshì　*v.* overlook, look down

【配】俯视图（vertical view），从山顶俯视

【例】①站在山上可以俯视整座城市。②他喜欢从山顶俯视山脚下的感觉。

【反】仰视（yǎngshì; look up at）

辅助 fǔzhù　*v./adj.* assist, aid; auxiliary

【配】辅助某人，辅助材料

【例】①他辅助我完成了任务。②这个辅助疗法（liáofǎ; treatment）很有效。

腐败 fǔbài　*adj./v.* rotten, corrupt; decompose

【配】食物腐败，贪污腐败

【例】①这些食物已经腐败了。②他因为腐败行为被逮捕了。

腐烂 fǔlàn　*v.* decompose, decay

【配】食品腐烂，生活腐烂

【例】①苹果已经腐烂了。②伤口周围开始腐烂。

腐蚀 fǔshí　*v.*　corrode, corrupt
【配】腐蚀性，腐蚀作用
【例】①酸是有腐蚀性的。②社会上的不良风气腐蚀了他的心灵。

腐朽 fǔxiǔ　*adj./v.*　corrupt, decadent; rot, decay
【配】腐朽的社会，腐朽没落（mòluò; decline）
【例】①被砍倒的树木很快就腐朽了。②封建社会日趋（rìqū; gradually）腐朽没落。

负担 fùdān　*n./v.*　burden; bear (a burden)
【配】沉重的负担，负担责任
【例】①政府减轻了农民的负担。②他负担了全家人的生活费用。

附和 fùhè　*v.*　echo, chime in with
【配】随声附和
【例】①他只会随声附和，没有自己的观点。②我不想去附和他们的意见。

附件 fùjiàn　*n.*　enclosure, attachment
【配】文件的附件
【例】①他们签订了协议与附件。②你把汽车的附件拿过来。

附 属 fùshǔ　*v./adj.*　be affiliated to; auxiliary, subsidiary

【配】附属中学，附属品

【例】①这所中学附属于师范大学。②这是一条附属条约。

复活 fùhuó　*v.*　come back to life, resurrect

【配】复活节

【例】①白雪公主（Báixuě gōngzhǔ; Snow White）复活了。②新技术使这家快要倒闭的企业得以复活。

复兴 fùxīng　*v.*　revive

【配】复兴国家，文艺复兴

【例】①国家复兴要靠年轻一代。②这一措施使我们的传统文化得以复兴。

副 fù　*adj./n./m.*　assistant, deputy; assistant post; [used for a pair]

【配】副经理，大副，一副手套

【例】①他是我们队的副队长。②他是这艘轮船的大副。③他写了一副对联。

赋予 fùyǔ　*v.*　endow, grant

【配】赋予权力

【例】①这是时代赋予我们的重任。②公司赋予了我特殊的权力。

富裕 fùyù   *adj.* prosperous, rich
【配】生活富裕
【例】①这个国家很富裕。②他过着富裕的生活。
【反】贫困，贫穷（pínqióng）

腹泻 fùxiè   *v.* have diarrhoea
【例】①他昨天腹泻了。②他刚到机场就开始腹泻。

覆盖 fùgài   *v./n.* cover; plant cover
【配】覆盖地面，覆盖全国
【例】①庄稼 (zhuāngjia; crops) 被厚厚的白雪覆盖了。②没有覆盖，土壤容易流失。

G

改良 gǎiliáng   *v.* improve
【配】改良品种，改良技术
【例】①这种土壤需要改良。②自从改良技术后，该产品的性能得到了进一步提升。

钙 gài   *n.* calcium
【配】缺钙，补钙

【例】①这个孩子不喜欢喝牛奶，现在有一点儿缺钙。②晒太阳可以促进钙的吸收。

盖章 gài zhāng *affix a seal (to)*

【配】盖个章，在文件上盖章

【例】①请您在文件上盖个章。②这份合同需要盖章才生效。

干旱 gānhàn *adj.* droughty, arid, dry

【配】天气干旱，干旱季节

【例】①这种植物是抗干旱的。②干旱地区的水资源很宝贵。

干扰 gānrǎo *v.* obstruct, interfere

【配】干扰某人，干扰信号

【例】①他正在学习，不要去干扰他。②这里的信号受到了干扰。

【同】骚扰

干涉 gānshè *v.* interfere

【配】干涉某事

【例】①家长不该干涉子女恋爱。②请你不要干涉别人的事情。

干预 gānyù   *v.* intervene, meddle

【配】干预政治，干预某事

【例】①不要干预别国政治。②你认为警察应该干预这件事吗？

尴尬 gāngà   *adj.* awkward, embarrassed

【配】非常尴尬，感到尴尬

【例】①我现在的处境非常尴尬。②谎话 (huǎnghuà; lie) 被识破 (shípò; see through) 了，他感到非常尴尬。

感慨 gǎnkǎi   *v.* sigh with emotion

【配】感慨万千，发出感慨

【例】①同学聚会上他感慨道："好怀念从前啊！"②故宫的雄伟让我们不禁感慨万千。

感染 gǎnrǎn   *v.* affect, infect

【配】感染疾病，感染细菌

【例】①在夏天，伤口容易感染细菌。②他的热情感染了我们。

干劲 gànjìn   *n.* enthusiasm, vigour

【配】有干劲，干劲十足

【例】①工人们很有干劲。②他很聪明，但缺少干劲。

纲领 gānglǐng   *n.* (of a party, organisation, etc) programme, guiding principle

【配】革命纲领，党的纲领

【例】①这是这次行动的纲领。②人们不太赞成那个政党的政治纲领。

岗位 gǎngwèi　*n.* post, job

【配】工作岗位，领导岗位

【例】①他在这个工作岗位上工作了三十年。②上班时间不要随便离开岗位。

港口 gǎngkǒu　*n.* port, harbour

【配】港口城市，一个港口

【例】①香港是一个港口城市。②那艘船正在寻找港口。

港湾 gǎngwān　*n.* bay, harbour

【配】一个港湾，优良港湾

【例】①港湾里停靠着很多船。②阅读为心灵提供港湾。

杠杆 gànggǎn　*n.* lever

【配】杠杆原理，杠杆作用

【例】①你会使用杠杆吗？②他把筷子当杠杆用。

高超 gāochāo　*adj.* excellent, super

【配】技术高超，高超的本领

【例】①他的表演艺术很高超。②他有着高超的游泳技能。

高潮 gāocháo　*n.* high tide, (of a drama, story, film, etc) climax
【配】创作高潮，高潮期
【例】①表演进入了高潮阶段。②宴会正处于高潮。

高峰 gāofēng　*n.* summit, peak, height
【配】科学高峰，交通高峰
【例】①登山队准备攀登世界第一高峰。②现在是交通高峰，咱们暂时别出门了。

高明 gāomíng　*adj./n.* smart, wise, brilliant; brilliant person
【配】高明的方法，另请高明
【例】①他的手段很高明。②这件事我解决不了，还麻烦您另请高明。

高尚 gāoshàng　*adj.* noble, lofty
【配】高尚的品德，高尚的人
【例】①他品德高尚。②高尚的人是我们学习的榜样。
【扩】崇尚（chóngshàng; uphold）

高涨 gāozhǎng　*v.* upsurge, run high

【配】情绪高涨，热情高涨

【例】①物价高涨，使他的生活越来越困难。②人们对这项运动的热情持续高涨。

稿件 gǎojiàn *n.* manuscript, contribution

【配】阅读稿件，修改稿件

【例】①他已经把这些稿件寄出去了。②我偶尔写一些新闻稿件。

告辞 gàocí *v.* say goodbye to, bid farewell to

【配】起身告辞

【例】①我正要起身告辞，他进来了。②我们谈了很长时间他才告辞。

告诫 gàojiè *v.* warn, admonish

【配】告诫某人

【例】①老师告诫我们不要懒惰。②父亲告诫孩子要认真学习。

疙瘩 gēda *n.* lump, swelling on skin, pimple

【配】鸡皮疙瘩，小疙瘩

【例】①他的身上起了很多红疙瘩。②地上有几个土疙瘩。

鸽子 gēzi *n.* pigeon, dove

【配】一只鸽子，鸽子笼 (lóng; cage)

【例】①广场上有很多鸽子。②一群鸽子在天上飞。

搁 gē *v.* place, add, put aside

【配】搁置，搁放

【例】①我把花瓶搁在窗台上了。②他在饺子馅儿里多搁了点儿肉。

割 gē *v.* cut, separate

【配】割草，割裂

【例】①他正在田里割稻子。②碎玻璃割伤了他的手。

歌颂 gēsòng *v.* sing the praise (of), extol, eulogise

【配】歌颂祖国

【例】①他作诗歌颂祖国。②她喜欢看歌颂爱情的文章。

革命 gémìng *v.* make a revolution

【配】一场革命，信息革命

【例】①第一次工业革命开始于18世纪60年代。②这是一场技术革命。

格局 géjú *n.* structure, pattern

【配】房子的格局

【例】①这间房子的格局很不合理。②政府打算设计新的工业格局。

格式 géshì *n.* format, pattern, (standard) form
【配】写作格式，书写格式
【例】①你的文章格式不对。②论文有固定的写作格式。

隔阂 géhé *n.* estrangement
【配】产生隔阂，有隔阂
【例】①多年没见面，他们之间有了很深的隔阂。②我认为两代人之间不应该有隔阂。

隔离 gélí *v.* separate, isolate
【配】隔离审查
【例】①他被隔离到一个单独的房间接受治疗。②这类犯罪嫌疑人应该隔离审查。

个体 gètǐ *n.* individual
【配】学生个体，个体买卖
【例】①个体离不开群体。②他经营的是个体买卖。

各抒己见 gèshū-jǐjiàn each stands his ground
【例】①同学们各抒己见，教室里一下子变得很热闹。②请大家各抒己见。

根深蒂固 gēnshēn-dìgù be deeply rooted, have vigorous root
【例】①这种思想根深蒂固。②不少人在社会地位问题上存在着根深蒂固的偏见。

根源 gēnyuán *n.* root, origin
【配】事情的根源
【例】①这次火灾的根源是什么？②不开心是他生病的根源。

跟前 gēnqián *n.* area/place in front of sb/sth
【配】走到跟前
【例】①我走到他跟前向他问好。②大楼跟前停着一辆车。

跟随 gēnsuí *v.* follow, come after
【配】跟随某人
【例】①我跟随队伍走了很长时间。②男孩跟随他父亲出去了。

跟踪 gēnzōng *v.* follow the tracks of, tail, shadow
【配】跟踪某人，跟踪报道，跟踪监视
【例】①他偷偷地跟踪我们。②这件事我们将跟踪调查。
【扩】追踪（zhuīzōng; follow the trail of）

更新 gēngxīn *v.* update, replace, renew

【配】更新观念，更新设备，更新换代

【例】①我们必须不断更新观念。②你的电脑该更新了。

更正 gēngzhèng *v.* correct

【配】更正错误，更正缺点

【例】①文章中有一处错误，你来更正一下。②我要更正刚才的说法。

耕地 gēngdì *n./v.* arable land; plough

【配】占用（zhànyòng; occupy and use）耕地，耕地播种

【例】①随意占用耕地是一种违反法律的行为。②他们正在辛勤耕地。

工艺品 gōngyìpǐn *n.* handicraft (article), handiwork

【配】制作工艺品，精美（jīngměi; exquisite）的工艺品

【例】①他从天津带回了几件工艺品。②这个地方因出产精美的工艺品而闻名。

公安局 gōng'ānjú *n.* public security bureau

【配】当地公安局

【例】①他在公安局工作。②她下午要去当地公安局办事。

公道 gōngdào　*adj.*　fair, reasonable
【配】办事公道
【例】①我认为这个价格非常公道。②说句公道话，我们应该祝贺他。

公告 gōnggào　*n./v.*　public notice; announce
【配】政府公告，特此公告
【例】①他在黑板上贴了一张公告。②会议时间改在明天下午三点，特此公告。

公关 gōngguān　*n.*　public relations
【配】公关人员，公关意识
【例】①他是公司里的公关人员。②作为一名销售人员，他很有公关意识。

公民 gōngmín　*n.*　citizen
【配】公民权利，我国公民
【例】①他是中国公民。②爱护环境是每一位公民的义务。

公然 gōngrán　*adv.*　openly, undisguisedly
【配】公然反对，公然侵犯

【例】①他竟然公然说谎。②他公然骂你，你就不生气?

公认 gōngrèn *v.* generally acknowledge, well establish

【配】世界公认

【例】①他的成就得到了世界公认。②吸烟有害健康，这是大家公认的。

公式 gōngshì *n.* formula

【配】数学公式，化学公式

【例】①这个公式你用错了。②这些数学公式我全忘了。

公务 gōngwù *n.* official business

【配】公务繁忙，执行公务

【例】①他最近一直在忙公务。②我们应该在日常公务中建立一些制度。

公正 gōngzhèng *adj.* just, fair, impartial

【配】公正无私

【例】①他为人公正。②你要相信法律是公正的。

公证 gōngzhèng *v.* notarise

【配】财产公证，公证人

【例】①这份合同已经经过公证了。②他在公证处工作。

功劳 gōngláo *n.* contribution, credit
【配】他的功劳，有功劳
【例】①这次成功也有他的功劳。②这个发明是我的功劳。

功效 gōngxiào *n.* efficacy
【配】功效显著，有功效
【例】①这种药品的功效显著。②我们正在想办法提高功效。

攻击 gōngjī *v.* attack, charge
【配】发起攻击，攻击敌人
【例】①你不要无端攻击他人。②敌人向我军发起了猛烈攻击。

攻克 gōngkè *v.* capture, take
【配】攻克城堡，攻克难题
【例】①这个村庄被敌军攻克了。②我们要努力攻克科学难题。

供不应求 gōngbúyìngqiú supply falls short of demand
【例】①本月商品供不应求。②一到雨天，小店的雨伞便开始供不应求了。

供给 gōngjǐ *v.* furnish, provide, supply

【配】保障供给，供给不足

【例】①他上学的费用都是叔叔供给的。②国家提供充足的粮食供给。

宫殿 gōngdiàn *n.* palace

【配】参观宫殿，修建宫殿

【例】①这是国王的宫殿。②许多游客前来参观宫殿。

恭敬 gōngjìng *adj.* respectful

【配】恭敬地握手

【例】①"请坐！"他恭敬地说。②我们恭敬地站在老师旁边。

巩固 gǒnggù *v./adj.* consolidate; consolidated

【配】巩固基础，政权巩固

【例】①我们的关系得到进一步巩固。②这个国家政权巩固。

共和国 gònghéguó *n.* republic

【配】民主共和国，共和国事业

【例】①我是中华人民共和国公民。②有 15 个共和国参加了这个政治联盟。

共计 gòngjì *v.* add up to, total
【例】①这些钱加起来共计 30 元。②参加这次活动的共计 20 人。

共鸣 gòngmíng *v./n.* resonance; sympathetic response
【配】物体共鸣，引起共鸣
【例】①这种现象是由物体共鸣引起的。②这篇文章引起了读者的共鸣。

勾结 gōujié *v.* collude with, collaborate with, gang up with
【配】暗中勾结，勾结敌人
【例】①他俩勾结起来做坏事。②我不知道他们早已经暗中勾结。

钩子 gōuzi *n.* hook
【配】铁钩子，锋利的钩子
【例】①你用钩子把它固定住。②他把衣服挂在钩子上。

构思 gòusī *v./n.* conceive; conception
【配】构思文章，巧妙的构思
【例】①这幅画他构思了很长时间。②巧妙的构思是这部小说最吸引人的地方。

孤独 gūdú   *adj.* lonely, solitary

【配】很孤独，孤独的人

【例】①他感到很孤独。②老人过着孤独的生活。

孤立 gūlì   *adj./v.* isolated; isolate

【配】孤立存在，孤立敌人

【例】①任何事物都不可能孤立地存在。②他想孤立我们。

姑且 gūqiě   *adv.* tentatively

【配】姑且不说，姑且一试

【例】①这一点咱们姑且不说。②你姑且试一试吧。

辜负 gūfù   *v.* let down, fail to live up to, disappoint

【配】辜负期望

【例】①你不要辜负了他的一番好意。②我们不能辜负父母对我们的期望。

古董 gǔdǒng   *n.* curio, antique

【配】收集古董，古董商人

【例】①附近有家卖古董的商店。②那件古董的价值无法估量（gūliang; estimate）。

古怪 gǔguài   *adj.* odd, queer, eccentric

【配】古怪的人，性情古怪
【例】①他爷爷的脾气很古怪。②这件事太古怪了。

股东 gǔdōng *n.* stockholder
【配】公司的股东，股东会议
【例】①他是这家公司的股东。②股东们对公司的经营很满意。

股份 gǔfèn *n.* stock, share
【配】股份制
【例】①她在那家公司持有 40% 的股份。②这家公司实行股份制。

骨干 gǔgàn *n.* diaphysis, backbone
【配】技术骨干，骨干教师
【例】①他是这家公司的技术骨干。②制定这个计划是为了培养骨干教师。

鼓动 gǔdòng *v.* instigate, agitate, arouse
【配】鼓动大家，受到鼓动
【例】①这些坏事是谁鼓动你干的？②他们想鼓动更多的人参加战争。

固然 gùrán *conj.* admittedly, no doubt

【例】①这样做固然好，可你想过他的感受吗？②远固然是远些，不过那里交通很方便。

固体 gùtǐ *n.* solid, solid body
【配】固体状态，固体物质
【例】①这里有很多这种固体物质。②水在温度低于零度的时候会变成固体。

固有 gùyǒu *adj.* intrinsic, inherent
【例】①我们要根除（gēnchú; root out）企业固有的弊端。②这项制度里固有的矛盾开始显露了。

固执 gùzhi *adj./v.* stubborn, obstinate; stick to
【配】很固执，固执己见
【例】①他固执地认为自己是对的。②他固执己见，听不进别人的意见。
【同】倔强，顽固

故乡 gùxiāng *n.* homeland, native place
【配】他的故乡，美丽的故乡
【例】①我很怀念我的故乡。②他为了工作离开了故乡。

故障 gùzhàng *n.* failure, trouble
【配】出现故障，维修故障

【例】①汽车出了故障。②机器故障并没有引起大家的注意。

顾虑 gùlǜ　*n./v.* misgiving, worry; have worries
【配】思想顾虑，有所顾虑
【例】①这件事成了他的顾虑。②你不要顾虑自己干不好。

顾问 gùwèn　*n.* consultant, adviser
【配】法律顾问，公司顾问
【例】①他是我们请来的法律顾问。②我在一家公司当顾问。

雇佣 gùyōng　*v.* employ, hire
【配】雇佣工人
【例】①他们俩只是雇佣关系。②她雇佣了很多工人帮她干活儿。

拐杖 guǎizhàng　*n.* crutch
【配】拄着拐杖，一根拐杖
【例】①他拄着拐杖走路。②这根棍子成了他的拐杖。

关怀 guānhuái　*v.* show concern for
【配】亲切关怀，关怀儿童

【例】①领导经常关怀员工的成长。②感谢您对我的关怀。

关照 guānzhào *v.* look after, notify, inform
【配】相互关照，关照大家
【例】①朋友之间应该相互关照。②你关照小刘一声，让他明天早点儿来。

观光 guānguāng *v.* tour, go sightseeing
【配】旅游观光，观光客
【例】①欢迎外国朋友到中国来旅游观光。②近几年来，去台湾旅游的观光客越来越多了。

官方 guānfāng *n.* government
【配】官方数字，官方报纸
【例】①他与官方报纸取得了联系。②这只是官方的说法。

管辖 guǎnxiá *v.* administer, have jurisdiction over
【配】管辖领域，管辖范围
【例】①这是交通部门的管辖领域。②这块领土在中国的管辖范围之内。

贯 彻 guànchè *v.* carry out, implement, put into operation

【配】贯彻执行，贯彻精神

【例】①这个政策我们要贯彻到底。②怎样贯彻这个方案？

【扩】贯穿（guànchuān; cross），连贯（liánguàn; link up）

惯例 guànlì   *n.* convention

【配】按照惯例，国际惯例

【例】①按照惯例，周五下午是部门开会的时间。②这是大家都遵循的国际惯例。

灌溉 guàngài   *v.* irrigate

【配】灌溉农田，灌溉面积

【例】①农民正在灌溉农田。②他们用水灌溉土地。

罐 guàn   *n.* jar, pot, can

【配】罐子，玻璃罐

【例】①他把珍珠放在罐子里。②你去拿个罐子来盛水。

光彩 guāngcǎi   *adj./n.* radiant, honourable; radiance

【配】很光彩，光彩照人

【例】①这种做法不太光彩。②今天的玛丽光彩照人。

光辉 guānghuī   *n./adj.* radiance; glorious

【配】太阳的光辉，光辉的榜样

【例】①太阳的光辉照耀着我们。②他为大家树立了一个光辉的榜样。

光芒 guāngmáng *n.* rays of light

【配】太阳的光芒，万丈光芒

【例】①钻石发出耀眼的光芒。②太阳光芒四射。

光荣 guāngróng *adj./n.* honourable; glory

【配】光荣传统，感到光荣

【例】①她为有这样一个好儿子而感到光荣。②这是他一生最大的光荣。

广阔 guǎngkuò *adj.* wide, vast

【配】广阔的天空，广阔的大地

【例】①这是片广阔的田野。②太阳照耀着广阔的大地。

【同】辽阔，开阔

归根到底 guīgēn-dàodǐ in the final analysis, in essence

【例】①这件事归根到底是他的错。②归根到底，你还是来了。

归还 guīhuán *v.* return, revert

【配】归还失主，归还物品

【例】①捡到的东西应该归还失主。②他肯定不会把钱归还给咱们。

规范 guīfàn   *n./adj./v.* standard; normal; standardise

【配】语法规范，规范汉字，规范市场

【例】①请您自觉遵守行为规范。②这个词的用法不太规范。③规范市场秩序是我们的当务之急。

规格 guīgé   *n.* specification, norms, rank

【配】规格高，不合规格

【例】①这些产品全部符合规格。②这家宾馆的规格很高。

规划 guīhuà   *v./n.* make out a plan; programme, plan

【配】规划生活，发展规划

【例】①你应该好好规划一下将来的生活。②我们应该开会研究一下市场发展规划。

规章 guīzhāng   *n.* regulation, rule

【配】规章制度，管理规章

【例】①咱们先阅读相关的规章制度吧！②新规章对我们大家都有好处。

轨道 guǐdào　*n.* orbit, track

【配】运行轨道，偏离（piānlí; deviate）轨道

【例】①卫星在它的轨道中运行。②火车在轨道上行驶。

贵族 guìzú　*n.* aristocrat, nobility

【配】贵族阶级

【例】①她出身贵族家庭。②那是一所贵族学校。

跪 guì　*v.* kneel

【配】跪下，跪拜

【例】①他在国王面前下跪。②她正跪着祈祷（qídǎo; pray）。

棍棒 gùnbàng　*n.* stick, club

【配】拿起棍棒

【例】①我们拿起棍棒反抗敌人。②父亲拿起棍棒打了儿子一顿。

国防 guófáng　*n.* national defence

【配】国防力量，国防建设

【例】①老师正在对同学们进行国防教育。②她在国防部工作。

国 务 院 guówùyuàn　*n.* State Department, State

Council

【例】①他在国务院工作。②这是国务院下发的通知。

果断 guǒduàn *adj.* resolute, decisive

【配】果断的人，做事果断

【例】①他做事果断。②我果断地答应了这个请求。

过度 guòdù *adj.* undue, excessive

【配】过度操劳，紧张过度

【例】①他疲劳过度，住进了医院。②我们不能过度砍伐（kǎnfá; cut down）森林。

过渡 guòdù *v.* transit

【配】过渡阶段

【例】①公司正处于过渡阶段。②现在是企业的过渡时期。

过奖 guòjiǎng *v.* overpraise, flatter

【例】①您过奖了，我实在不敢当。②老师过奖了，我做得还不够好。

过滤 guòlǜ *v.* filter

【配】过滤一下

【例】①水需要过滤一下才能喝。②他正在过滤咖啡。

过失 guòshī *n.* error, fault

【配】他的过失

【例】①出了这样的事是他的过失。②过失犯错可以原谅。

过问 guòwèn *v.* concern oneself with, take an interest in

【配】亲自过问，无人过问

【例】①他没有过问这件事吗？②这事与你无关，你就别过问了。

过瘾 guòyǐn *adj.* enjoyable

【配】真过瘾

【例】①这场比赛看着挺过瘾！②你们是不是觉得这顿饭吃得很过瘾呢？

过于 guòyú *adv.* excessively, too

【配】过于伤心

【例】①他有些过于急躁。②你不要为此事过于伤心。

H

嗨 hāi *int.* heave ho

【配】嗨呀

【例】①嗨呀，疼死我了！②嗨，差点儿忘了，咱们去吃饭吧!

海拔 hǎibá   *n.* elevation, height above sea level
【例】①这座山海拔 6000 米。②这座高原的海拔是多少?

海滨 hǎibīn   *n.* seashore, seaside
【配】海滨城市,去海滨
【例】①大连是个海滨城市。②海滨风光吸引了大量游客。

含糊 hánhu   *adj./v.* vague, careless; show weakness
【配】说话含糊,含糊不清,决不含糊
【例】①他说话含糊,好像藏着什么秘密。②他工作从来不含糊。

含义 hányì   *n.* meaning
【配】很深的含义,理解含义
【例】①这篇文章的含义是什么?②他的话有很深的含义。

寒暄 hánxuān   *v.* exchange (conventional) greetings
【例】①朋友见面总要寒暄一番。②她寒暄起来就没完没了。

罕见 hǎnjiàn   *adj.* rare, seldom seen

【配】很罕见

【例】①这种植物很罕见。②他居然来得这么早，真是罕见。

捍卫 hànwèi   *v.* safeguard, defend

【配】捍卫主权，捍卫自由

【例】①我们要捍卫祖国的尊严。②我们反抗敌人，坚决捍卫国家的领土。

行列 hángliè   *n.* ranks

【配】先进的行列，整齐的行列

【例】①队伍行列整齐。②他加入了教师的行列。

航空 hángkōng   *v.* navigate by air

【配】夜间航空，航空港

【例】①这是一个国际航空港。②这些货物大多是航空运送的。

航天 hángtiān   *v.* space flight

【配】航天科技，航天飞机

【例】①这个国家制造了世界上第一架航天飞机。②他为国家的航天事业奉献了一生。

航行 hángxíng *v.* navigate by water or air
【配】航行者，航行路线
【例】①船在波涛中航行。②船航行到一半就出了问题。

毫米 háomǐ *m.* millimetre
【例】① 1 毫米等于 0.1 厘米。②这把尺子精确到了毫米。

毫无 háowú not have any at all
【配】毫无关系，毫无疑问
【例】①这件事跟我毫无关系。②我毫无疑问地相信了他。

豪迈 háomài *adj.* bold and generous, heroic
【配】豪迈的气概，豪迈的步伐
【例】①战士们迈着豪迈的步伐向前走去。②我军气势豪迈。

号召 hàozhào *v./n.* call; appeal
【配】号召群众，发出号召
【例】①他号召我们参加活动。②政府发出号召，鼓励大家保护环境。

耗费 hàofèi *v./n.* spend, consume; expenditure

【配】耗费人力，耗费精力

【例】①这项活动耗费了太多的人力物力。②做这个项目耗费太大。

呵 hē   *v.* scold, breathe out

【配】呵斥，呵了一口气

【例】①他被老师呵斥了一顿。②天气很冷，他不由得呵了一口气。

合并 hébìng   *v.* merge

【配】公司合并

【例】①这两项工程合并了。②她不同意将两家公司合并。

合成 héchéng   *v.* synthesise, compound

【配】合成纤维，合成材料

【例】①这张照片是合成的。②两种物质在特定情况下可以合成一种新物质。

合伙 héhuǒ   *v.* form a partnership

【配】合伙经营，合伙开店

【例】①他们俩合伙开了一家饭店。②他和弟弟合伙做生意。

合算 hésuàn   *adj./v.* worthwhile; reckon up
【配】很合算
【例】①这样交换合算吗？②我们合算过，这笔生意可以做。

和蔼 hé'ǎi   *adj.* kind, amiable
【配】和蔼的老奶奶，态度和蔼
【例】①老奶奶和蔼地笑了笑。②老师态度和蔼，耐心地回答了我的问题。

和解 héjiě   *v.* conciliate, become reconciled
【配】达成和解
【例】①他俩多年的矛盾终于和解了。②双方在法庭（fǎtíng; court）上达成了和解。

和睦 hémù   *adj.* harmonious
【配】和睦相处，关系和睦
【例】①他们兄弟俩关系和睦。②他生活在一个和睦的家庭里。

和气 héqi   *adj./n.* polite, kind, friendly; friendship, harmony
【配】待人和气，一团和气
【例】①他待人很和气。②你心胸要宽广些，才不会伤了朋友之间的和气。

和谐 héxié   *adj.* harmonious, melodious

【配】生活和谐，和谐社会

【例】①人与环境要和谐相处。②他俩关系很不和谐。

嘿 hēi   *int./onomatopeia* hey; (of laughter, esp of sneer) ha ha

【例】①嘿，我有件好东西送给你。②他嘿嘿地笑了几声。

痕迹 hénjì   *n.* vestige, mark

【配】不留痕迹，打架的痕迹

【例】①这个痕迹不明显。②她脸上还有哭过的痕迹。

狠心 hěnxīn   *n./adj./v.* cruelty; heartless; make a painful decision

【配】一狠心，下狠心

【例】①他下狠心抛弃了儿子。②狠心的强盗 (qiángdào; robber) 抢走了她看病的钱。③他一狠心，买了一台最贵的电脑。

恨不得 hènbude   *v.* one would if one could, be itching to

【例】①他恨不得马上离开。②她恨不得现在就回去。

哼 hēng   *v./onomatopeia* hum, snort; groan

【配】哼哼

【例】①他坐在沙发上，一声也不哼。②他痛得直哼哼。

横 héng *v./adj./n.* locate/place crosswise; horizontal; horizontal stroke

【配】横线，人行横道（rénxíng-héngdào; pedestrain crossing）

【例】①他把车横在了马路中央。②过马路时要走人行横道。③写汉字时一般要先写横后写竖（shù; vertical stroke）。

轰动 hōngdòng *v.* make a stir, cause a sensation

【配】轰动效应，引起轰动

【例】①这个消息轰动了全校。②这部影片引起了极大的轰动。

烘 hōng *v.* bake, dry or warm by heat

【配】烘干，烘烤

【例】①把湿衣服放在火上烘一下。②天太冷了，他正在炉子上烘手。

宏观 hóngguān *n./adj.* macroscopic view; macroscopic

【配】宏观经济，宏观世界

【例】①政府在宏观经济的调控（tiáokòng; regulate and control）中将发挥巨大作用。②我们应该从宏观角度看问题。

【反】微观

宏伟 hóngwěi　*adj.* grand, magnificent

【配】宏伟壮观，宏伟的建筑

【例】①这座宫殿很宏伟。②这是一项宏伟的计划。

洪水 hóngshuǐ　*n.* flood

【配】发洪水，战胜洪水

【例】①这个小村子经常受到洪水的威胁。②最近几年这个地区经常发洪水。

哄 hǒng　*v.* fool, humbug; coax

【配】哄孩子，哄女朋友

【例】①别哄我，我才不会相信你呢！②孩子哭了，你去哄哄。

喉咙 hóulóng　*n.* throat

【配】检查喉咙

【例】①他喉咙哑了。②把嘴张开，让医生检查一下你的喉咙。

吼 hǒu *v.* roar, make great noise
【配】吼叫，大吼一声
【例】①请不要在公共场所乱吼乱叫。②他大吼一声，冲出了屋子。

后代 hòudài *n.* posterity, later periods in history, later ages
【配】子孙后代，造福后代
【例】①他的子孙后代都很有出息。②我们应该保护环境，为后代造福。

后顾之忧 hòugùzhīyōu disturbance in the rear
【例】①单位同意为他解决住房问题，解除了他的后顾之忧。②这件事终于解决了，我们没有了后顾之忧。

后勤 hòuqín *n.* logistics
【配】后勤部门，后勤保障
【例】①他在后勤部门工作。②我在学校里管后勤。

候选 hòuxuǎn *v.* be a candidate
【配】候选名单
【例】①这是候选名单。②此次班长竞选有十人候选。

呼唤 hūhuàn *v.* call, shout
【配】大声呼唤，呼唤同伴

【例】①妈妈大声呼唤孩子回家。②回国吧，祖国母亲在呼唤你。

呼啸 hūxiào　*v.* whistle, scream, whiz

【配】狂风呼啸

【例】①他开着车呼啸而过。②风呼啸着穿过树林。

呼吁 hūyù　*v.* appeal, call on

【配】呼吁大家，呼吁社会

【例】①他呼吁大家保护环境。②政府呼吁社会各界都来关心教育。

忽略 hūlüè　*v.* overlook, neglect

【配】忽略错误，忽略不计

【例】①这点很重要，千万不要忽略。②这里的小数点可以忽略不计。

胡乱 húluàn　*adv.* carelessly, at random

【例】①不许胡乱占用耕地！②时间很短，我们胡乱吃了几口饭就走了。

胡须 húxū　*n.* beard

【配】长满胡须，一脸胡须

【例】①他的胡须长得很快。②他每天早上都要刮胡须。

湖泊 húpō *n.* lake

【配】江河湖泊

【例】①我国有许多江河湖泊。②这是当地最大的湖泊。

花瓣 huābàn *n.* petal

【配】红色的花瓣

【例】①这朵花的花瓣是红色的。②花瓣落了一地。

花蕾 huālěi *n.* (flower) bud

【配】玫瑰花（méiguihuā; rose）蕾，粉红色的花蕾

【例】①玫瑰花蕾是还没有开放的玫瑰花。②这个粉红色的花蕾太漂亮了！

华丽 huálì *adj.* gorgeous

【配】华丽的衣服，装饰华丽

【例】①他把会场布置得很华丽。②这座宫殿雄伟华丽。

【反】朴实，朴素

华侨 huáqiáo *n.* overseas Chinese

【配】归国华侨，华侨学校

【例】①他是个华侨。②华侨们回到祖国后感到非常亲切。

化肥 huàféi *n.* chemical fertilizer

【配】一袋化肥，买化肥
【例】①这个袋子里装的是化肥。②公司及时为农民们送来了化肥。

化石 huàshí　*n.* fossil
【配】活化石，动物化石
【例】①他发现了一块化石。②这块动物化石很珍贵。

化验 huàyàn　*v.* test, assay
【配】化验结果，化验单
【例】①他正要去拿化验单。②你最好还是化验一下血液。

化妆 huàzhuāng　*v.* put on make-up, make up
【配】化妆舞会（wǔhuì; ball）
【例】①她很会化妆。②今晚学校里将举行一场化妆舞会。

划分 huàfēn　*v.* divide
【配】划分界限，划分领土
【例】①这个公园被划分为四个不同的区域。②全市划分为三个区。

画蛇添足 huàshé-tiānzú　ruin the effect by adding

sth. superfluous

【例】①你这么做是画蛇添足。②对于长得这么漂亮的女孩儿来说，化妆有些画蛇添足。

话筒 huàtǒng   *n.* telephone transmitter, microphone
【配】拿话筒
【例】①你用话筒说话，这样声音就大了。②那个主持人找不到话筒了。

欢乐 huānlè   *adj.* joyous, happy
【配】欢乐的气氛
【例】①孩子们度过了一个欢乐的儿童节。②节日里到处都是欢乐的气氛。

还原 huányuán   *v.* return to the original condition
【配】还原旧貌，还原反应
【例】①这张旧照片被还原了。②铁是怎样从氧化物(yǎnghuàwù; oxide)中还原出来的?

环节 huánjié   *n.* link
【配】关键环节，教学环节
【例】①这个环节很关键。②教学过程中的每一个环节都不可以忽略。

缓和 huǎnhé *v./adj.* ease up/off, alleviate; mild, gentle

【配】缓和矛盾，缓和的气氛

【例】①怎样才能缓和这场危机？②缓和的气氛有利于矛盾的解决。

患者 huànzhě *n.* patient, sufferer

【配】一位患者

【例】①这位患者刚刚住进医院。②他是一名流感（liúgǎn; flu）患者。

荒凉 huāngliáng *adj.* desolate, wild

【配】荒凉的沙漠，荒凉的村庄

【例】①这里没有人烟，十分荒凉。②这是座荒凉的城堡。

荒谬 huāngmiù *adj.* absurd, ridiculous

【配】荒谬的想法，荒谬的言论

【例】①他的话听起来很荒谬。②这个观点太荒谬了。

荒唐 huāngtáng *adj.* preposterous, absurd, dissipated

【配】很荒唐，荒唐的人

【例】①这件事太荒唐了。②她突然有了一个荒唐的想法。

皇帝 huángdì *n.* emperor
【例】①在古代，皇帝的地位最高。②武则天（Wǔ Zétiān）是中国历史上唯一的一位女皇帝。

皇后 huánghòu *n.* empress, queen
【例】①她是一位美丽善良的皇后。②后来她做了皇后。

黄昏 huánghūn *n.* dusk, twilight
【配】美丽的黄昏，黄昏将近
【例】①快到黄昏了，咱们回家吧。②夕阳无限好，只是近黄昏。

恍然大悟 huǎngrán dàwù suddenly see the light
【例】①"哦，原来是这么回事！"她恍然大悟。②经他解释，我才恍然大悟。

晃 huàng/huǎng *v.* shake; dazzle
【配】晃（huàng）动，晃（huǎng）眼
【例】①坐在自行车上别乱晃，很危险。②今天的太阳太晃眼了，戴上太阳镜吧。

挥霍 huīhuò *v.* spend freely, squander
【配】挥霍金钱，挥霍青春
【例】①别挥霍你宝贵的时间。②不要再挥霍金钱了，你应该节俭一些。

辉煌 huīhuáng *adj.* splendid, glorious
【配】灯火辉煌，成果辉煌
【例】①房间里灯火辉煌。②他的事业很辉煌。

回报 huíbào *v.* repay, requite
【配】回报社会，回报老师
【例】①孩子们暗暗发誓，长大后一定要回报社会。
②你帮过我，我一定会回报你的。

回避 huíbì *v.* evade, dodge, avoid
【配】回避问题，回避一下
【例】①我们在讨论重要的事，你先回避一下。②我
们不能回避困难。

回顾 huígù *v.* look back, review
【配】回顾过去，回顾工作
【例】①他常常回顾过去。②我们来回顾一下去年的
工作。

回收 huíshōu *v.* recover, recycle, retrieve
【配】回收旧家电
【例】①他在回收旧家具。②这家店回收旧手机。

悔恨 huǐhèn *v.* regret deeply, be bitterly remorseful
【配】悔恨过去，无限悔恨

【例】①她流下了悔恨的泪水。②他对自己犯下的错误悔恨不已。

毁灭 huǐmiè　*v.* destroy, exterminate
【配】毁灭城市，毁灭证据
【例】①地震毁灭了这个村庄。②他毁灭了自己犯罪的证据。

汇报 huìbào　*v.* report, give an account of
【配】汇报工作，汇报情况
【例】①他在向领导汇报工作。②他正在会议上汇报项目情况。

会晤 huìwù　*v.* meet
【配】定期会晤，首相会晤
【例】①两国首脑（shǒunǎo; leader）定期会晤。②两国首相（shǒuxiàng; prime minister）昨天在北京会晤。

贿赂 huìlù　*v./n.* bribe; bribery
【配】贿赂干部，贿赂领导
【例】①他因贿赂领导被捕。②贿赂是一种违法行为。

昏迷 hūnmí　*v.* be stuporous, be comatose
【配】昏迷不醒

【例】①他一直昏迷不醒。②她终于从昏迷中醒来。

荤 hūn *n.* meat or fish dishes

【配】荤菜，吃荤

【例】①今天的晚饭有一个荤菜两个素菜。②他只吃素不吃荤。

【反】素

浑身 húnshēn *n.* all over the body

【配】浑身上下，浑身是病

【例】①他浑身上下都湿了。②这个孩子浑身是劲儿，干活很卖力。

混合 hùnhé *v.* mix, blend

【配】混合双打，混合物

【例】①水和酒精可以按任何比例混合。②你喝过混合饮料吗？

混乱 hùnluàn *adj.* confused, chaotic

【配】工作混乱，场面混乱

【例】①他的思维很混乱。②老师没来上课，教室里一片混乱。

混淆 hùnxiáo *v.* mix up, obscure, confuse

【配】混淆视听，是非混淆
【例】①你不要在这里混淆视听。②现实与虚构（xūgòu; fabricate）在小说里被混淆了。

混浊 hùnzhuó *adj.* muddy, turbid
【配】混浊的水，空气混浊
【例】①教室里的空气很混浊。②河里的水已经混浊了。

活该 huógāi *v.* serve sb right
【配】真是活该
【例】①这是你自找的，活该！②你这么懒，活该你穷！

活力 huólì *n.* vitality, energy
【配】充满活力，活力无限
【例】①年轻人总是充满活力。②公司的活力在于创新。

火箭 huǒjiàn *n.* rocket
【配】制造火箭，研究火箭
【例】①他有一个玩具火箭。②火箭已经发射升空了。

火焰 huǒyàn *n.* blaze, flame
【配】红色的火焰
【例】①红色的火焰喷了出来，扑也扑不灭。②火焰

蹿 (cuān; leap) 得很高。

火药 huǒyào *n.* gunpowder

【配】制造火药，火药味

【例】①火药发明于中国。②火药库里传来一声巨响。

货币 huòbì *n.* money, currency

【配】货币政策，流通货币，货币制度

【例】①英国的货币单位是镑（bàng; pound）。②政府承诺本国的货币不会贬值（biǎnzhí; depreciate）。

J

讥笑 jīxiào *v.* sneer at

【配】讥笑某人

【例】①同学们都讥笑他胆小。②你不要随便讥笑别人。

【同】嘲笑

饥饿 jī'è *adj.* hungry, starved

【配】饥饿难忍

【例】①他感到饥饿难忍。②远处跑来一只饥饿的小狗。

机动 jīdòng *adj.* motor-driven, flexible

【配】机动车，机动灵活

【例】①这是一辆机动车。②这种方式不受时间限制，机动灵活。

机构 jīgòu　*n.*　institution, organisation, organ
【配】国家机构，政府机构
【例】①这是一家出国留学咨询机构。②政府为此成立了专门机构。

机灵 jīling　*adj.*　clever, intelligent
【配】机灵的孩子，很机灵
【例】①她长着一双机灵的大眼睛！②这孩子机灵聪明又可爱。
【同】聪明

机密 jīmì　*n./adj.*　secret; classified, confidential
【配】军事机密，机密档案
【例】①这可是军事机密，你别告诉别人。②这份机密档案由专人保管。

机械 jīxiè　*n./adj.*　machine; mechanical, inflexible
【配】机械装置，机械的动作
【例】①他是一名机械维修工人。②你的思维太机械了。
【扩】器械（qìxiè; apparatus）

机遇 jīyù　*n.*　favourable circumstances, opportunity
【配】创造机遇，抓住机遇

【例】①你不要错过任何机遇。②我们常说，机遇与挑战并存。

机智 jīzhì *adj.* tactful, quick-witted

【配】机智过人，机智勇敢

【例】①这个孩子机智过人。②女孩儿机智地脱离了险境（xiǎnjìng; dangerous situation）。

【反】迟钝

基地 jīdì *n.* base

【配】培训基地，军事基地

【例】①这里是中学生的暑期英语培训基地。②他在导弹基地工作。

基金 jījīn *n.* fund

【配】教育基金，扶贫（fúpín; aid the poor）基金

【例】①这是大家捐献的扶贫基金。②为了发展教育事业，政府设立了教育专项基金。

基因 jīyīn *n.* gene

【配】基因工程，遗传基因

【例】①父母把自己的基因遗传给了子女。②这种基因的作用会随着周围的环境产生变化。

激发 jīfā   *v.* arouse, incite
【配】激发灵感，激发活力
【例】①他的写作潜力被激发出来了。②这幅画激发了我的创作灵感。

激励 jīlì   *v.* urge, encourage
【配】激励某人
【例】①英雄的事迹激励了几代人。②老师激励我们好好学习。

激情 jīqíng   *n.* strong emotion, passion, fervour
【配】有激情，激情奔放（bēnfàng; bold and unrestrained）
【例】①他的创作激情依然不减。②他满怀激情地唱着这首歌。

及早 jízǎo   *adv.* in good time
【配】及早准备，及早动手
【例】①你还是及早离开吧。②有消息我们会及早通知你的。

吉祥 jíxiáng   *adj.* lucky
【配】吉祥如意，吉祥物
【例】①祝您吉祥如意。②这是这次奥运会的吉祥物。

级别 jíbié　*n.* level, rank, grade

【配】工资级别，不同级别

【例】①他的行政级别高于我。②他们俩的工资级别不同。

极 端 jíduān　*adj./adv./n.* extreme; extremely; extremity

【配】过于极端，极端负责，走向极端

【例】①你的看法过于极端。②他这个人办事极端负责。③你要积极地面对挫折，不要走向极端。

极限 jíxiàn　*n.* limit, ultimate

【配】运动极限，身体极限

【例】①我对他的忍耐已经达到极限了。②他喜欢极限运动。

即便 jíbiàn　*conj.* even if, even though

【例】①大胆地说，你即便说错了也没关系。②他即便不来，我们的会议也要按期进行。

即将 jíjiāng　*adv.* about (to do sth)

【配】即将开始，即将到来

【例】①晚会即将结束。②春天即将到来。

急功近利 jígōng-jìnlì   be eager for quick success and instant benefit

【例】①发展地方经济千万不能急功近利。②别着急，慢慢来，做事不能急功近利。

急剧 jíjù   *adj.* sudden, rapid

【配】急剧变化，急剧增加

【例】①这几天气温急剧下降。②海外投资急剧增加。

急切 jíqiè   *adj.* eager, hasty

【配】急切的心情

【例】①他急切地想知道事情的经过。②我们急切地寻找合适的人来代替他。

急于求成 jíyú qiúchéng   be anxious for success

【例】①他做事总是急于求成。②做任何事都不能急于求成。

急躁 jízào   *adj.* irritable, irascible, impetuous

【配】不要急躁，很急躁

【例】①遇事要冷静，千万别急躁。②你这件事处理得急躁了点儿。

疾病 jíbìng   *n.* sickness, disease

【配】一种疾病，治疗疾病

【例】①他坚持与疾病斗争。②这种疾病目前还没有更好的治疗方法。

集团 jítuán　*n.* bloc, group

【配】军事集团，统治集团

【例】①这是当时有名的军事集团。②他的生意做得很大，最近刚成立了集团公司。

嫉妒 jídù　*v.* envy

【配】嫉妒某人

【例】①别理他，他明明是在嫉妒你。②他嫉妒小王年轻能干。

籍贯 jíguàn　*n.* native place, birthplace

【例】① A: 你的籍贯是哪里？ B: 四川省成都市。②别忘了在表格上写上你的籍贯。

给予 jǐyǔ　*v.* render, give

【配】给予支援，给予表扬

【例】①老师给予他很高的评价。②他对弱者（ruòzhě; the weak）给予深切的同情。

计较 jìjiào　*v.* haggle over, keep account of

【配】计较得失，不要计较

【例】①这次比赛你不要计较输赢。②他对这些小事从不计较。

记性 jìxing   *n.* memory

【配】记性好，没记性

【例】①爷爷的记性越来越差。②这孩子没记性，一样的题都错了好几回了。

记载 jìzǎi   *v./n.* record, put down in writing; account

【配】如实记载，历史记载

【例】①这篇文章记载的是古代民俗（mínsú; folk custom）。②据史料记载，这个历史古迹毁于战争。

纪要 jìyào   *n.* summary of a meeting, log

【配】做纪要，会议纪要

【例】①报纸上刊登了大会的会议纪要。②谁来为这次大会做纪要？

技巧 jìqiǎo   *n.* technique, craftsmanship

【配】写作技巧，解题技巧

【例】①提高听力水平有什么技巧吗？②这项运动需要技巧。

忌讳 jìhuì *v.* abstain from, taboo

【例】①中国人送礼物忌讳送钟表。②学习最忌讳有始无终。

季度 jìdù *n.* quarter (of a year)

【配】第一季度，四个季度

【例】①公司这个季度的销售量大大减少了。②我们厂工人的工资是按季度结算的。

季军 jìjūn *n.* third place in a contest

【配】获得季军

【例】①他在比赛中发挥正常，获得季军。②在这次长跑比赛中，小王获得了冠军，小李得了亚军，我得了季军。

迹象 jìxiàng *n.* indication, sign

【配】种种迹象，生命的迹象

【例】①这里没有发现生命的迹象。②所有迹象都表明这里有人来过。

继承 jìchéng *v.* inherit, carry on

【配】继承财产，继承王位

【例】①他的财产由儿子继承。②她 36 岁时继承了王位。

寄托 jìtuō *v.* entrust to sb's care, place (hope, etc) on

【配】寄托希望

【例】①出差时他把孩子寄托给父母照顾。②祖国的希望寄托在年轻一代身上。

寂静 jìjìng *adj.* quiet, still

【配】寂静的房间，寂静的早晨

【例】①房间里一片寂静。②在寂静的山林里，遍地开满了鲜花。

加工 jiāgōng *v.* process, improve

【配】食品加工，加工服装

【例】①他准备投资食品加工行业。②这个剧本需要再加工一下。

加剧 jiājù *v.* aggravate, intensify

【配】病情加剧，疼痛加剧

【例】①他的疼痛日益加剧。②两国间的紧张关系加剧了。

夹杂 jiāzá *v.* be mixed/mingled up with

【例】①空气中夹杂着花香。②他的黑发中夹杂着几根白发。

佳肴 jiāyáo　　*n.* delicacies

【配】美味佳肴，烹饪（pēngrèn; cook）佳肴

【例】①桌子上摆满了佳肴。②这道菜算得上是美味佳肴。

家 常 jiācháng　　*n./adj.* daily life of a family; leisure, home-made

【配】聊聊家常，家常便饭

【例】①两位老奶奶经常在一起聊家常。②上学迟到对小新来说已经是家常便饭了。

家伙 jiāhuo　　*n.* fellow, guy

【配】你这家伙，小家伙

【例】①你这家伙真不讲理。②这小家伙很聪明嘛！

家属 jiāshǔ　　*n.* family members, (family) dependents

【配】他的家属，病人家属

【例】①他正在安慰受害者（shòuhàizhě; victim）的家属。②你的家属在这儿吗？

家喻户晓 jiāyù-hùxiǎo　　be known to all

【例】①这个明星在中国家喻户晓。②这种产品已经家喻户晓了。

尖端 jiānduān *adj./n.* most advanced/sophisticated; pointed end

【配】尖端领域，科学尖端

【例】①这是一款尖端产品。②他参加了这项科学尖端的研发。

尖锐 jiānruì *adj.* sharp, intense

【配】尖锐的问题，尖锐的批评

【例】①他提出的问题很尖锐。②他们之间产生了尖锐的矛盾。

坚定 jiāndìng *adj./v.* steadfast, staunch; strengthen

【配】意志坚定，坚定信心

【例】①他的脸上流露出坚定的表情。②同学们的支持，更加坚定了我的信心。

坚固 jiāngù *adj.* solid, strong, firm

【配】坚固的城墙，坚固的堡垒（bǎolěi; fort）

【例】①这座城堡很坚固。②天天刷牙，牙齿会变得越来越坚固。

坚韧 jiānrèn *adj.* tough and tensile, firm and tenacious

【配】坚韧的性格，坚韧不拔

【例】①他有着坚韧不拔的意志。②这种材料非常坚韧。

坚实 jiānshí　*adj.*　solid, strong

【配】坚实的基础

【例】①两国关系基础坚实。②这块冰面不够坚实，咱们最好别在上面走。

坚硬 jiānyìng　*adj.*　hard, solid

【配】坚硬的石头

【例】①这块石头非常坚硬。②乌龟（wūguī; tortoise）有着坚硬的龟甲。

艰难 jiānnán　*adj.*　difficult

【配】艰难的生活，历尽艰难

【例】①两国正在进行艰难的谈判。②他们在山路上艰难地行走。

监督 jiāndū　*v./n.*　control, supervise, superintend; supervisor, monitor

【配】监督工作

【例】①我来监督你做作业。②他是工厂的产品质量监督。

【扩】监测（jiāncè; monitor）

监视 jiānshì   *v.* keep watch on, keep a lookout over
【配】监视某人，监视病情
【例】①他正在监视敌人的活动。②医生正在监视病人的心电图。

监狱 jiānyù   *n.* prison, jail
【配】进监狱，一座监狱
【例】①他被关进监狱了。②这座监狱是新建成的。

煎 jiān   *v.* fry, decoct
【配】煎鸡蛋，煎药
【例】①妈妈在厨房煎鱼。②我在给她煎药呢。

拣 jiǎn   *v.* pick up, collect
【配】拣贝壳，拣东西
【例】①他经常去海边拣贝壳。②我刚才拣到了一块手表。
【同】拾

检 讨 jiǎntǎo   *v./n.* make a self-criticism; inspect, study
【配】检讨自己，写检讨
【例】①经过这次失败，他检讨了自己的工作。②他正在写检讨。

检验 jiǎnyàn *v.* inspect, examine, test

【配】检验理论

【例】①实践是检验真理的标准。②这些商品的质量已经经过严格的检验。

剪彩 jiǎncǎi *v.* cut the ribbon (at an opening ceremony, etc)

【例】①市长为贸易展览会开幕剪彩。②这家饭店请了一位明星在开业典礼上剪彩。

简化 jiǎnhuà *v.* simplify

【配】简化汉字，简化步骤

【例】①你把解题过程再简化一下。②审批（shěnpī; examine and approve）程序已经被简化了。

简陋 jiǎnlòu *adj.* simple and crude

【配】简陋的房间，简陋的家具

【例】①她家布置得很简陋。②这个地方虽然简陋，但是非常干净。

【反】豪华

简体字 jiǎntǐzì *n.* simplified Chinese character

【配】写简体字，通行简体字

【例】①"马"是简体字，"馬"是繁体字。②你认识这些简体字吗？
【反】繁体字

简要 jiǎnyào   *adj.* concise, brief and to the point
【配】文字简要，简要新闻
【例】①你能不能把话说得简要一点儿？②你把这次会议内容简要地记录一下。

见 多 识 广 jiànduō-shíguǎng   experienced and know-ledgeable
【例】①他见多识广，让他想想办法吧。②他是一名见多识广的记者。

见解 jiànjiě   *n.* opinion, view, idea
【配】学术见解，见解不深，很有见解
【例】①他就这个问题发表了见解。②我完全同意你的见解。

见闻 jiànwén   *n.* what one sees and hears, knowledge, information
【配】见闻广博（guǎngbó; extensive），旅行见闻
【例】①他正在写旅行见闻。②孩子们正在描述他们的暑假见闻。

见义勇为 jiànyì-yǒngwéi   act bravely for a just cause

【例】①他见义勇为的事迹得到了表彰。②行人们见义勇为，抓住了歹徒。

间谍 jiàndié *n.* spy

【配】间谍活动，间谍工作

【例】①他实际上是一名商业间谍。②政府的秘密文件被间谍窃取（qièqǔ; steal）了。

间隔 jiàngé *v./n.* separate, cut off; interval, space

【配】间隔一周，有间隔

【例】①这两节课之间间隔二十分钟。②姓和名的拼音之间要留有一定的间隔。

间接 jiànjiē *adj.* indirect

【配】间接描写，间接联系

【例】①他只是间接提到了这件事。②我通过间接途径知道了事情的经过。

剑 jiàn *n.* sword

【配】宝剑，拔出剑

【例】①他们家的墙上挂着一把宝剑。②练剑可以锻炼身体。

健全 jiànquán *adj./v.* sound, perfect; strengthen

【配】制度健全

【例】①这家公司的规章制度很健全。②只有健全法律，才能保障妇女儿童的权益。

舰艇 jiàntǐng *n.* naval vessel
【配】敌人的舰艇，一艘舰艇
【例】①海面上出现了一艘舰艇。②我有一个舰艇模型。

践踏 jiàntà *v.* trample underfoot, tread on
【配】践踏草地，践踏权利
【例】①禁止践踏草地。②人民的权利神圣不容践踏。

溅 jiàn *v.* splash, spatter
【配】溅水，溅落
【例】①他的衣服溅上了水。②汽车开过，溅了我一身泥。

鉴别 jiànbié *v.* distinguish, differentiate
【配】鉴别文物，鉴别真假
【例】①考古学家正在鉴别文物的年代。②他鉴别不出真假钞票。
【扩】鉴赏（jiànshǎng; appreciate）

鉴定 jiàndìng *v./n.* appraise, identify; appraisal, evaluation

【配】鉴定质量，写鉴定

【例】①这批产品正在进行质量鉴定。②老师给他写了一份学习鉴定。

鉴于 jiànyú   *prep./conj.* in view of; seeing that

【例】①鉴于目前这种状况，我们必须马上行动。②鉴于时机已经成熟，建议尽快通过这部法规。

将近 jiāngjìn   *adv.* close to, almost

【配】将近一百人，将近黄昏

【例】①这个国家有将近四千年的历史。②我用了将近一天的时间才解决了这个问题。

将就 jiāngjiu   *v.* make do with, make the best of

【配】将就一下，将就一点儿

【例】①这已经是这里最好的房间了，你就将就将就吧。②没有别的选择了，只能将就一点儿了。

【同】凑合

将军 jiāngjūn   *n.* (army) general

【配】一位将军

【例】①将军命令停止进攻。②将军奖励了立功（lìgōng; do a deed of merit）的战士。

僵硬 jiāngyìng *adj.* stiff, rigid, inflexible
【配】僵硬的动作，僵硬的身体
【例】①坐长途火车使我感觉四肢僵硬。②他的面部表情很僵硬。

奖励 jiǎnglì *v./n.* encourage and reward; reward
【配】奖励某人，获得奖励
【例】①国家奖励有贡献的科学家。②参赛者有机会获得奖励。
【同】奖赏

奖赏 jiǎngshǎng *n./v.* award; reward
【配】获得奖赏，奖赏某人
【例】①他给了我一个苹果作为奖赏。②公安局奖赏抓住小偷的市民。
【同】奖励

桨 jiǎng *n.* oar
【配】船桨，桨声
【例】①他用力划着船桨。②到岸了，渔民们收起桨和帆。

降临 jiànglín *v.* befall, arrive, come
【配】夜幕（yèmù; curtain of night）降临，降临人间

【例】①夜幕降临了。②好运终于降临到了他的头上。

交叉 jiāochā   *v.* intersect, cross, overlap
【配】交叉进行，交叉路口
【例】①这几天会很多，大会小会交叉进行。②两条道路交叉在一起。

交代 jiāodài   *v.* hand over, explain, tell, confess
【配】交代清楚，交代事实
【例】①你的情况警察很清楚，你还是老实交代吧！②你就按照他交代你的去做就行了。

交涉 jiāoshè   *v.* negotiate, make representations
【配】进行交涉，经过交涉
【例】①经过交涉，对方终于答应赔偿。②谈合同，需要很多时间交涉。

交易 jiāoyì   *v./n.* buy and sell; deal
【配】公平交易，政治交易
【例】①市场提倡公平交易。②这是一笔大数额的交易。

娇气 jiāoqì   *adj./n.* fragile, delicate; squeamishness
【配】很娇气，克服娇气
【例】①一句也不能批评，这个孩子真娇气！②你已经是一个成年人了，应该克服自己的娇气。

焦点 jiāodiǎn *n.* focus, focal point
【配】焦点人物，焦点问题
【例】①他成了全班的新闻焦点。②主持人把谈话焦点转向了他。

焦急 jiāojí *adj.* worried, anxious
【配】焦急不安，焦急等待
【例】①我们焦急地等待结果。②什么事让你这么焦急？
【扩】焦虑（jiāolǜ; anxious）

角落 jiǎoluò *n.* corner, nook
【配】房间的角落，躲在角落
【例】①请你打扫一下房间的角落。②他坐在角落里，一句话也不说。

侥幸 jiǎoxìng *adj.* lucky, by luck
【配】侥幸心理，心存侥幸
【例】①要认真准备考试，不可以有侥幸心理。②他们只是侥幸赢了这场比赛。
【同】幸运

搅拌 jiǎobàn *v.* stir, agitate

【配】搅拌均匀，搅拌一下

【例】①你把水倒进去后搅拌一下。②他用搅拌棒把咖啡搅拌均匀。

缴纳 jiǎonà　*v.*　pay

【配】缴纳税款

【例】①罚金必须按时缴纳，不能耽误。②请您按时缴纳税款。

较量 jiàoliàng　*v.*　measure one's strength (with), have a contest

【配】较量一下，实力较量

【例】①你要是不服，我们就较量一下。②他已经准备好与你较量了。

教养 jiàoyǎng　*n./v.*　upbringing, education; bring up, train

【配】缺乏教养，教养孤儿 (gū'ér; orphan)

【例】①这人真没教养。②教养孩子是父母必须承担的责任。

阶层 jiēcéng　*n.*　(social) stratum

【配】不同阶层，白领阶层

【例】①他们来自不同的社会阶层。②贫困阶层应该引起更多的社会关注。

皆 jiē　　*adv.* all, each and every

【配】皆知，皆是

【例】①只要你肯努力，一切皆有可能。②四海（sìhǎi; whole world）之内皆兄弟。

接 连 jiēlián　　*adv.* happen on end/in a row/in succession

【配】接连发生，接连爆炸

【例】①他接连加班十几个小时，太累了。②班上有好几个同学接连病了。

揭露 jiēlù　　*v.* expose, unmask, lay bare

【配】揭露问题，揭露真相

【例】①新闻记者写文章揭露了这个阴谋。②事情的真相被揭露了出来。

【扩】揭示（jiēshì; announce）

节制 jiézhì　　*v.* control, restrict

【配】节制饮食，节制饮酒

【例】①只有节制饮食和经常运动，才能减肥成功。②你喝酒应该有所节制。

【同】控制

【反】放纵（fàngzòng; indulge）

节奏 jiézòu　*n.* rhythm, tempo
【配】轻快的节奏，节奏慢
【例】①这首歌节奏轻快。②这部小说节奏太慢。

杰出 jiéchū　*adj.* outstanding, remarkable
【配】杰出贡献，杰出人物
【例】①他是一位杰出的作家。②他获得今年的杰出贡献奖。
【反】平庸

结晶 jiéjīng　*n./v.* crystal; crystallise
【配】智慧的结晶
【例】①长城是中国人民智慧的结晶。②这种物体结晶了。

结局 jiéjú　*n.* final result, outcome, ending
【配】悲伤的结局，故事的结局
【例】①这部电影的结局很感人。②这场战争的结局会怎样？

结算 jiésuàn　*v.* settle/close an account
【配】结算手续，结算中心
【例】①你去结算一下，看需要多少钱。②他去结算中心办理手续了。

截止 jiézhǐ　*v.* end, close
【配】截止时间，截止日期
【例】①交论文的截止日期是 9 月 1 日。②必须在截止时间之前报名。

截至 jiézhì　*v.* be no later than, by
【配】截至今天，截至目前
【例】①截至今天中午 12 点，一共有 100 人报名。②截至目前，地震已经夺走了 200 人的生命。

竭尽全力 jiéjìn quánlì　spare no effort, do one's utmost
【例】①他虽然竭尽全力，但是仍然没有考上理想中的大学。②我一定会竭尽全力完成任务，不辜负大家对我的期望。
【同】全力以赴

解除 jiěchú　*v.* relieve, remove
【配】解除约定，解除警报（jǐngbào; alarm）
【例】①这两家公司解除了合同。②警报终于解除了，危险过去了。

解放 jiěfàng　*v.* liberate

【配】解放思想

【例】①他是这个国家民族解放运动的领导人。②放假后我就解放了，可以到处去玩儿了。

解雇 jiěgù　*v.*　dismiss, fire, sack

【配】解雇某人

【例】①他被公司解雇了。②由于经济危机，工厂解雇了一大批工人。

解剖 jiěpōu　*v.*　dissect

【配】解剖尸体，解剖学

【例】①他们在实验室里解剖小白鼠。②他在大学里学习生物解剖学。

解散 jiěsàn　*v.*　dissolve, disband, dismiss

【配】全体解散，解散部队

【例】①政府解散了议会（yìhuì; parliament）。②现在全体解散，十点钟后再集合。

【反】集合

解体 jiětǐ　*v.*　disintegrate

【配】组织解体，社会解体

【例】①这个国家的奴隶制解体了。②这个机构解体了。

戒备 jièbèi   *v.* guard, take precautions against
【配】严密戒备，戒备森严（sēnyán; stern）
【例】①这座城堡戒备森严。②最近流行感冒，我们应该有所戒备。

界限 jièxiàn   *n.* demarcation, dividing line
【配】政治界限，划清界限
【例】①我们属于不同的政党，我要和你划清界限。②他们俩早已超越了友谊的界限。

借鉴 jièjiàn   *v.* use for reference, draw lessons from
【配】值得借鉴，借鉴经验
【例】①我们公司应该借鉴国外先进的管理经验。②要学会借鉴他人的成功经验。

借助 jièzhù   *v.* with the help of, have the aid of
【配】借助风力，借助技术
【例】①你们可以借助数据库技术来完成这项工作。②他走路需要借助拐杖。

金融 jīnróng   *n.* banking, finance
【配】金融危机，金融体系
【例】①她是著名的金融专家。②随着金融危机的到来，各大公司纷纷裁员。

津 津 有 味 jīnjīn yǒuwèi　(eat) with relish/with keen pleasure

【配】吃得津津有味

【例】①第一次吃北京烤鸭，他吃得津津有味。②他讲了许多故事，我们听得津津有味。

紧迫 jǐnpò　*adj.* pressing, urgent

【配】任务紧迫，时间紧迫

【例】①这是一项十分紧迫的任务。②时间紧迫，你快出发吧。

锦上添花 jǐnshàngtiānhuā　add flowers to embroidery—embellish what is already beautiful

【例】①最后他的一首精彩歌曲让晚会锦上添花。②这束漂亮的花让整个客厅锦上添花。

【反】雪上加霜

进而 jìn'ér　*conj.* and then, after that

【例】①你先学好第一外语，进而学习第二外语。②我们首先要把工作分类，进而再把各项工作分配给工人。

进攻 jìngōng　*v.* attack, assault

【配】猛烈进攻

【例】①实施这一战略是为了阻止敌人的进攻。②我们已经做好进攻的准备。

【反】防御

进化 jìnhuà　*v.* evolve

【配】生物进化，不断进化

【例】①哺乳动物是从爬行（páxíng; crawl）动物进化而来的。②人类的文明在不断进化。

进展 jìnzhǎn　*v.* make progress

【配】进展顺利，进展很快

【例】①这次计划进展顺利。②一个月过去了，他的工作还没有进展。

近来 jìnlái　*n.* recent

【配】近来可好

【例】①近来他身体有些不舒服。②我近来比较忙。

晋升 jìnshēng　*v.* promote (to a higher office)

【配】晋升条件，晋升机会

【例】①他完全有条件获得晋升。②她晋升为教授了。

浸泡 jìnpào　*v.* soak, immerse

【配】浸泡药材（yàocái; medicinal material），浸泡衣服

【例】①请把豆子浸泡到水里。②他把茶叶放在水里

浸泡了几分钟。

茎 jīng *n.* stem, stalk

【配】根茎，花茎

【例】①这是什么植物的茎？ ②这类植物的根茎很发达。

经费 jīngfèi *n.* fund, outlay

【配】教育经费，经费不足

【例】①政府打算增加教育经费。②这项工程因为经费不足而暂停 (zàntíng; pause) 了。

经纬 jīngwěi *n.* main points (of sth), meridian and parallel (lines)

【配】经纬线，经纬度

【例】①他买了一个经纬仪。②他记下了经纬度，在地图上做了一个标记。

惊动 jīngdòng *v.* alarm, alert, disturb

【配】惊动全球

【例】①她轻轻地关上了门，以免惊动奶奶。②呼啸而过的汽车惊动了树上的小鸟。

惊奇 jīngqí *adj.* amazed, surprised

【配】感到惊奇，惊奇的表情

【例】①这件事真是让人惊奇。②孩子惊奇地发现鱼缸（yúgāng; fish）里多了一条小鱼。

【同】诧异，惊讶

惊讶 jīngyà　*adj.* surprised, amazed

【配】很惊讶，感到惊讶

【例】①这个结果让大家感到惊讶。②听说他要离开，我们非常惊讶。

【同】诧异，惊奇

兢兢业业 jīngjīngyèyè　be cautious and conscientious

【例】①多年来，他工作一直兢兢业业。②我们应该兢兢业业地工作。

精打细算 jīngdǎ-xìsuàn　careful calculation and strict budgeting

【例】①姥姥做事总是精打细算。②他们就靠着这么一点儿收入精打细算地过日子。

精华 jīnghuá　*n.* essence

【配】故事的精华，吸取精华

【例】①这个情节是这部电影的精华。②在借鉴别人的经验时，我们一定要学习其中的精华。

精简 jīngjiǎn　*v.* simplify, reduce

【配】精简字数，精简论文

【例】①你再把故事精简一下。②这篇文章太长了，我来精简一下内容。

精密 jīngmì　*adj.* accurate, exact

【配】精密仪器，精密测量

【例】①这块表做工精密。②公司打算购买一批精密仪器。

精确 jīngquè　*adj.* precise, accurate

【配】时间精确，地点精确

【例】①这份统计报告上的数据很精确。②你计算得很精确。

精通 jīngtōng　*v.* be proficient in

【配】精通外语，精通业务

【例】①他精通五种语言。②她很精通这项业务。

精心 jīngxīn　*adj.* meticulous, painstaking

【配】精心打扮，精心准备

【例】①他把房间精心装饰了一番。②经过精心治疗，他的身体慢慢地好了起来。

精益求精 jīngyìqiújīng constantly perfect one's skill
【例】①他精益求精的工作态度获得了大家的认同。
②这个演员对表演精益求精。

精致 jīngzhì *adj.* delicate, exquisite
【配】精致的手表，做工精致
【例】①这个书包看上去很精致。②他收到一份精致
的礼物。

井 jǐng *n.* well
【配】一口井，打井
【例】①工人们正在挖井。②他正从井里打水喝。

颈椎 jǐngzhuī *n.* cervical vertebra
【配】颈椎病
【例】①他有颈椎病。②经常做操有利于保持颈椎的
健康。

警告 jǐnggào *v./n.* warn, remind; warning, caution
【配】警告某人，发出警告
【例】①他警告我们上山时一定要注意安全。②警察
向犯罪分子发出警告。

警惕 jǐngtì *v.* be on guard (against), be vigilant
(against)

【配】警惕性，高度警惕

【例】①对于这件事，他始终保持高度警惕。②我们应该提高警惕，预防敌人的突然袭击（xíjī; attack by surprise）。

竞赛 jìngsài　*v.* race, contest

【配】数学竞赛，开展竞赛

【例】①我们学校开展了游泳竞赛。②他在数学竞赛中获奖了。

【同】比赛

竞选 jìngxuǎn　*v.* run for, campaign for (office)

【配】竞选总统，参加竞选

【例】①他们都是来参加竞选的。②妈妈鼓励我竞选班长（bānzhǎng; class monitor）。

敬礼 jìnglǐ　*v.* salute

【配】敬个礼，向……敬礼

【例】①我们向国旗敬礼。②你见到将军别忘了敬礼。

敬　业 jìngyè　*v.* be dedicated/devoted to one's work/career

【配】敬业精神

【例】①他很有敬业精神。②他很敬业。

境界 jìngjiè　*n.* state, realm

【配】境界很高，完美境界

【例】①她的思想境界咱们达不到。②你的书法已经到了一个很高的境界。

镜头 jìngtóu　*n.* camera lens, shot

【配】相机镜头，电影镜头

【例】①这个相机的镜头非常贵。②导演后来把这个电影镜头删了。

纠纷 jiūfēn　*n.* issue, dispute

【配】一场纠纷，财产纠纷

【例】①他们之间发生了合同纠纷。②这场财产纠纷很难解决。

纠正 jiūzhèng　*v.* correct, remedy

【配】纠正错误，认真纠正

【例】①老师，我的汉语发音有什么问题？请您帮我纠正一下。②这种不正之风得到了纠正。

酒精 jiǔjīng　*n.* alcohol

【配】酒精中毒（zhòngdú; poison），酒精含量

【例】①这个瓶子里装的是酒精。②酒精可以用来消毒。

救济 jiùjì　*v.* provide relief to, relieve

【配】救济穷人，救济灾民

【例】①政府正在想办法救济受灾群众。②他参加了救济伤员的工作。

就近 jiùjìn　*adv.* nearby

【配】就近入学，就近上班

【例】①咱们还是就近找个住处吧。②这个市场方便居民就近购物。

就业 jiùyè　*v.* get a job

【配】就业机会，就业形势

【例】①你应该珍惜这个难得的就业机会。②目前的就业形势并不乐观。

就职 jiùzhí　*v.* assume/take office

【配】宣布就职，就职演说

【例】①市长于昨天上午宣布就职。②总统将在今天发表就职演说（yǎnshuō; speech）。

拘留 jūliú　*v.* detain, take into custody

【配】拘留罪犯

【例】①罪犯被拘留了。②警察对他进行拘留审问（shěnwèn; interrogate）。

拘束 jūshù *adj./v.* constrained, ill at ease; restrain, restrict

【配】感到拘束

【例】①和这么多陌生人在一起，我感到很拘束。②不要太拘束学生，应该让他们自由发表意见。

居民 jūmín *n.* resident, inhabitant

【配】城市居民，当地居民

【例】①这里是居民区，禁止停车。②当地居民一致反对在附近建工厂。

居住 jūzhù *v.* reside, live

【配】居住环境，居住条件

【例】①他们居住在机场附近。②他决定搬到岛上居住。

鞠躬 jūgōng *v./adj.* bow; in a discreet and scrupulous manner

【配】向……鞠躬

【例】①演员向观众鞠躬。②他向大家鞠躬致敬。

局部 júbù *n.* part

【配】局部利益，局部现象

【例】①你只看到了局部，忽略了整体。②这只是局部问题，别担心，很容易解决的。

【反】整体

局面 júmiàn *n.* phase, situation

【配】全新的局面，控制局面

【例】①他没想到会遇到这种局面。②现在的局面必须得到有效的控制。

局势 júshì *n.* situation

【配】政治局势

【例】①局势已经发生了重大变化。②这个地区的局势仍然很紧张。

局限 júxiàn *v.* limit, confine

【例】①这次讨论不仅局限于语法问题。②这次聚会只局限在班级内部。

咀嚼 jǔjué *v.* chew

【配】咀嚼食物

【例】①他正在咀嚼食物。②吃鱼时要仔细咀嚼，小心鱼刺。

沮丧 jǔsàng *adj.* dispirited, dejected

【配】神情沮丧，感到沮丧

【例】①他应聘失败了，神情十分沮丧。②我们听说这个坏消息后都十分沮丧。

【同】失望

【反】兴奋

举动 jǔdòng *n.* act, move

【配】举动异常

【例】①他的举动很可笑。②警察一直在监视他的举动。

【同】行为

举世瞩目 jǔshì zhǔmù be the focus of world attention

【例】①这场演讲举世瞩目。②奥运会是举世瞩目的体育比赛。

举足轻重 jǔzú-qīngzhòng play a decisive role

【例】①他的意见在公司中举足轻重。②他爷爷是一位举足轻重的人物。

剧本 jùběn *n.* play, opera

【配】写剧本，改编剧本

【例】①他喜欢写剧本。②这个剧本的作者是莎士比亚（Shāshìbǐyà; Shakespeare）。

剧烈 jùliè *adj.* violent, severe, fierce

【配】剧烈的变化，剧烈运动

【例】①他的思想发生了剧烈的变化。②刚吃完饭不要做剧烈运动。

【同】猛烈

据悉 jùxī　*v.* it is reported (that)

【例】①据悉，他在比赛中得了第一名。②据悉，巴西（Bāxī; Brazil）总统近期将访问中国。

聚精会神 jùjīng-huìshén　concentrate one's attention on

【例】①大家聚精会神地听老师讲课。②他正聚精会神地做作业。

卷 juǎn　*m./v.* roll; coil/roll up, sweep along

【配】卷起

【例】①桌子上放着一卷卫生纸。②她把画儿卷起来放好。③风把树叶卷到了半空中。

决策 juécè　*v./n.* make a strategic decision; policy decision

【配】集体决策，战略决策

【例】①重大事件应该由大家共同决策。②现在形势危急，我们要尽快做出应对决策。

觉悟 juéwù　*n./v.* consciousness, awareness; come to understand

【配】觉悟高，思想觉悟

【例】①我们应该努力提高自己的思想觉悟。②他终于觉悟了。

觉醒 juéxǐng *v.* awaken, wake up

【例】①是你该觉醒的时候了。②奴隶们终于觉醒，决定反抗了。

绝望 juéwàng *v.* be desperate, lose all hope

【例】①你不要绝望，一切都会过去的。②艰苦的生活环境并没有让他绝望。

倔强 juéjiàng *adj.* stubborn, unbending

【配】倔强的性格，倔强的老人

【例】①他的性格非常倔强，你是不可能说服他的。②他是一个倔强的老头儿。

【同】固执，顽固

军队 jūnduì *n.* armed forces, troops

【配】带领军队，政府军队

【例】①这支军队排成整齐的两列。②军队驻扎在祖国的边疆。

君子 jūnzǐ　*n.* man of noble character/virtue, gentleman

【配】正人君子，君子风度

【例】①正人君子是绝对不会做这样的事情的。②为一点儿小事斤斤计较（jīnjīn-jìjiào; haggle over every ounce），你也太没有君子风度了。

K

卡通 kǎtōng　*n.* cartoon

【配】卡通形象，卡通明星

【例】①孩子们都爱看卡通片。②她是大家都知道的卡通人物。

开采 kāicǎi　*v.* extract, exploit

【配】开采石油，开采资源

【例】①工人们正在开采石油。②人类不能过分开采地球资源。

开除 kāichú　*v.* expel

【配】开除学生，开除公职

【例】①他被学校开除了。②他因为无故不上班被公司开除了。

开阔 kāikuò　*adj./v.* wide, open; widen, broadened

【配】视野开阔，开阔思路

【例】①这儿是一片开阔的平原。②读书能开阔人的眼界。

【同】广阔，辽阔

【扩】宽阔（kuānkuò; broad）

开朗 kāilǎng　*adj.* open and clear, optimistic

【配】开朗的笑声，开朗的性格

【例】①屋里传来他开朗的笑声。②他的性格很开朗。

开明 kāimíng　*adj.* enlightened, open-minded

【配】开明人士，开明政策

【例】①公司的管理政策很开明。②他思想开明，一点儿也不保守。

【反】保守

开辟 kāipì　*v.* open up, start

【配】开辟道路

【例】①他为企业开辟了一条长久发展的道路。②市民纷纷建议开辟更多的公交线路。

【同】开拓

开拓 kāituò　*v.* open up

【配】开拓市场，开拓事业

【例】①公司打算开拓新的市场。②他决定开拓自己的新事业。

【同】开辟

开展 kāizhǎn   *v.* develop, launch

【配】开展活动，开展运动

【例】①学校准备开展保护环境的活动。②政府决定开展全民健身运动。

开支 kāizhī   *v./n.* pay (expense); expenses, spending

【配】开支巨大，一笔开支

【例】①这项工程开支巨大。②预算中没有这项开支。

刊登 kāndēng   *v.* publish, carry

【配】刊登寻人启事

【例】①他在报纸上刊登了一则寻人启事。②这家杂志每期都会刊登一个小故事。

刊物 kānwù   *n.* publication

【配】创办刊物，学术刊物

【例】①这个学院准备创办一份学术刊物。②这是我们学校的刊物。

勘探 kāntàn   *v.* explore

【配】勘探人员，勘探石油

【例】①工人们正在勘探石油。②他是勘探队的成员。

侃 侃 而 谈 kǎnkǎn'értán   talk confidently and composedly

【例】①他每次发言都侃侃而谈。②他一个人侃侃而谈了一个下午。

砍伐 kǎnfá   *v.* fell (trees), cut down (timber)

【配】砍伐树木，砍伐森林

【例】①严厉禁止砍伐树木的行为。②砍伐森林会对环境造成严重的破坏。

看待 kàndài   *v.* regard, look upon

【配】看待事物，另眼看待

【例】①你怎么看待这件事？②我看待这件事的方式和你不一样。

慷慨 kāngkǎi   *adj.* generous, vehement, fervent

【配】慷慨大方，慷慨陈词

【例】①他为人慷慨大方。②她慷慨地向灾民（zāi-mín; victims of a natural calamity）捐款。

【同】大方

【反】吝啬

扛 káng *v.* carry on the shoulder, shoulder

【配】扛东西，扛行李

【例】①搬家公司的工人正在往楼上扛家具。②这点儿小事他可以扛过去的。

抗议 kàngyì *v.* protest

【配】提出抗议，强烈抗议

【例】①他们在广场举行抗议活动。②他对裁判的决定提出抗议。

考察 kǎochá *v.* inspect, make an on-the-spot investigation

【配】考察地势，考察人员

【例】①他跟随考察团一起回国。②他们打算考察这个地区的风土人情。

考古 kǎogǔ *n./v.* archaeology; engage in archaeological studies

【配】考古研究，考古学

【例】①他热爱考古工作。②作为考古学家，她每年都要去各地考古。

考核 kǎohé *v.* examine, assess (sb's proficiency)

【配】考核事实，考核状况

【例】①他是上次考核被淘汰的那名员工吗？②我们想考核一下这家公司的状况。

考验 kǎoyàn   *v.* put to test
【配】考验某人，经得起考验
【例】①考验你的时候到啦！②这次灾难考验了他的勇气。

靠拢 kàolǒng   *v.* draw close, close up
【配】靠拢过来
【例】①他们正在向主力（zhǔlì; main force）部队靠拢。②野外的天气越来越冷，大家不停地向火堆靠拢。

科目 kēmù   *n.* subject
【配】学习科目，研究科目
【例】①你在学校学了什么科目？②他研究哪个科目？

磕 kē   *v.* knock
【配】磕到墙上
【例】①他不小心把膝盖磕破了皮。②你快把鞋子上的土磕下来。

可观 kěguān   *adj.* worth seeing, considerable
【配】景色可观，收入可观
【例】①这一带景色可观。②他获得了一笔可观的财产。

可口 kěkǒu   *adj.* tasty, good to eat

【配】可口的饭菜，美味可口

【例】①这顿饭菜真可口。②我想喝杯清凉可口的饮料。

可恶 kěwù   *adj.* hateful, abominable

【配】可恶的小偷，真可恶

【例】①干出这种事情的人太可恶了。②歹徒真可恶！

可行 kěxíng   *adj.* feasible

【配】切实可行

【例】①事实证明这个方法不可行。②这个计划未必可行。

渴望 kěwàng   *v.* crave/thirst for

【配】渴望和平，渴望爱情

【例】①饱受（bǎoshòu; suffer enough from）战争之苦的人民渴望和平。②他渴望上大学。

【同】盼望

克制 kèzhì   *v.* restrain, curb

【配】克制感情，保持克制

【例】①他努力克制自己不要哭出声来。②要保持克制。
【反】放纵（fàngzòng）

刻不容缓 kèbùrónghuǎn　allow no delay
【例】①对于医生来说，抢救病人刻不容缓。②这件事刻不容缓，你们应该立刻去办。

客户 kèhù　*n.* client
【配】新客户，公司客户
【例】①他是这家公司的老客户了。②银行向每位客户赠送了小礼物。

课题 kètí　*n.* problem, task
【配】一个课题，研究课题
【例】①如何解决缺水问题是摆在我们面前的一个重大课题。②老师让我们写一篇关于这个研究课题的论文。

恳切 kěnqiè　*adj.* sincere, earnest
【配】态度恳切，恳切祝愿
【例】①他态度恳切，言辞诚恳。②我们恳切地希望您能原谅我们。

啃 kěn　*v.* gnaw, nibble, bite
【配】啃骨头

【例】①你要改掉啃铅笔的坏习惯。②小狗把骨头上的肉啃光了。

坑 kēng *n./v.* pit; entrap

【配】挖坑，坑人

【例】①他不小心掉到了坑里。②她被卖水果的人坑了。

空洞 kōngdòng *adj.* empty, hollow

【配】内容空洞，形式空洞

【例】①这篇文章没有什么内容，太空洞了。②这个理论空洞无趣。

空前绝后 kōngqián-juéhòu be unprecedented and unrepeatable

【例】①这一事件在历史上是空前绝后的。②这次演出受欢迎程度真是空前绝后。

空想 kōngxiǎng *n./v.* daydream; indulge in fantasy

【例】①你的主意只是一种空想，完全没有现实意义。②他只会坐在那里空想。

【同】幻想

空虚 kōngxū *adj.* empty, hollow, void

【配】思想空虚，内心空虚

【例】①他觉得自己活得很空虚。②宠物狗的去世使她的生活变得很空虚。

孔 kǒng   *n./m.* hole; [used for cave-dwellings, oil wells, etc]

【配】孔洞，小孔，一孔

【例】①这扇门上有很多孔。②这里有一孔油井。

恐怖 kǒngbù   *adj.* horrible, terrifying

【配】恐怖活动，恐怖电影

【例】①她喜欢看恐怖电影。②那个场面很恐怖。

恐吓 kǒnghè   *v.* threaten, menace

【配】恐吓信，恐吓行为

【例】①他收到一封恐吓信。②游客不应该恐吓动物园里的动物。

恐惧 kǒngjù   *adj.* fearful, frightened

【配】恐惧的神情，恐惧心理

【例】①每次想起那场事故，他的脸上就不由得流露出恐惧的神情。②对于血的恐惧心理让他很难成为一名医生。

空白 kòngbái *n./adj.* blank space; blank

【配】一片空白，空白表格

【例】①考试时由于过度紧张，他大脑一片空白。②请你把信息填在这张空白表格上。

空隙 kòngxì *n.* space, gap, interval

【配】留空隙，有空隙

【例】①这两张桌子挨得很紧，没有一点儿空隙。②我们在墙的空隙处贴上墙纸。

口气 kǒuqì *n.* manner of speaking, tone

【配】说话口气，口气大

【例】①他居然敢用这种口气跟我说话。②听口气，他好像不大赞成这个计划。

口腔 kǒuqiāng *n.* oral cavity

【配】口腔科

【例】①口腔是重要的发音器官。②他是口腔科的一名医生。

口头 kǒutóu *adj./n.* oral, parol; words

【配】口头通知，口头语

【例】①"这个、那个"成了他的口头语。②他只是口头上说说而已，你不要太在意。

口音 kǒuyīn *n.* accent, voice

【配】说话口音，地方口音

【例】①听他说话的口音像是北京人。②他的地方口音很重，我听不懂。

扣 kòu *v./n.* detain, deduct; button

【配】扣压（kòuyā; withhold），扣分；扣子

【例】①因为闯红灯，他的驾驶证（jiàshǐzhèng; driving licence）被警察扣压了。②他那道题被扣分了。③你衣服上的扣子掉了。

枯萎 kūwěi *adj.* withered, shrivelled

【例】①因为天气太热，这些花儿都枯萎了。②已经连续三个月没下雨了，庄稼都枯萎了。

【反】茂盛

【扩】枯竭（kūjié; exhausted）

枯燥 kūzào *adj.* dry and dull, uninteresting

【配】很枯燥，枯燥无味

【例】①他认为学习是一件很枯燥的事。②那本书太枯燥了。

【反】有趣

哭泣 kūqì *v.* weep, sob

【配】哭泣的声音，低声哭泣

【例】①她一个人在房间里低声哭泣。②即使失败了也不要哭泣。

苦尽甘来 kǔjìn-gānlái　after suffering comes happiness

【例】①他们过了半辈子苦日子，现在终于苦尽甘来了。②我们相信总有苦尽甘来的一天！

苦涩 kǔsè　*adj.*　bitter and astringent, pained

【配】苦涩的味道，苦涩的回忆

【例】①这种水果有一点儿苦涩的味道。②他的童年充满了苦涩的回忆。

【反】甜蜜（tiánmì）

挎 kuà　*v.*　carry on one's arm

【配】挎篮子

【例】①她挎着篮子上街了。②她挎着包离开了。

跨 kuà　*v.*　cut across, step, stride

【配】跨国，跨地区

【例】①这是一起跨国走私案件。②这座桥横跨长江。

【扩】跨度（kuàdù）

快活 kuàihuo　*adj.*　cheerful, happy

【配】心里快活，很快活

【例】①我们在这里每天生活得很快活。②每次和他在一起，我就感觉很快活。

宽敞 kuānchang *adj.* spacious

【配】很宽敞，宽敞的客厅

【例】①这间屋子很宽敞。②新房子里有一间宽敞的客厅。

【同】宽阔（kuānkuò）

【反】狭窄

宽容 kuānróng *v.* lenient, tolerant

【配】对人宽容，宽容的态度

【例】①我们应该用宽容对待别人的错误。②对别人要宽容，对自己要严格。

【同】包容（bāoróng）

款待 kuǎndài *v.* entertain

【配】热情款待，受到款待

【例】①她热情地款待了客人。②我们受到了盛情的款待。

款式 kuǎnshì *n.* pattern, design, style

【配】流行款式，一种款式

【例】①这种款式的衣服很适合你。②我们店里的衣服款式齐全。

【同】样式

筐 kuāng　*n.* basket

【配】编筐，竹筐

【例】①他背着筐上山了。②你别忘了把玉米放在筐里。

旷课 kuàngkè　*v.* be absent from school without leave

【配】迟到旷课

【例】①他经常旷课。②他学习一向认真，但是今天竟然旷课了。

况且 kuàngqiě　*conj.* moreover, besides

【例】①天黑了，况且还下着雨，你今天别回去了。②这房子不够大，况且离市区太远了，在这里租房不合适。

矿产 kuàngchǎn　*n.* mineral deposits, minerals

【配】矿产丰富，开发矿产

【例】①中国山西省（Shanxi Province）的矿产资源很丰富。②他靠开发矿产发了一大笔财。

框架 kuàngjià　*n.* framework

【配】作品框架，大体框架

【例】①这个故事的框架已经形成了。②在讨论具体的发展措施之前，咱们应该先设计一个框架。

亏待 kuīdài　*v.* treat unfairly

【配】亏待某人

【例】①好好干，我不会亏待你的。②你这么好的员工老板能亏待你吗？

亏损 kuīsǔn　*v.* have a deficit/loss

【配】资金亏损

【例】①今年公司亏损不少钱。②我们要努力扭转亏损的局面。

【反】盈利

捆绑 kǔnbǎng　*v.* truss up, bind

【配】捆绑歹徒，捆绑东西

【例】①这些绳子可以留着捆绑东西用。②请你把这几本书捆绑起来。

扩充 kuòchōng　*v.* expand and strengthen

【配】扩充空间，扩充军备（jūnbèi; armament）

【例】①出版社打算扩充编辑人员的数量。②政府正在加紧扩充军备。

扩散 kuòsàn　*v.*　proliferate, spread

【配】扩散疾病，扩散消息

【例】①病毒的不断扩散使人们感到十分慌张。②工厂排放的污染物不断扩散。

扩张 kuòzhāng　*v.*　expand, enlarge

【配】扩张领土，公司扩张

【例】①这家跨国公司把势力扩张到世界很多国家。②任何扩张领土的做法都会遭到世界人民的反对。

L

喇叭 lǎba　*n.*　loudspeaker, trumpet

【配】吹喇叭，一只喇叭

【例】①汽车的喇叭响了。②他吹喇叭吹得很好。

蜡烛 làzhú　*n.*　candle

【配】点蜡烛，一支蜡烛

【例】①停电了，我们只好点着蜡烛工作。②他们每个人手里都拿着一支蜡烛。

啦 la　*aux.*　la [fusion of 了 and 啊]

【例】①你终于回来啦！②我们已经完成任务啦！

来历 láilì　*n.*　origin, antecedents, past history

【配】来历不明，他的来历
【例】①这个花瓶很有来历。②这个人来历不明。

来源 láiyuán *n./v.* source, origin; stem from
【配】生活来源，来源于
【例】①那位老人的生活来源是什么？②这部小说的内容来源于作者的真实生活经历。

栏目 lánmù *n.* heading or title of a column
【配】栏目组，经济栏目
【例】①他喜欢看新闻栏目。②他是这家报纸的栏目记者。

懒惰 lǎnduò *adj.* lazy, indolent
【配】懒惰的人，生性懒惰
【例】①他一直不能克服懒惰的坏习惯。②他思想懒惰，安于现状。

狼狈 lángbèi *adj.* in a difficult situation
【配】很狼狈，狼狈不堪（bùkān; cannot bear）
【例】①他被大雨淋得狼狈不堪。②在猛烈的军事进攻下，敌人狼狈地撤退了。

狼吞虎咽 lángtūn-hǔyàn eat like a wolf or tiger—wolf

down

【例】①他吃东西总是狼吞虎咽的。②他狼吞虎咽地吃掉了一个蛋糕。

捞 lāo *v.* scoop up from a liquid

【配】捞鱼，捞上来

【例】①他跳下河去捞鱼。②你快去把掉到河里的东西捞上来！

牢固 láogù *adj.* secure, firm

【配】牢固的城墙，很牢固

【例】①他的基础知识十分牢固。②这座大楼盖得很牢固。

牢骚 láosāo *n./v.* complaint; complain

【配】发牢骚

【例】①你不要动不动就发牢骚。②他总是牢骚个不停。

唠叨 láodao *v.* nag, chatter

【配】唠叨一番，唠唠叨叨（láolao dāodāo）

【例】①这位老奶奶喜欢唠叨。②他唠叨起来没完没了。

乐趣 lèqù *n.* joy, pleasure, delight

【配】充满乐趣

【例】①人生的乐趣在于发现生活的美好。②学习的过程充满乐趣。

乐意 lèyì *v./adj.* be willing (to do sth); pleased

【配】乐意做某事，不大乐意

【例】①他很热心，乐意帮助别人。②我很乐意去做这件事。

雷达 léidá *n.* radar

【配】雷达装备，雷达跟踪

【例】①他们能够通过雷达测量飞机的飞行速度。②火箭飞行全程由雷达跟踪。

类似 lèisì *v.* be similar (to)

【配】情况类似，类似的衣服

【例】①他的书包跟你的类似。②我保证不再犯类似错误。

冷酷 lěngkù *adj.* grim

【配】很冷酷，冷酷无情

【例】①他性格冷酷，不受大家欢迎。②他是一位冷酷无情的国王。

冷落 lěngluò   *v.* treat coldly, slight

【配】冷落客人，受到冷落

【例】①客人觉得受到了冷落，很不高兴。②在课堂上，教师不应该冷落任何一个学生。

【同】怠慢

【反】关心

冷却 lěngquè   *v.* make cool, cool

【配】冷却装置（zhuāngzhì; installation），冷却系统

【例】①等他的热情冷却下来了再讨论这件事吧。②水渐渐冷却了。

愣 lèng   *v./adj./adv.* be stupefied; rash; wilfully

【配】发愣，愣住了，愣不明白

【例】①听到这个消息，他愣了半天，一句话也没说。②他愣得很，做事从不考虑后果。③这么简单的道理，他愣不懂。

黎明 límíng   *n.* daybreak, dawn

【配】黎明的曙光（shǔguāng; the first light of morning）

【例】①黎明时他就出去散步了。②他在黎明时分离开了家。

礼节 lǐjié   *n.* etiquette

【配】遵守礼节，中国的礼节
【例】①见面握手是中国的礼节。②中国有许多礼节与英国不同。

礼 尚 往 来 lǐshàngwǎnglái　courtesy demands reciprocity, etiquette requires reciprocation
【例】①礼尚往来是中国人的文化传统。②他请我吃一顿饭，我也要回请他吃一顿饭，礼尚往来嘛。

里程碑 lǐchéngbēi　*n.* milestone
【配】一座里程碑
【例】①这件事是我们前进道路上的里程碑。②这个历史事件具有里程碑式的意义。

理睬 lǐcǎi　*v.* heed, pay attention to
【配】不理睬
【例】①他对我的请求完全不予理睬。②我跟她打招呼，但她没理睬我。

理所当然 lǐsuǒdāngrán　of course, naturally
【例】①他平常十分懒惰，丢了工作也是理所当然的。
②他表现突出，理所当然地引起了大家的注意。

理直气壮 lǐzhí-qìzhuàng　be in the right and self-confident
【例】①她理直气壮地反驳了大家对她的指责。②他
总是理直气壮地指责别人。

理智 lǐzhì　*adj./n.* rational; reason, sense
【配】很理智，丧失理智
【例】①请你理智一点儿！②他已经完全丧失理智了。

力求 lìqiú　*v.* make every effort to do sth
【配】力求成功，力求完美
【例】①他在工作上总是力求完美。②这次考试，我
们要力求取得更好的成绩。
【同】力争

力所能及 lìsuǒnéngjí　in/within one's power
【例】①家长应该鼓励孩子做力所能及的劳动。②这
完全是你力所能及的工作。

力争 lìzhēng　*v.* do all one can to do sth, argue strongly
【配】力争上游，据理力争

【例】①我们队在比赛中力争第一名。②律师据理力争（jùlǐ-lìzhēng; argue strongly on just grounds），希望能打赢官司。

【同】力求

历代 lìdài *n.* successive dynasties, all periods (of time)

【配】历代从医，历代国王

【例】①他们家历代从医。②这项技术经过历代传承（chuánchéng; impart and inherit），已经相当成熟。

历来 lìlái *adv.* always, all through the ages

【配】历来如此

【例】①政府历来重视教育。②我历来信守承诺。

立场 lìchǎng *n.* position, standpoint

【配】立场坚定，消费者的立场

【例】①请你站在他的立场上想想。②他们两人立场不同。

立方 lìfāng *m./n.* cubic metre; cube

【配】立方体

【例】①填满这个坑需要 3 立方的土。②立方体的六个面都是正方形（zhèngfāngxíng; square）

立交桥 lìjiāoqiáo *n.* overpass, flyover

【配】修建立交桥，设计立交桥

【例】①新建的立交桥大大地缓解了交通压力。②这座立交桥由他负责设计。

立体 lìtǐ *n./adj.* solid; three-dimensional

【配】立体几何（jǐhé; geometry），立体模型

【例】①他觉得立体几何很难。②这部电影的画面是立体的。

立足 lìzú *v.* gain a foothold, base oneself upon

【配】立足社会，立足现实

【例】①他想在北京立足。②每个大学生都要学会在社会上立足。

利害 lìhài *n.* advantages and disadvantages

【配】利害关系，利害得失

【例】①在做出决定之前，我们应该考虑利害关系。②你要想清楚这件事的利害得失。

例外 lìwài *v./n.* be an exception; exception

【配】不能例外，无一例外

【例】①这次比赛大家都要参加，谁也不能例外。②这只是一个例外，你不用在意。

粒 lì *m./n.* [used for grainlike things]; grain
【配】一粒米，豆粒
【例】①他手里拿着几粒种子。②桌上有一些米粒。

连年 liánnián *v.* several years straight
【配】连年战争，连年亏损
【例】①连年战争使得人民饱受贫穷和饥饿的折磨。
②由于经营策略的失误，这个公司连年亏损。

连锁 liánsuǒ *adj.* linked together
【配】连锁反应，连锁酒店
【例】①政府担心这次骚乱（sāoluàn; disturbance）
会引发连锁反应。②这家连锁酒店生意不错。

连同 liántóng *conj.* together with, along with
【例】①老师连同学生一起离开了。②我连同哥哥一
起回家去了。

联欢 liánhuān *v.* have a get-together
【配】一起联欢，联欢会
【例】①老同学与新同学一起联欢。②他去参加春节
联欢会了。

联络 liánluò *v.* get in touch (with), contact

【配】联络感情，取得联络
【例】①他们经常聊天联络感情。②如果你发现任何异常情况，要及时和警察联络。

联盟 liánméng   *n./v.* union, alliance, coalition; unite
【配】国际联盟，实现联盟
【例】①这个国际联盟由几个非洲（Fēizhōu; Africa）国家组成。②两国在经过谈判以后实现联盟。

联想 liánxiǎng   *n./v.* association; associate with
【配】许多联想，联想起
【例】①这只是你的联想，不是事实。②提起春天，他联想到萌芽的小草。

廉洁 liánjié   *adj.* honest and clean
【配】清正（qīngzhèng; honest and upright）廉洁
【例】①这位部长很廉洁。②领导干部应该廉洁自律（zìlǜ; self-discipline）。
【扩】简洁（jiǎnjié; succinct）

良心 liángxīn   *n.* conscience
【配】（没）有良心
【例】①这件事使他良心上感到不安。②做这种事你的良心不受谴责吗？

谅解 liàngjiě   *v.* understand
【配】得到谅解，谅解某人
【例】①我们招待不周，希望您能谅解。②给您带来的不便请您谅解。

晾 liàng   *v.* dry in the air
【配】晾衣服，晾干
【例】①他把湿衣服晾在了绳子上。②你把湿布放在太阳下晾干吧。

辽阔 liáokuò   *adj.* vast, extensive
【配】辽阔的海洋，非常辽阔
【例】①马儿奔驰在辽阔的草原上。②鸟儿在辽阔的天空中自由飞翔。
【同】广阔，开阔

列举 lièjǔ   *v.* list, enumerate
【配】列举证据，列举事实
【例】①报告里列举了大量统计数字。②他在论述中列举了大量事实。

临床 línchuáng   *v.* (of a doctor) be at the sickbed providing medical services
【配】临床医学，临床应用

【例】①他想学习临床医学。②她是一名临床大夫。

淋 lín　*v.* (of liquids) pour, drench

【配】淋雨，淋浴

【例】①别让孩子在外面淋雨。②他正在浴室里淋浴。

吝啬 lìnsè　*adj.* miserly, mean

【配】吝啬鬼，很吝啬

【例】①她从不舍得把东西借给别人，吝啬得很。
②你不要太吝啬了，否则会被别人笑话。

【反】慷慨，大方

伶俐 línglì　*adj.* clever, intelligent

【配】聪明伶俐，口齿伶俐

【例】①这孩子聪明伶俐，人见人爱。②她口齿伶俐，
连老师也说不过她。

灵感 línggǎn　*n.* inspiration

【配】创作的灵感，艺术灵感

【例】①他突然有了创作的灵感。②只有体验生活，
才能获得艺术灵感。

灵魂 línghún　*n.* spirit, soul

【配】艺术的灵魂，灵魂人物

【例】①教师是人类灵魂的工程师。②我们不能拿灵魂与金钱做交易。

灵敏 língmǐn *adj.* sensitive
【配】反应灵敏，动作灵敏
【例】①猴子反应灵敏。②他动作灵敏地从树上跳了下来。
【同】敏捷
【反】迟钝

凌晨 língchén *n.* early of the morning
【配】凌晨两点
【例】①现在是凌晨三点。②他今天凌晨到达北京。

零星 língxīng *adj.* odd, fragmentary, piecemeal
【配】零星的雪花，零星的工作
【例】①天上零星地掉了几个雨点儿。②他只做一些零星的工作，赚不了多少钱。

领会 lǐnghuì *v.* understand, grasp, comprehend
【配】领会意思，领会内容
【例】①这篇文章的思想你能领会吗？②他领会了老师讲课的重点。

领事馆 lǐngshìguǎn *n.* consulate

【例】①他在领事馆当翻译。②这是中国驻纽约 (Niǔyuē; New York) 总领事馆。

领土 lǐngtǔ   *n.* territory

【配】扩张领土，侵略领土

【例】①中国领土辽阔。②我们要保卫祖国的领土完整。

领悟 lǐngwù   *v.* understand, comprehend

【配】领悟思想，领悟奥秘

【例】①他终于领悟我们的意思了。②我渐渐领悟了他的真实意图。

领先 lǐngxiān   *v.* lead, be ahead of

【配】领先科技，遥遥领先

【例】①他的成绩在班级里遥遥领先。②这项技术成果处于世界领先地位。

领袖 lǐngxiù   *n.* leader

【配】国家领袖，领袖人物

【例】①他是公众（gōngzhòng; the public）选举出来的国家领袖。②他天生是个领袖人物。

溜 liū   *v.* sneak away, slip off

【配】溜走，溜进来

【例】①小偷从后门溜走了。②他悄悄地溜进教室。

留恋 liúliàn　*v.* be reluctant to leave (a place, a life style, etc)
【配】留恋家乡，留恋之情
【例】①就要毕业了，大家都十分留恋单纯的校园生活。②这里不值得咱们留恋。

留念 liúniàn　*v.* give or accept as a souvenir
【配】合影留念，签名留念
【例】①咱们在这合影留念吧。②毕业了，大家互赠礼物留念。

留神 liúshén　*v.* take care
【配】留点儿神
【例】①留神，你后面有车！②你上下楼时留神别摔着。

流浪 liúlàng　*v.* drift around, roam about
【配】到处流浪，流浪汉
【例】①这些小猫小狗无人收养（shōuyǎng; adopt），到处流浪。②他是个流浪汉。

流露 liúlù　*v.* show unintentionally (one's thoughts or feelings)
【配】感情流露

【例】①他一直盯着那只小猫，眼中流露出喜爱之情。②他的脸上流露出失望的神情。

流氓 liúmáng *n.* hoodlum, rogue, gangster
【配】逮捕流氓，耍流氓
【例】①他因耍流氓被捕了。②几个流氓把老奶奶的钱抢走了。

流通 liútōng *v.* (of air, money, commodities, etc) circulate
【配】流通货币，商品流通
【例】①假币不能在市场上流通。②这家公司的股票已经上市流通了。

聋哑 lóngyǎ *adj.* deaf and dumb
【配】聋哑儿童，聋哑学校
【例】①他是个聋哑人。②他妹妹在聋哑学校学习。

隆重 lóngzhòng *adj.* solemn, grand
【配】隆重仪式，隆重举行
【例】①我们学校要举办一场隆重的联欢会。②奥运会的开幕式很隆重。

垄断 lǒngduàn *v.* monopolise
【配】垄断行业，垄断市场

【例】①这家公司企图垄断整个市场。②他在一家垄断集团工作。

笼罩 lǒngzhào　*v.* enshroud, envelop
【配】乌云笼罩
【例】①屋里笼罩着一种悲伤的气氛。②乌云 (wūyún; thick cloud) 笼罩着大地。

搂 lǒu　*v.* hug, embrace
【配】搂着，搂抱
【例】①妈妈把孩子搂在怀里。②妹妹搂着姐姐的腰。

炉灶 lúzào　*n.* kitchen/cooking range
【配】搭建炉灶，另起炉灶
【例】①厨房里有炉灶，你可以在家做饭。②你把牛奶放在炉灶上的锅里热一热。

屡次 lǚcì　*adv.* repeatedly, time and again
【配】屡次失败，屡次犯错
【例】①他虽然屡次失败，但从不失望。②对于你的屡次帮忙，我们表示衷心的感谢。

履行 lǚxíng　*v.* fulfil, carry out
【配】履行承诺，履行条约

【例】①我一定会履行承诺的。②你应该履行合同上的条约。

掠夺 lüèduó   *v.* plunder, rob
【配】掠夺财产，掠夺食物
【例】①他们把掠夺来的黄金放在袋子里。②附近的土匪（tǔfěi; bandit）经常掠夺村民的粮食。

轮船 lúnchuán   *n.* steamship
【配】一艘轮船，坐轮船
【例】①海面上有一艘轮船。②他打算坐轮船去美国。

轮廓 lúnkuò   *n.* outline
【配】大体轮廓，脸部轮廓
【例】①黎明的天空下显现出大山的轮廓。②这幅画的轮廓很不清晰。

轮胎 lúntāi   *n.* tyre
【配】汽车轮胎，修理轮胎
【例】①他的修理店里出售（chūshòu; sell）各种各样的轮胎。②汽车的轮胎坏了。

论坛 lùntán   *n.* forum
【配】学术论坛，经济论坛
【例】①最近学校要举办一个语言学方面的学术论坛。

②报纸的这个论坛是供读者提意见的。

论证 lùnzhèng *v./n.* expound and prove; proof
【配】论证观点，缺乏论证
【例】①他想向大家论证这个问题。②这本书的观点缺乏充分的论证。

啰嗦 luōsuo *adj./v.* wordy; gabble about
【配】真啰唆，啰唆什么
【例】①他的啰唆事儿太多。②你啰唆了半天，也没说明白。

络绎不绝 luòyì bùjué in an endless stream
【例】①一到假期，到长城旅游的人就络绎不绝。②大街上的人来来往往，络绎不绝。

落成 luòchéng *v.* (of a building, etc) be completed
【配】大厦落成
【例】①这座大厦终于落成了。②新的立交桥即将落成。

落实 luòshí *v.* put into effect
【配】落实行动，落实资金
【例】①计划已经落实了。②这件事还未最后落实。

M

麻痹 mábì *v./adj.* benumb, lull; careless

【配】麻痹自己，思想麻痹

【例】①我们制造假象（jiǎxiàng; false appearance）来麻痹敌人。②对于这件事，我们不能麻痹大意。

麻木 mámù *adj.* numb

【配】麻木的表情

【例】①对这种事情他早已不觉得奇怪，一脸麻木的表情。②我一直站着，脚都麻木了。

麻醉 mázuì *v.* anaesthetise, poison

【配】麻醉病人，麻醉医师

【例】①病人在手术前被麻醉了。②我们不要被金钱麻醉。

码头 mǎtóu *n.* wharf, dock

【配】香港码头，大码头

【例】①香港码头每天都有许多船只来往。②天津早就是个大码头了。

蚂蚁 mǎyǐ *n.* ant

【配】一群蚂蚁，蚂蚁窝

【例】①大树下有一个蚂蚁窝。②她急得像热锅上的蚂蚁。

嘛 ma　*aux.* [indicating that sth is obvious]
【例】①他还是小孩子嘛，小孩子总会做错事的！②不让你去就别去嘛！

埋伏 máifú　*v./n.* hide; ambush
【配】埋伏圈，有埋伏
【例】①他曾经在敌人的重要部门埋伏多年。②他不小心中了敌人的埋伏。

埋没 máimò　*v.* bury, cover up
【配】埋没人才，埋没村庄
【例】①他的才华被埋没了。②火山（huǒshān; volcano）的岩浆（yánjiāng; magma）把村庄埋没了。

埋葬 máizàng　*v.* bury
【配】埋葬尸体
【例】①他被埋葬在公墓里。②这里埋葬着一位伟人。

迈 mài　*v.* step, stride
【配】迈步，迈过门槛（ménkǎn; threshold）
【例】①军队迈着整齐的步伐走过检阅台（jiǎnyuè-

tái; reviewing stand）。②他向成功又迈近了一步。

脉搏 màibó　*n.* pulse

【配】脉搏跳动，脉搏正常

【例】①病人的脉搏停止了跳动。②他一激动，脉搏跳动又加快了。

埋怨 mányuàn　*v.* complain (about)

【配】埋怨某人

【例】①他埋怨自己太粗心了。②他总是埋怨别人，把责任推到别人身上。

蔓延 mànyán　*v.* extend, spread

【配】疾病蔓延，野草蔓延

【例】①悲观的情绪在人群中蔓延开来。②传染病迅速地蔓延开来。

漫长 màncháng　*adj.* very long, endless

【配】漫长的道路，漫长的对话

【例】①他开始了漫长的旅途。②这个冬天显得很漫长。

漫画 mànhuà　*n.* cartoon, caricature

【配】漫画人物，漫画书

【例】①他是漫画里的人物。②我喜欢日本的漫画书。

慢性 mànxìng *adj.* chronic, slow in taking effect
【配】慢性病，慢性作用
【例】①他死于慢性中毒。②他得了慢性病。

忙碌 mánglù *adj./v.* busy; keep busy
【配】忙碌的生活，忙碌过度
【例】①他每天都很忙碌。②为了生活，他忙碌了一辈子。

盲目 mángmù *adj.* blind
【配】盲目乐观，盲目崇拜
【例】①咱们这样做太盲目了。②我们不能盲目行动。

茫茫 mángmáng *adj.* boundless and indistinct, vast
【配】茫茫宇宙，人海茫茫
【例】①山上雾气茫茫，我们看不清前面的路。②人海茫茫，你让我去哪里找他？

茫然 mángrán *adj.* ignorant, at a loss
【配】茫然无知，神色茫然
【例】①他站在那里，脸上带着一副茫然的神情。②大家对她的回答茫然不解。

茂盛 màoshèng *adj.* luxuriant, thriving
【配】树木茂盛，花草茂盛

【例】①植物园里的花草长得十分茂盛。②这个地区树木茂盛。

【扩】茂密（màomì; dense）

冒充 màochōng *v.* pretend to be

【配】冒充某人

【例】①他因冒充警察而被逮捕了。②我们冒充工作人员混了进去。

冒犯 màofàn *v.* affront, offend

【配】冒犯领导，受到冒犯

【例】①他不敢冒犯领导。②学生在课堂上挑战他，他觉得自己受到了冒犯。

【同】得罪

枚 méi *m.* [used in connection with coins, stamps, bombs, etc]

【配】一枚硬币，一枚炮弹

【例】①他给了孩子几枚硬币。②她在比赛中获得了两枚奖牌（jiǎngpái; medal）。

媒介 méijiè *n.* medium, vehicle

【配】传播媒介，媒介物

【例】①血液是传播疾病的媒介。②报纸是新闻媒介。

美观 měiguān　*adj.* pleasing to the eye, beautiful, artistic
【配】样式美观，美观大方
【例】①把花瓶放在桌子上，看上去很美观。②这种款式的冰箱不仅美观大方，而且很实用。

美满 měimǎn　*adj.* happy, perfectly satisfactory
【配】幸福美满，生活美满
【例】①他现在生活得很美满。②祝您家庭美满和谐。

美妙 měimiào　*adj.* beautiful, splendid, wonderful
【配】美妙的音乐，美妙的声音
【例】①他的声音美妙动听。②他沉浸在美妙的音乐中。

萌芽 méngyá　*v./n.* sprout, bud; germ
【配】草木萌芽，新思想的萌芽
【例】①小草萌芽了。②那一时期已经有了新思想的萌芽。

猛烈 měngliè　*adj.* fierce, violent
【配】猛烈进攻，猛烈批判
【例】①风猛烈地刮着。②这篇文章受到了猛烈的批判。
【同】剧烈

眯 mī   *v.* narrow one's eyes, keep one's eyes half closed

【配】眯眼，眯一会儿

【例】①他眯着眼睛笑了。②我困了，先眯一会儿。

弥补 míbǔ   *v.* make up

【配】弥补缺陷，弥补损失

【例】①今年的利润将弥补去年的亏损。②我想找机会弥补我的过错。

弥漫 mímàn   *v.* be suffused with, fill the air, pervade

【例】①城市上空烟雾弥漫。②空气中弥漫着一阵花香。

迷惑 míhuò   *adj./v.* confused; confuse

【配】迷惑不解，迷惑某人

【例】①他的眼神让我迷惑不解。②你的谎言迷惑不了任何人。

迷人 mírén   *adj.* charming

【配】迷人的魅力，风景迷人

【例】①她浑身散发着迷人的魅力。②这里景色真迷人。

迷信 míxìn   *n./v.* superstition; have a superstitious belief (in sth)

【配】破除（pòchú; abolish）迷信，迷信思想

【例】①我们要破除迷信，崇尚（chóngshàng; advocate）科学。②他迷信权威。

谜语 míyǔ　*n.* riddle

【配】猜谜语

【例】①这个谜语真难猜。②他很喜欢猜谜语。

密度 mìdù　*n.* density

【配】人口密度

【例】①水的密度比空气大得多。②这个城市的人口密度很大。

密封 mìfēng　*v.* seal up

【配】密封材料，密封舱

【例】①他们用白蜡（báilà; white wax）密封瓶口。②这种食物需要密封保存。

棉花 miánhuā　*n.* cotton

【配】种棉花

【例】①去年，棉花的价格很高。②这里生产的棉花质量很好。

免得 miǎnde　*conj.* so as not to

【例】①我们得多问几句，免得走错路。②一个人在

外地，他经常给家人打电话，免得家人担心。

【同】以免

免疫 miǎnyì *v.* immunise

【配】免疫力，免疫系统

【例】①人体自身具有免疫力。②人体的免疫系统可以抵抗大部分病毒。

勉励 miǎnlì *v.* encourage

【配】勉励自己

【例】①妈妈经常勉励我做个有道德的人。②老师勉励同学们继续努力。

【同】鼓励

勉强 miǎnqiǎng *v./adj.* do with difficulty, force sb to do sth; inadequate

【配】勉强某人，勉强同意

【例】①他不去没关系，不要勉强他。②他的解释很勉强。

面貌 miànmào *n.* appearance, looks

【配】精神面貌

【例】①她面貌清秀。②装修之后，老房子的面貌焕然一新 (huànrán-yìxīn; look brand new)。

【同】容貌

面子 miànzi *n.* face, prestige
【配】爱面子，给面子
【例】①他是一个爱面子的人。②这句话伤了他的面子。

描绘 miáohuì *v.* describe
【配】描绘蓝图（lántú; blueprint）
【例】①这幅画描绘了一幅丰收的景象。②这部作品描绘了中国农村的生活。
【扩】绘画（huìhuà; draw）

瞄准 miáozhǔn *v.* take aim at
【配】瞄准目标，瞄准市场
【例】①瞄准目标，开抢！②他们瞄准了中国的服装市场，准备大赚一笔。

渺小 miǎoxiǎo *adj.* tiny, insignificant
【配】力量渺小
【例】①在大自然面前，人显得很渺小。②个人的力量很渺小，集体的力量很强大。

藐视 miǎoshì *v.* despise, scorn
【配】藐视法律，藐视敌人

【例】①藐视法律，会受到法律的惩罚。②在心理上要藐视敌人，但在行动中要重视敌人。

【同】鄙视，蔑视

灭亡 mièwáng　*v.* die out, be destroyed

【配】自取灭亡

【例】①封建制度早已灭亡。②关于恐龙（kǒnglóng; dinosaur）是如何灭亡的有许多种说法。

蔑视 mièshì　*v.* show contempt for, despise

【配】蔑视困难

【例】①他蔑视一切困难。②他脸上流露出蔑视的表情。

【同】鄙视，藐视

【反】敬仰（jìngyǎng）

民间 mínjiān　*n.* folk

【配】民间音乐，民间文学

【例】①这个故事一直在民间流传。②他喜欢研究各国民间传说。

民主 mínzhǔ　*adj./n.* democratic; democracy

【配】民主选举，民主思想

【例】①这次会议，体现了民主的精神。②今天我们要进行民主选举。

敏捷 mǐnjié *adj.* quick

【配】思维敏捷，动作敏捷

【例】①小张的思维很敏捷。②他敏捷地跳上了车。

【同】灵敏

【反】迟钝

【扩】便捷（biànjié; convenient）

敏锐 mǐnruì *adj.* acute, sharp

【配】目光敏锐

【例】①这位警察具有敏锐的观察力。②他的目光非常敏锐，一眼认出了罪犯。

名次 míngcì *n.* position in a name list

【配】取得名次

【例】①比赛中他的成绩很好，所以名次靠前。②她文章写得很好，经常在作文比赛中取得很好的名次。

【同】排名（páimíng）

名 额 míng'é *n.* number of people allowed or assigned

【配】名额有限

【例】①这次我们只有三个参赛名额。②名额有限，请抓紧时间报名。

名副其实 míngfùqíshí worthy of one's name
【例】①早就听说这所学校很好，去了果然名副其实。②听说他很有才华，今天听了他的报告，果然名副其实。
【同】名符其实（míngfúqíshí）
【反】名不副实（míngbúfùshí）

名誉 míngyù n./adj. reputation; honorary
【配】名誉权，名誉主席
【例】①人要像鸟爱惜羽毛一样爱惜自己的名誉。②他是这所学校的名誉校长。
【同】名声（míngshēng）
【扩】美誉（měiyù; good reputation）

明明 míngmíng adv. obviously
【例】①这话明明是他说的，现在他却不承认了。②我刚才明明把练习本放在这里了，可是现在却找不到了。

明智 míngzhì adj. sensible, sagacious
【配】明智的做法，明智的选择
【例】①工作上遇到点儿挫折就选择辞职，这是很不明智的做法。②他明智地选择回国发展。

【反】愚蠢

命名 mìngmíng   *v.* name (sb or sth)
【配】给……命名，命名为……
【例】①这家医院是以他父亲的名字命名的。②飞船被命名为"神舟一号"。

摸索 mōsuǒ   *v.* grope (for)
【配】摸索前进
【例】①他们在黑夜里摸索着前进。②我们在工作中摸索出了一些经验。

模范 mófàn   *n./adj.* example, model; exemplary
【配】劳动模范，模范人物
【例】①小王是我们公司的劳动模范。②她是公认的模范妻子。

模式 móshì   *n.* pattern
【配】发展模式，教育模式
【例】①这家公司引进了先进的管理模式。②事实证明，这种教育模式很有效。

模型 móxíng   *n.* model
【配】飞机模型

【例】①展览馆里摆放着各种飞机模型。②屋子的角落里放着一个建筑模型。

膜 mó　*n.* membrane
【配】薄膜，塑料膜
【例】①牛奶表面结了一层薄膜。②我需要一张塑料膜。

摩擦 mócā　*n./v.* rub, friction; rub
【配】摩擦力，摩擦生电
【例】①朋友间免不了会出现摩擦，要学会包容。②天很冷，她不停地摩擦双手取暖。

磨合 móhé　*v.* break/grind in (an engine, machine)
【配】磨合期
【例】①这组新机器已经磨合好了。②人与人之间的交往需要磨合。

魔鬼 móguǐ　*n.* devil
【例】①在传说故事里，魔鬼的本性都很残忍。②他觉得有时心里住着两个人，一个是天使（tiānshǐ; angel），一个是魔鬼。

魔术 móshù　*n.* magic
【配】魔术（大）师，魔术表演

【例】①小张很喜欢魔术表演。②我的梦想是成为一名魔术师。

抹杀 mǒshā *v.* write off, blot out
【配】抹杀成绩，抹杀事实
【例】①他的工作虽然有缺点，但是成绩还是抹杀不了的。②事实的真相是抹杀不了的。

莫名其妙 mòmíngqímiào be unable to make head or tail of sth
【例】①他说好来又不来，真有点儿莫名其妙。②她总是莫名其妙地发脾气。

墨水 mòshuǐ *n.* ink
【配】蓝（红、黑）墨水
【例】①他喜欢用蓝色的墨水写字。②他的衣服染上了墨水。

默默 mòmò *adv.* quietly, silently
【配】默默无语，默默无闻
【例】①他知道自己犯了错，默默地低下了头。②小王经常默默无闻地为大家做好事。

谋求 móuqiú *v.* seek
【配】谋求职位，谋求幸福

【例】①小张想在这所学校谋求一个职位。②世界各国人民一直在谋求世界和平和共同发展。

【同】寻求（xúnqiú）

【扩】谋生（móushēng; make a living）

模样 múyàng *n.* appearance

【配】模样端正

【例】①这孩子的模样像他妈妈。②看模样，这人有30 岁了。

母语 mǔyǔ *n.* mother tongue

【配】母语学习

【例】①我的母语是汉语。②玛丽认为她的母语是世界上最美的语言。

目睹 mùdǔ *v.* see with one's own eyes, witness

【配】亲眼目睹

【例】①我目睹了事情的经过。②许多人亲眼目睹了这次交通事故。

【同】目击（mùjī）

目光 mùguāng *n.* sight, vision, view

【配】目光短浅，目光如炬（jù; torch）

【例】①他的目光停留在我的脸上。②他目光短浅，只注重眼前利益。

沐浴 mùyù *v.* have a bath, immerse
【配】沐浴露，沐浴阳光
【例】①小山村沐浴在节日的气氛里。②每朵花、每棵树、每根草都沐浴在春天的阳光里。

N

拿手 náshǒu *adj.* be good at
【配】拿手菜，拿手好戏
【例】①这段京剧是他的拿手好戏。②别的我不会做，只有面食还拿手。
【同】擅长

纳闷儿 nàmènr *v.* feel puzzled, wonder
【配】感到纳闷儿
【例】①他什么专业知识都不懂，我真纳闷儿他是否读过这个专业。②他接到了一个陌生人的电话，心里很纳闷儿。

耐用 nàiyòng *adj.* durable, serviceable
【配】结实耐用
【例】①陶瓷比玻璃耐用。②这种背包很耐用。

南辕北辙 nányuán-běizhé try to go south by driving the chariot north—act in a way that defeats one's purpose

【例】①他大学时候读物理专业，跟他梦想的新闻专业南辕北辙。②他们俩的对话南辕北辙，进行不下去了。

难得 nándé *adj.* hard to come by, rare

【配】难得一见，难得的人才

【例】①小明两次考试都是全班第一，这是很难得的。②咱们俩难得见上一面。

难堪 nánkān *adj./v.* intolerable, embarrassed; hard to bear

【配】感到难堪，痛苦难堪

【例】①他感到很难堪，脸都涨红了。②广州的夏天天气闷热难堪。

难能可贵 nánnéng-kěguì be rare and commendable

【例】①作为一个学者，这种建立在专业知识上的批评精神难能可贵。②他对工作的热情和认真的态度真是难能可贵。

恼火 nǎohuǒ *adj.* angry, annoyed

【配】感到恼火

【例】①他工作总出错，让老板感到恼火。②这个问题使她很恼火。

内涵 nèihán *n.* connotation, self-possession
【配】内涵丰富，有内涵
【例】①这篇文章的内涵丰富。②他是个有内涵的老师。
【扩】涵盖（hángài; contain）

内幕 nèimù *n.* inside story
【配】内幕消息，有内幕
【例】①警察揭开了整个案子（ànzi; law case）的内幕。②这件事情一定有内幕。
【同】内情（nèiqíng）

内在 nèizài *adj.* inherent, intrinsic
【配】内在美，内在价值
【例】①他认为美丽不仅仅是外在（wàizài; external）的，也是内在的。②大学生们要关注的是如何提升自己的内在修养。
【反】外在

能量 néngliàng *n.* energy
【配】充满能量，消耗能量

【例】①人们每天都要消耗很多能量。②他这个人年龄不大，能量可不小。

拟定 nǐdìng　*v.* draw up, draft

【配】拟定计划

【例】①领导已经拟定好了公司五年的发展计划。②李老师拟定了这次考试的大纲。

【同】起草

【扩】模拟（mónǐ; imitate）

逆行 nìxíng　*v.* (of vehicles) go in a direction opposite to the one allowed by traffic regulations

【配】禁止逆行

【例】①车在单行道（dānxíngdào; one-way road）上逆行非常危险。②根据交通法，车辆逆行要受到处罚。

【扩】逆境（nìjìng; adverse circumstance）

年度 niándù　*n.* year

【配】年度计划，年度报告

【例】①公司每年年初都要拟定一份年度计划。②我已经把年度报告交给老板了。

捏 niē　*v.* pinch, knead, mould, fabricate

【配】捏泥人儿，捏造

【例】①这位老爷爷会捏泥人儿。②他捏造了事实，真相并不是那样的。

凝固 nínggù   *v.*   solidify, coagulate

【配】凝固成冰

【例】①天气太冷了，水凝固成了冰。②听到这个消息，他的表情凝固了。

凝聚 níngjù   *v.*   condense, distill

【配】凝聚力

【例】①叶子上凝聚着晶莹的露珠。②这部作品凝聚了他一生的心血。

凝视 níngshì   *v.*   fix one's eyes on

【配】相互凝视

【例】①这对恋人互相凝视着对方。②他凝视着远去的飞鸟，想念家乡的亲人。

【同】注视

拧 nǐng   *v.*   screw, twist

【配】拧螺丝（luósī, screw），拧瓶盖儿

【例】①这个螺丝太紧了，我拧不开。②他的力气大，让他帮你把瓶盖儿拧开吧。

宁肯 nìngkěn *adv.* (would) rather

【配】宁肯……也不……

【例】①我宁肯自己吃苦，也不愿意麻烦别人。②他是个英雄，宁肯牺牲，也决不投降。

【同】宁愿

宁愿 nìngyuàn *adv.* would rather

【配】宁愿……也不……

【例】①她宁愿吃苦受累，也要把孩子培养成才。②我宁愿待在家里吃方便面，也不愿去那个聚会吃大餐。

【同】宁肯

扭转 niǔzhuǎn *v.* turn around, reverse

【配】扭转局面

【例】①他扭转身子，向门口走去。②一定要扭转目前这种不利的局面。

纽扣 niǔkòu *n.* button

【例】①这件衣服上有五颗纽扣。②我上衣的纽扣掉了。

农历 nónglì *n.* lunar calendar, traditional Chinese calendar

【例】①农历新年是中国最热闹的节日。②今天是农历三月十四。

浓厚 nónghòu *adj.* (of fog, cloud, etc) dense, thick, (of interest, etc) strong
【配】云雾浓厚，兴趣浓厚
【例】①云层浓厚，估计要下雨了。②孩子们对打乒乓球表现出浓厚的兴趣。

奴隶 núlì *n.* slave
【配】奴隶社会，奴隶主
【例】①在奴隶社会，奴隶们没有人身自由。②谁会愿意像奴隶一样生活？

虐待 nüèdài *v.* maltreat, abuse
【配】虐待狂，虐待罪，受虐待
【例】①不许虐待老人！②虐待儿童是犯法的。

挪 nuó *v.* move, divert
【配】挪东西，挪用
【例】①他把椅子挪到了床前。②他因挪用公款被警察逮捕了。

O

哦 ò *int.* [expressing realisation, understanding, etc] oh
【例】①哦，我懂了。②哦，事情原来是这样！

殴打 ōudǎ　*v.* beat up, hit

【配】殴打某人

【例】①他遭到了歹徒的殴打。②他因殴打他人被警察抓了起来。

呕吐 ǒutù　*v.* vomit

【配】呕吐不止

【例】①她酒喝得太多了，呕吐了一地。②有的人晕船，一上船就呕吐不止。

偶像 ǒuxiàng　*n.* idol, image

【配】青年偶像，偶像崇拜

【例】①姚明是很多中国年轻人的偶像。②崇拜偶像不是坏事，但是应该保持冷静。

P

趴 pā　*v.* lie prone, bend over

【配】趴下

【例】①草地上趴着一个人。②小狗趴在地上吃东西。

排斥 páichì　*v.* exclude, repel

【配】相互排斥

【例】①这位作家并不排斥现实主义的创作方法。②他从不排斥不同意见的人。

排除 páichú　*v.*　get rid of, remove

【配】排除万难，排除障碍

【例】①我们必须排除一切困难，按时完成任务。②不能排除我们在比赛中失败的可能性。

排放 páifàng　*v.*　discharge, issue

【配】排放废气，排放污水

【例】①这家工厂每年都向河里排放很多污水。②汽车向空气中排放了大量尾气（wěiqì; tail gas）。

排练 páiliàn　*v.*　rehearse, run through/over

【配】排练节目，排练舞蹈

【例】①这个节目他们已经排练了很多遍了。②演员们每天排练到很晚才回家。

徘徊 páihuái　*v.*　walk up and down, hesitate

【配】徘徊不定

【例】①他一个人在街上徘徊。②他在这个问题上徘徊不定。

派别 pàibié　*n.*　group, faction

【例】①他们因政见（zhèngjiàn; political view）不同，成为不同派别的人。②新旧两个派别之间展开了一场斗争。

派遣 pàiqiǎn　*v.* send, dispatch

【例】①公司派遣我出国访问。②他受派遣去执行一项秘密任务。

【同】差遣（chāiqiǎn）

攀登 pāndēng　*v.* climb, clamber

【配】攀登高峰

【例】①他曾经攀登过当地最高的山峰。②他的爱好之一就是攀登世界各地的高山。

盘旋 pánxuán　*v.* circle, hover

【配】盘旋上升

【例】①烟盘旋上升。②他在门前盘旋了好久不知道怎么办好。

判决 pànjué　*n./v.* judgement; pass judgement (on)

【配】做出判决，判决结果

【例】①法院对他的罪行做出了判决。②法官判决他们离婚后，她哭了。

【同】裁决（cáijué）

畔 pàn　*n.* side, bank

【配】河畔，湖畔，江畔

【例】①我喜欢在湖畔读书。②河畔的风景很美。

【同】边

庞大 pángdà   *adj.* huge, enormous, colossal
【配】规模庞大，庞大的组织
【例】①他成立了一个庞大的商业组织。②这是一个庞大的工程，耗费了不少人力物力。
【同】巨大

抛弃 pāoqì   *v.* throw away, abandon
【配】抛弃朋友，抛弃家园
【例】①他成名后，就抛弃了自己的妻子。②应该抛弃过时的旧观念，接受进步的新思想。
【同】丢弃（diūqì）

泡沫 pàomò   *n.* foam, froth
【配】泡沫塑料
【例】①刚倒的啤酒上有一层泡沫。②他现在失去了一切，曾经拥有的都成了泡沫。

培育 péiyù   *v.* foster, breed, nurture
【配】培育树苗（shùmiáo; sapling），培育新人
【例】①人类已经培育出许多新的植物品种。②没有老师的辛勤培育，就没有我们今天的成绩。
【同】培养

配备 pèibèi *v./n.* equip with, fit out; equipment

【配】配备人手，先进的配备

【例】①学校为我们这次外出配备了三辆车。②公司引进了国外先进的技术配备。

【同】配置（pèizhì）

配偶 pèi'ǒu *n.* spouse

【例】①她是你的合法配偶。②公司为每位员工的配偶提供了一份医疗保险。

配套 pèitào *v.* form a complete set

【配】配套设施，配套服务

【例】①公司为员工提供一系列生活配套服务。②我们的配套设施很完善。

盆地 péndì *n.* basin

【例】①中国有四大盆地。②四川盆地的气候冬暖夏热。

烹饪 pēngrèn *v.* cook

【配】烹饪文化，精于烹饪

【例】①妈妈很喜欢烹饪。②烹饪是一门技术，也是一门艺术。

捧 pěng *v./m.* hold/carry sth in both hands, boost; a double handful

【配】捧场，吹捧，一捧

【例】①他双手捧着孩子的脸。②她的手里捧着一捧糖。

批发 pīfā *v.* buy/sell (goods) at wholesale

【配】批发市场

【例】①我们这里只批发，不零售（língshòu; sell by retail）。②我一会儿去批发市场。

批判 pīpàn *v.* criticize

【配】批判精神，批判行为

【例】①个人主义应该被批判吗？②我们要用批判的眼光看待历史。

劈 pī *v./prep.* split, chop; right against (one's face, chest, etc)

【例】①他正在劈木头。②大雨劈头浇下来。

皮革 pígé *n.* leather

【配】皮革大衣

【例】①小牛皮可以制成柔软（róuruǎn; soft）的皮革。②有的女生很喜欢皮革制品，像皮革包、皮革外套。

疲惫 píbèi *adj.* tired, exhausted

【配】疲惫不堪，身心疲惫

【例】①我觉得很疲惫，想好好睡一觉。②加了一夜班，我感觉疲惫不堪。

【同】疲劳，疲倦

疲倦 píjuàn *adj.* tired, fatigued, weary

【配】不知疲倦

【例】①他打了一天游戏，不知疲倦。②长时间的旅行让我感觉十分疲倦。

【同】疲劳，疲惫

屁股 pìgu *n.* hips, buttocks, (of animals) rump, end

【配】扭屁股

【例】①蜜蜂的屁股上有刺。②飞机的屁股喷出一道白烟。

【同】臀部（túnbù）

譬如 pìrú *v.* take for example, for instance

【配】譬如说

【例】①他有很多爱好，譬如唱歌、跳舞、弹钢琴等等。②校园里有很多花儿，譬如菊花（júhuā; chrysanthemum）、桃花（táohuā; peach blossom）、樱花（yīnghuā; sakura）

等等。
【同】比如

偏差 piānchā *n.* deviation
【配】有偏差，减少偏差
【例】①我们要及时纠正工作中的偏差。②有时人的判断难免有偏差。
【同】误差

偏见 piānjiàn *n.* prejudice, bias
【配】对某人有偏见，消除偏见
【例】①我们在评价一个人的时候不能有偏见。②这是一篇带有偏见的报道。

偏僻 piānpì *adj.* remote, out-of-the-way
【配】偏僻的山村，偏僻处
【例】①我出生在一个偏僻的山村。②小红每天上学都要经过一条偏僻的小路。
【同】偏远（piānyuǎn）
【反】繁华

偏偏 piānpiān *adv.* wifully, unfortunately, only
【例】①我叫他别去，可是他偏偏不听。②他来看我，偏偏我不在家。

片断 piànduàn *n./adj.* fragment; fragmentary

【配】记忆片断，片断经验

【例】①对于几十年前这件事，我的记忆中只有几个片断了。②书稿丢失了，只留下片断文字。

片刻 piànkè *n.* an instant, a moment, a short while

【配】稍等片刻，休息片刻

【例】①请您稍等片刻，我一会儿就回来。②这雪下得真大，片刻工夫地面上就全白了。

漂浮 piāofú *v.* float

【配】漂浮植物

【例】湖面上漂浮着几片树叶。

飘扬 piāoyáng *v.* wave, flutter

【配】随风飘扬

【例】①红旗迎风飘扬。②树枝随风飘扬。

【同】飞扬（fēiyáng）

撇 piě *v.* cast aside

【配】撇开，撇下

【例】①这个问题不重要，可以先撇开不谈。②他撇下妻子和儿女，一个人去广州做生意了。

拼搏 pīnbó *v.* go all out, struggle hard

【配】努力拼搏

【例】①我们努力拼搏，在比赛中取得了胜利。②他奋力拼搏的精神值得大家学习。

拼命 pīnmìng　*v.* risk one's life, do one's level best

【配】拼命工作

【例】①你把他逼急了，他一定会找你拼命的。②为了能考上理想中的大学，他拼命地学习。

贫乏 pínfá　*adj.* poor, wretchedly lacking

【配】语言贫乏，资源贫乏

【例】①这里的资源十分贫乏。②这几年他生活富裕了，但精神却很贫乏。

贫困 pínkùn　*adj.* impoverished, needy

【配】生活贫困

【例】①他们的生活一直很贫困。②贫困的山区如今改变了面貌。

【同】贫穷（pínqióng）

【反】富裕

频繁 pínfán　*adj.* frequent

【配】频繁发生，日益频繁

【例】①近年来自然灾害频繁发生。②两国人民之间交往频繁。

【反】偶尔

频率 pínlǜ   *n.* frequency

【配】频率高，出现频率

【例】①这家电台以四个不同的频率对外广播。②"自由"在这篇文章中出现的频率很高。

品尝 pǐncháng   *v.* taste, sample, savour

【配】品尝啤酒，免费品尝

【例】①顾客可以免费品尝新饮品。②她让我品尝她做的饭菜。

品德 pǐndé   *n.* moral character

【配】优良品德，品德高尚

【例】①勤劳是中国人的优良品德。②他品德高尚，经常帮助别人。

【同】品行（pǐnxíng）

品质 pǐnzhì   *n.* character, quality

【配】道德品质，优良品质

【例】①困难常能考验一个人的品质。②这件商品的品质不错。

品种 pǐnzhǒng *n.* breed, variety, assortment

【配】不同品种

【例】①这里的很多植物品种是其他地方没有的。②这家超市里生活用品的品种很齐全。

平凡 píngfán *adj.* ordinary, common

【配】平凡的生活，平凡的人

【例】①他在平凡的岗位上做出了不平凡的成绩。②他并不是一位平凡的学者。

【同】普通，平庸

【反】伟大

平面 píngmiàn *n.* plane

【配】平面图

【例】①两条直线相交可以构成一个平面。②请你画一张校园的平面图。

平坦 píngtǎn *adj.* even, smooth, level, flat

【配】路面平坦，地势平坦

【例】①这是一条宽阔平坦的大路。②过了这片树林，地面就平坦了。

【反】崎岖 (qíqū)

平行 píngxíng *adj./v.* simultaneous, parallel; be parallel

【配】平行关系，平行线，平行发展

【例】①这两个部门不是平行关系，而是上下级关系。
②这两条直线互相平行。

【反】垂直

平庸 píngyōng　*adj.* mediocre, ordinary

【配】平庸的人，平庸的生活

【例】①他是一个平庸的人。②我不能忍受平庸的生活。

【同】平凡

【反】杰出

平原 píngyuán　*n.* plain, flatland

【例】①华北平原是中国的第二大平原。②平原地势平坦。

评估 pínggū　*v.* assess, appraise

【配】评估质量，评估报告

【例】①教育部正在对各个高校的教学质量进行评估。
②专家正在评估那颗宝石的价值。

评论 pínglùn　*v./n.* comment on; comment

【配】评论好坏，电影评论

【例】①我不想评论别人的作品。②她拒绝对这件事
发表评论。

屏幕 píngmù *n.* screen
【配】电视屏幕，大屏幕
【例】①他们家的电视屏幕是 28 寸的。②在大屏幕上看电影感觉很好。

屏障 píngzhàng *n./v.* protective screen; protect
【配】天然屏障，屏障中原（zhōngyuán; Central Plains）
【例】①树丛挡住了阳光，是一个天然屏障。②这座山峰屏障中原地区。

坡 pō *n.* slope
【配】山坡，上下坡
【例】①上了山坡，就到我家了。②老人正艰难地推车爬坡。

泼 pō *v.* sprinkle, splash, spill
【配】泼水，泼水节
【例】①别把脏水泼到院子里。②她一不小心把热水泼到了书上。

颇 pō *adv.* quite, rather, considerably
【配】颇感兴趣
【例】①这个作家的影响力颇大。②他对自然科学颇感兴趣。

【同】很

迫不及待 pòbùjídài　be unable to hold oneself back, be too impatient to wait
【例】①刚刚回到家，我就迫不及待地打开了电视机。②她迫不及待地要告诉大家这个好消息。
【反】从容不迫（cóngróng-búpò）

迫害 pòhài　*v.* persecute, oppress cruelly
【配】对……进行迫害，遭受迫害
【例】①他受到了坏人的迫害。②他因宗教信仰而遭到迫害。

破例 pòlì　*v.* break a rule, make an exception
【配】破例录取
【例】①经理很欣赏那个员工的才华，破例给他加薪。②今晚大家都很开心，已经戒酒的小张还破例喝了一杯酒。

魄力 pòlì　*n.* daring and resolution, boldness
【配】有魄力
【例】①他工作很有魄力。②小王虽然很优秀，但是魄力不足。

扑 pū   *v.* throw oneself on, pounce on, devote

【配】扑到……，一心扑在……上

【例】①孩子一下扑到了母亲的怀里。②他一心扑在工作上，没有精力照顾家庭。

铺 pū   *v.* spread, unfold, pave

【配】把……铺在……，铺床，铺路

【例】①妈妈把桌布铺在桌子上。②这条路是刚刚铺成的。

朴实 pǔshí   *adj.* simple, plain

【配】穿着朴实，文风（wénfēng; style of writing）朴实

【例】①他穿得很朴实。②这位作家的文风很朴实。

【同】朴素

【反】华丽

朴素 pǔsù   *adj.* simple, plain

【配】生活朴素

【例】①她的穿衣风格朴素大方。②他过着朴素的生活。

【同】朴实

【反】华丽

普及 pǔjí   *v.* popularise, disseminate

【配】普及教育，普及读物

【例】①在中国已经普及九年义务教育。②如今，手机已经几乎普及全中国。

瀑布 pùbù　*n.* waterfall

【例】①这儿的瀑布非常壮观。②瀑布飞泻（fēixiè; pour）而下。

Q

凄凉 qīliáng　*adj.* dreary, desolate, sad

【配】凄凉的生活

【例】①她晚年的生活很凄凉。②面对老屋的破败（pòbài; ruined）景象，我心中一片凄凉。

【同】凄惨（qīcǎn）

期望 qīwàng　*v.* hope, expect, desire

【配】期望成功

【例】①父母期望我能成功。②我期望能实现自己的梦想。

【同】希望

期限 qīxiàn　*n.* time limit, allotted time, deadline

【配】合同期限，使用期限

【例】①我们要在规定期限内完成任务。②这份合同的期限是两年。

欺负 qīfu   *v.* bully
【配】欺负人
【例】①那个男孩儿常常欺负班上的同学。②她小时候经常受人欺负。

欺骗 qīpiàn   *v.* deceive, cheat, dupe
【配】自我欺骗，欺骗感情
【例】①他总是用甜言蜜语欺骗女孩子。②她用谎言欺骗了朋友的感情。

齐全 qíquán   *adj.* complete, ready
【配】工具齐全，手续齐全
【例】①这家商店货物齐全。②这个实验室设备齐全。
【同】完备

齐心协力 qíxīn-xiélì   make a concerted effort, hang together
【例】①只要我们齐心协力，一定可以取得胜利。②我们齐心协力克服困难。
【同】齐心合力 (qíxīn-hélì)

奇妙 qímiào   *adj.* marvellous, wonderful, intriguing

【配】奇妙的故事，奇妙的世界

【例】①我们的相遇非常奇妙。②爱情有一种奇妙的力量。

【同】神奇

歧视 qíshì *v.* discriminate (against)

【配】歧视弱者，种族歧视

【例】①法律保护弱者免受歧视。②我们坚决反对种族歧视。

旗 袍 qípáo *n.* mandarin gown [a traditional close-fitting woman's dress with the skirt slit way up the sides], cheongsam

【配】穿旗袍

【例】①旗袍是中国的传统服装。②旗袍有很多种样式。

旗帜 qízhì *n.* flag, banner, model

【配】举起旗帜，树立旗帜

【例】①街道上旗帜飘扬。②他是教师行业的一面旗帜。

乞丐 qǐgài *n.* beggar, pauper

【例】①我发现那几个人是假乞丐。②他过着乞丐般的生活。

岂有此理 qǐyǒucǐlǐ   absurd, preposterous
【例】①真是岂有此理，干了一年，却拿不到工资。
②他们在课堂上玩手机，不顾老师劝说，简直岂有
此理。

企图 qǐtú *v./n.* attempt
【配】企图破坏，不良企图
【例】①他企图破坏我们的婚姻。②他一定另有企图，
你不要相信他。

启程 qǐchéng   *v.* set out, start on a journey
【配】准备启程，已经启程
【例】①他们已经启程去上海了。②我们明天启程去
北京。

启蒙 qǐméng   *v.* impart rudimentary knowledge to
beginners, initiate, enlighten
【配】启蒙教育，启蒙运动
【例】①父母对孩子的启蒙教育十分重要。② 18 世
纪法国发生了启蒙运动。

启 示 qǐshì   *n./v.* inspiration, enlightenment; enlighten,
inspire
【配】得到启示，启示某人

【例】①我从老师的话中获得了启示。②这个故事启示我们，做人一定要诚实。

启事 qǐshì *n.* notice, announcement

【配】招聘启事，登启事

【例】①你看到这家公司的招聘启事了吗？②报纸上登了一则 (zé; m.) 寻人启事。

起草 qǐcǎo *v.* draft, draw up

【配】起草报告，起草方案

【例】①公司针对这个问题起草了一个方案。②他准备起草一份协议书。

【同】拟定

起初 qǐchū *n.* originally, at first

【例】①这个工厂的规模起初很小，现在已经很大了。②起初，我只是一个普通的职员，现在已经是部门经理了。

【同】最初

起伏 qǐfú *v.* rise and fall

【配】地势起伏，心情起伏

【例】①这里的地势起伏不平。②两国之间的关系起伏不定。

起哄 qǐhòng　*v.* gather together to create a disturbance, jeer
【配】大声起哄，有人起哄
【例】①大家起哄，要他请客。②会场上有人起哄，要求演讲人下台。

起码 qǐmǎ　*adj./adv.* minimum, elementary; at least
【配】最起码
【例】①这是最起码的知识，你必须掌握。②我这次出差，起码要一个月才能回来。

起源 qǐyuán　*n./v.* origin, beginning; originate
【配】生命的起源，起源于
【例】①关于人类的起源有很多种说法。②知识起源于实践。

气概 qìgài　*n.* lofty quality, mettle, spirit
【配】英雄气概，气概非凡
【例】①他在战场上表现出了非凡的英雄气概。②你要表现出男子汉的气概。
【同】气魄

气功 qìgōng　*n.* qigong, breathing exercises
【配】练气功
【例】①清晨的公园里，一些老人正在练气功。②他采用气功疗法（liáofǎ; therapy）为病人治病。

气魄 qìpò　*n.* boldness of vision, breadth of spirit

【配】有气魄，英雄气魄

【例】①他办事很有气魄。②天安门城楼气魄雄伟。

【同】气概

气色 qìsè　*n.* complexion, colour

【配】气色好

【例】①她的气色不好，好像生病了。②他经常运动，所以气色很好。

气势 qìshì　*n.* momentum, imposing manner

【配】有气势，气势雄伟

【例】①他说起话来气势十足。②气势雄伟的万里长城举世闻名。

气味 qìwèi　*n.* smell, odour, flavour, taste

【配】难闻的气味，气味相投

【例】①菊花（júhuā; chrysanthemum）散发出清香的气味。②他们两个人有共同的想法，气味相投。

气 象 qìxiàng　*n.* meteorological phenomena, meteorology, atmosphere

【配】气象学，新气象
【例】①气象一般包括刮风、闪电、打雷、下雨和下雪等。②农村呈现出一派新气象。

气压 qìyā　*n.* atmospheric pressure
【例】①一年之中，冬季气压一般比夏季的气压高。②气压一般随高度的变化而变化。

气质 qìzhì　*n.* temperament, disposition
【配】有气质，诗人气质
【例】①这个女生不很漂亮，但是很有气质。②他身上有一种迷人的气质。

迄今为止 qìjīn wéizhǐ　so far, up to now
【例】①迄今为止，事情进展一切顺利。②迄今为止，我还没有实现自己的梦想。

器材 qìcái　*n.* equipment, material
【配】摄影器材，体育器材
【例】①我们要去买一些摄影器材。②学校新增了一些体育器材。

器官 qìguān　*n.* organ, apparatus
【配】发音器官，器官移植（yízhí; transplant）

【例】①医生正在进行器官移植手术。②心脏是人体的重要器官。

掐 qiā *v.* pinch, nip, grip

【配】掐脖子，掐死，掐头去尾

【例】①他在我的胳膊上掐了一下。②这里禁止吸烟，请你把烟掐了。

洽谈 qiàtán *v.* discuss together, consult

【配】洽谈业务

【例】①两家公司的代表一起与外商洽谈生意。②今天老板要去洽谈一笔广告业务。

【同】商谈（shāngtán）

恰 当 qiàdàng *adj.* proper, suitable, fitting, appropriate

【配】用词恰当，恰当的例子

【例】①这几个地方用词不恰当。②事情处理得很恰当。

恰到好处 qiàdào-hǎochù just right (for the purpose or occasion, etc)

【例】①作者的用词恰到好处。②小说的结尾恰到好处。

恰巧 qiàqiǎo *adv.* by chance, fortunately or unfortunately

【配】恰巧遇到

【例】①我们春游那天恰巧是晴天。②我去逛街，恰巧遇到商场打折。

【同】碰巧（pèngqiǎo）

【扩】恰好（qiàhǎo; just right）

千方百计 qiānfāng-bǎijì   in a thousand and one ways, by every possible means

【例】①经理千方百计想提高公司的效益。②他千方百计地要求老板给他加工资。

迁就 qiānjiù   *v.* accommodate oneself to

【配】迁就他人

【例】①对于他的错误，我们不能迁就。②像你这样越迁就孩子，孩子毛病越多。

迁徙 qiānxǐ   *v.* move, migrate, change one's residence

【例】①有些鸟随季节迁徙。②因为自然灾害，这个地区的人都迁徙到其他地方去了。

牵 qiān *v.* leap along, pull

【配】牵着，牵住

【例】①他们手牵着手走过来。②他牵着一头牛往田里走。

牵扯 qiānchě *v.* involve, drag in

【配】牵扯到

【例】①这件事牵扯到许多大问题。②这件事与我无关，不要把我牵扯进去。

牵制 qiānzhì *v.* pin down, contain

【配】牵制敌人

【例】①这次部队的任务是牵制敌人的兵力。②你要有自己的想法，不要受别人牵制。

谦逊 qiānxùn *adj.* modest and unassuming

【配】态度谦逊

【例】①他是一名谦逊的学者。②他的态度非常谦逊。

【同】谦虚

【反】傲慢（àomàn）

签署 qiānshǔ *v.* sign, endorse, subscribe

【配】签署协定，签署意见

【例】①两国签署了合作协定。②他有权在重要文件上签署意见。

前景 qiánjǐng *n.* prospect, outlook, foreground

【配】美好的前景，前景乐观

【例】①孩子们都将拥有美好的前景。②专家认为，市场前景乐观。

前提 qiántí　*n.* premise, prerequisite
【配】在……的前提下，必要的前提
【例】①努力是成功的前提。②热爱学生是做好教育工作的前提。

潜力 qiánlì　*n.* latent capacity, potential, potentiality
【配】有潜力，发挥潜力
【例】①他是个有潜力的孩子。②我们一定要在这次比赛中发挥出自己的潜力。
【扩】潜能（qiánnéng; potentiality）

潜水 qiánshuǐ　*v.* go underwater, dive
【配】学习潜水，潜水运动，潜水服
【例】①他最近在练习潜水。②我很喜欢潜水这项运动。
【扩】潜入（qiánrù; slip into）

潜移默化 qiányí-mòhuà　influence unconsciously, exert a subtle influence on sb's character, thinking, etc
【例】①道德教育是潜移默化的，不能靠简单的说教。②父母在潜移默化中教会我做人的道理。
【扩】潜在（qiánzài; potential）

谴责 qiǎnzé　*v.* condemn, censure, denounce

【配】谴责他人，受到谴责
【例】①他受到了良心的谴责。②这个不公正的决定受到社会各界的谴责。
【同】责备
【反】称赞

强制 qiángzhì *v.* force, compel
【配】强制执行，强制手段
【例】①政府采取强制措施维护市场秩序。②这项法令要强制执行。
【同】强迫

抢劫 qiǎngjié *v.* rob, loot, plunder
【配】抢劫银行，抢劫罪
【例】①商店里的珠宝被抢劫一空。②最近发生了两起银行抢劫案。

抢救 qiǎngjiù *v.* rescue, save, salvage
【配】抢救病人，抢救无效
【例】①考古学家正在抢救文物。②他伤得很严重，要立刻送去医院抢救。

强迫 qiǎngpò *v.* force, compel
【配】强迫某人

【例】①这只是我的个人意见，并不强迫你接受。②爸爸强迫我学习法语。

【同】强制

桥梁 qiáoliáng *n.* bridge

【配】一座桥梁，桥梁作用

【例】①市区里新建起一座桥梁。②这个培训计划是学校与社会之间的一座桥梁。

窍门 qiàomén *n.* key (to sth), knack

【配】掌握窍门，学习的窍门

【例】①这个电视节目讲了生活中的很多小窍门。②他已经找到了学习语言的窍门。

翘 qiào *v.* stick up, turn upwards

【配】翘尾巴（qiào wěiba; be cocky）

【例】①他翘着腿坐在椅子上。②她总爱翘尾巴，以为自己很了不起。

切实 qièshí *adj.* practical, feasible, realistic

【配】切实解决，切实可行

【例】①必须切实解决农民工的工资问题。②这是一个切实可行的计划。

锲 而 不 舍 qiè'érbùshě keep on chipping away—work with perseverance, make unremitting efforts

【例】①她通过锲而不舍的努力，终于取得了成功。②他锲而不舍的精神值得我们学习。

【同】坚持不懈（jiānchí-búxiè）

【反】半途而废

钦佩 qīnpèi *v.* admire, esteem

【配】钦佩的目光，使人钦佩

【例】①他认真的工作态度令人钦佩。②小王十分钦佩数学老师的才华。

【同】佩服

侵犯 qīnfàn *v.* encroach/infringe upon, violate

【配】侵犯边境，侵犯利益

【例】①你的行为侵犯了他人的利益。②他偷看我的日记，侵犯了我的隐私权。

【扩】入侵（rùqīn; invade）

侵略 qīnlüè *v.* invade

【配】侵略战争，抵抗侵略

【例】①他们勇敢地抵抗敌人的侵略。②我们要保卫祖国不受侵略。

亲密 qīnmì *adj.* close, intimate

【配】关系亲密，亲密的朋友

【例】①他们俩是很亲密的朋友。②他们正在亲密地聊天儿。

【反】生疏

亲热 qīnrè *adj./v.* affectionate, intimate, warm-hearted; show love

【例】①开学了，同学们一见面都很亲热。②每次回到家，他总要和孩子亲热一会儿。

【同】亲切

【反】冷漠（lěngmò）

勤俭 qínjiǎn *adj.* hardworking and thrifty

【配】很勤俭，勤俭的人

【例】①无论贫穷还是富裕，都要保持勤俭的习惯。②妈妈是一个很勤俭的人。

勤劳 qínláo *adj.* industrious, hardworking

【配】勤劳致富

【例】①我们要用自己勤劳的双手建设自己的美好家园。②她是一位善良、勤劳的姑娘。

倾听 qīngtīng *v.* listen attentively to, lend an

attentive ear to

【配】倾听意见

【例】①他正认真地倾听记者的提问。②她凝神（níng-shén; with fixed attention）倾听他的每一句话。

【扩】倾诉（qīngsù; pour out one's heart, troubles, worries, etc）

倾向 qīngxiàng *v./n.* be inclined to, prefer; tendency, trend, inclination

【配】倾向于，政治倾向

【例】①这两种意见，我倾向于前一种。②记者在新闻报道中不应带有倾向性。

倾斜 qīngxié *v.* incline, be in favour of

【配】向左倾斜

【例】①古塔已经倾斜了。②政府新增的财政资金主要向农业倾斜。

清澈 qīngchè *adj.* limpid, clear

【配】清澈的湖水，清澈见底

【例】①湖水清澈见底。②那座山下有一条清澈的小河。

【反】浑浊（húnzhuó）

清晨 qīngchén *n.* early morning

【例】①每天清晨，我都会去花园里读一会儿书。②清晨的空气很新鲜，不少人出来锻炼身体。

清除 qīngchú *v.* eliminate, get rid of, clean away

【配】清除垃圾，清除杂草

【例】①那几个学生正在清除校园里的垃圾。②应该及早清除自己落后的思想。

清洁 qīngjié *adj.* clean

【配】清洁剂，整齐清洁

【例】①他的房间总是整齐清洁。②要注意保持厨房碗筷的清洁。

清理 qīnglǐ *v.* put in order, check up, clear (up)

【配】清理物品

【例】①我每天都要清理一下桌子上的东西。②快到年底了，各个单位都在清理账目。

清晰 qīngxī *adj.* distinct, clear

【配】口齿清晰，发音清晰，清晰的头脑

【例】①这张图片十分清晰。②他的汉语发音非常清晰。

【同】清楚

清醒 qīngxǐng *adj./v.* (of mind) clear-headed, sober; (of consciousness) regain consciousness

【配】头脑清醒，清醒过来

【例】①虽然现在已经晚上十二点了，但是我依然很清醒。②病人终于清醒过来了。

清真 qīngzhēn *adj.* pure and simple, Islam, Muslim

【配】清真寺，清真食品

【例】①这个民族习惯食用清真食品。②我们学校附近新建了一座清真寺。

情报 qíngbào *n.* intelligence, information

【配】电子情报，打探情报

【例】①间谍搜集到了一些秘密情报。②这是一个紧急情报，需要尽快传递出去。

情节 qíngjié *n.* plot, circumstances

【配】故事情节，感人的情节

【例】①这出戏情节平淡。②法官认定他的犯罪情节严重。

情理 qínglǐ *n.* reason, sense

【配】不通情理，合乎情理

【例】①这是合乎情理的要求。②他真是不通情理，让人生气。

情形 qíngxíng   *n.* circumstances, situation, condition, state of affairs

【配】在……的情形下，照……情形看

【例】①我对那里的情形不太清楚。②照现在的情形看，我们队一定能取得比赛的胜利。

晴朗 qínglǎng   *adj.* fine, sunny, clear

【配】天气晴朗，晴朗的天空

【例】①今天天气晴朗。②晴朗的天空万里无云。

请柬 qǐngjiǎn   *n.* invitation card

【配】发请柬，收到请柬

【例】①中秋节 (zhōngqiū Jié; Mid-Autumn Festival) 前一天，他收到了一张宴会请柬。②我收到了朋友的婚礼请柬。

【同】请帖

请教 qǐngjiào   *v.* ask for advice, consult

【配】请教问题，向某人请教

【例】①我们经常向老师请教问题。②关于这个问题，我能请教您一下吗？

【同】求教 (qiújiào)

请示 qǐngshì　*v./n.* request/ask for instructions (from the authorities); instruction

【配】请示领导，书面请示

【例】①这件事情要先请示领导，然后再做决定。②这个计划要向上级提交书面请示。

请帖 qǐngtiě　*n.* invitation card

【配】发请帖，收到请帖

【例】①我爷爷快过生日了，我和父母写了请帖邀请亲朋好友来祝寿。②小王收到了初中同学的婚礼请帖。

【同】请柬

丘陵 qiūlíng　*n.* hills

【配】丘陵地区

【例】①这里是丘陵地带。②这一带有很多丘陵。

区分 qūfēn　*v.* discriminate, differentiate, distinguish

【配】区分好坏，明确区分

【例】①我们要学会区分善恶。②你能区分英国英语和美国英语吗？

区域 qūyù　*n.* region, area, district, zone

【配】划分区域，区域经济，区域自治

【例】①政府提倡大力发展区域经济。②这个地区不是北京的行政区域。

曲折 qūzhé *adj.* tortuous, winding, complicated
【配】曲折的道路，情节曲折
【例】①这条山路很曲折。②那是一本情节曲折的小说。
【扩】弯曲（wānqū; bend）

驱逐 qūzhú *v.* drive out, expel, banish
【配】驱逐出境
【例】①警方把一名外国间谍驱逐出境。②我们的军队正在驱逐敌军。

屈服 qūfú *v.* submit to, yield to, surrender to
【配】向……屈服
【例】①我们决不向敌人屈服。②困难没有使她屈服。

渠道 qúdào *n.* canal, channel, medium of communication
【配】通过……渠道
【例】①路旁的渠道干涸（gānhé; dry up）了。②他通过各种渠道找到了那本书。

曲子 qǔzi *n.* song, tune, melody
【配】优美的曲子，一支曲子

【例】①这支曲子很优美。②他用钢琴弹了一支曲子。

【扩】戏曲（xìqǔ; traditional opera），乐曲（yuèqǔ; music composition）

取缔 qǔdì *v.* outlaw, ban, suppress

【配】取缔非法交易，取缔非法组织

【例】①这些扰乱秩序的非法交易都应该取缔。②政府将加大力度取缔非法组织。

趣味 qùwèi *n.* interest, delight

【配】高级趣味，趣味不同

【例】①登山运动对我来说毫无趣味。②我和妹妹的趣味不同。

【同】兴趣

圈套 quāntào *n.* snare, trap

【配】落入圈套，设圈套

【例】①警察为了抓住小偷，设了一个圈套。②老鼠中了猫的圈套。

权衡 quánhéng *v.* weigh, consider, balance

【配】权衡利弊（lìbì; advantages and disadvantages），权衡再三

【例】①他权衡再三，终于做出了决定。②我们在做

重大决定时，总要权衡利弊。

权威 quánwēi *n.* authority, authoritativeness
【配】权威人士，维护权威
【例】①这部著作是数学界的权威。②我们不能盲目崇拜权威。

全局 quánjú *n.* overall situation, situation as a whole
【配】影响全局，全局性
【例】①我们应该从全局出发解决这个问题。②这是个影响全局的计划。

全力以赴 quánlìyǐfù go all out, spare no effort, do one's utmost
【例】①小明全力以赴夺得了冠军，为班级争了光。②这次任务需要我们全力以赴。
【同】竭尽全力

拳头 quántou *n./adj.* fist; highly competitive, key
【配】紧握拳头，拳头产品
【例】①看样子他好像生气了，正紧紧地握着拳头。②这是我们公司的拳头产品。

犬 quǎn *n.* dog

【配】警犬，猎犬

【例】①警察拉着警犬去抓罪犯。②猎人带着猎犬去捕猎了。

【同】狗

缺 口 quēkǒu　　*n.* breach, gap, (of funds, materials, etc) shortfall

【配】资金缺口，填补缺口

【例】①墙上有个缺口。②这家公司的资金存在缺口。

缺席 quēxí　　*v.* be absent (from a meeting, etc)

【配】故意缺席，缺席会议

【例】①我因事缺席了这个会议。②总结大会他无故缺席，应该受到批评。

缺陷 quēxiàn　　*n.* defect, drawback, flaw, shortcoming

【配】生理缺陷，严重缺陷

【例】①那个孩子有生理缺陷，不能正常行走。②这个计划中最大的缺陷就是没有预测成本。

瘸 qué　　*v.* be lame, be crippled

【配】一瘸一拐

【例】①他的左腿瘸了。②他受伤了，一瘸一拐地离开了运动场。

确保 quèbǎo *v.* ensure, guarantee

【配】确保质量，确保安全

【例】①商家必须确保产品的质量。②学校将会确保这次考试顺利进行。

确立 quèlì *v.* establish, set up

【配】确立地位，确立关系

【例】①这家公司已在商界中确立了自己的地位。②他确立了自己的目标。

确切 quèqiè *adj.* definite, exact, precise, true

【配】确切的数字

【例】①他的解释非常确切。②你们到底能生产多少件，请给我一个确切的数字。

确信 quèxìn *v.* firmly believe, be convinced, be sure

【配】确信无疑

【例】①爸爸确信我能成功。②他确信自己能顺利通过考试。

群众 qúnzhòng *n.* the masses/people

【配】关心群众，人民群众

【例】①政府很关心群众的生活。②这不仅是我个人的意见，也是群众的意见。

R

染 rǎn *v.* dye, catch, acquire, contaminate

【配】染发，染上流感，染上坏习惯

【例】①他把头发染成了棕色。②他最近染上了流感。

嚷 rǎng *v.* shout, yell

【配】叫嚷

【例】①别嚷了，其他人都睡觉了。②嚷也没有用，还是想别的办法吧。

让步 ràngbù *v.* make a concession, give in, compromise

【配】决不让步

【例】①争了半天，双方都不肯让步。②对他的无理要求，我决不让步。

【同】妥协

饶恕 ráoshù *v.* forgive, pardon

【配】请求饶恕，饶恕错误

【例】①他已经知道错了，我们就饶恕他吧。②看她认错态度诚恳，大家都饶恕了她。

【同】宽恕（kuānshù）

扰乱 rǎoluàn *v.* harass, disturb, create confusion

【配】扰乱治安，扰乱市场
【例】①法律将严惩这些扰乱治安的人。②孩子们不停地扰乱课堂秩序。

惹祸 rěhuò *v.* court disaster, stir up trouble
【配】惹祸上身
【例】①他虽然惹祸了，但毕竟是个孩子，你不要怪他。②他惹了祸，吓得躲了起来。
【同】闯祸（chuǎnghuò）

热泪盈眶 rèlèi yíngkuàng one's eyes brimming with tears, be tearful
【例】①我以为自己不会哭，但那一刻，我却忍不住热泪盈眶。②妈妈热泪盈眶，激动地说："我的孩子终于成功了！"

热门 rèmén *n.* sth that is currently popular
【配】热门话题，热门人物
【例】①大家最近讨论的热门话题是校园运动会。②以前，计算机专业是大学里的热门。

人道 réndào *n./adj.* humanity, human sympathy; humane
【配】人道主义
【例】①他是一个人道主义者和社会活动家。②你这样对待别人太不人道了。

人　格 réngé　*n.* personality, moral integrity, human dignity

【配】人格高尚，尊重人格

【例】①法律规定，我们不得侮辱他人人格。②他成功了，因为他具有乐观的精神、成功的信心和高尚的人格。

人　工 réngōng　*n./adj.* manpower; man-made, artificial

【配】人工操作，人工呼吸

【例】①这个工厂打算用机器代替人工生产汽车。②那个溺水（nìshuǐ; drown）的女孩儿需要进行人工呼吸。

人家 rénjia　*pron.* others, everybody else

【例】①你不要管人家的事。②人家能做到的，我们也能做到。

人间 rénjiān　*n.* (human) world, the earth

【配】人间天堂，人间奇迹

【例】①人们常说，杭州是人间天堂。②希望幸福能遍布人间的每个角落。

人士 rénshì *n.* personage, public figure

【配】爱国人士，民主人士

【例】①他是一位爱国人士。②许多权威人士都来参加这次会议。

人为 rénwéi *adj./v.* artificial, man-made; do

【配】人为因素，事在人为

【例】①这次车祸是人为的失误造成的。②你不要害怕困难，事在人为，困难总会克服的。

人性 rénxìng *n.* human nature, humanity, normal human feelings

【配】违反人性，不通人性

【例】①人性的弱点有很多，比如自私。②他这么做实在是不通人性。

人质 rénzhì *n.* hostage

【配】作为人质，交换人质

【例】①警察成功救出了人质。②那个小女孩儿被当作人质抓走了。

仁慈 réncí *adj.* benevolent, merciful, kind

【配】对……仁慈，仁慈之心

【例】①那位老奶奶对人很仁慈。②我们对人要有一颗仁慈之心。

【反】凶残（xiōngcán）

忍耐 rěnnài *v.* restrain oneself, endure, forbear

【配】学会忍耐，适度（shìdù; moderate）忍耐

【例】①人的忍耐是有限度的。②我们要学会适度忍耐。

【同】忍受，容忍

忍受 rěnshòu *v.* bear, endure

【配】忍受侮辱，忍受折磨

【例】①他无法忍受病痛的折磨。②我无法再忍受这种痛苦的生活了。

【同】忍耐，容忍

认定 rèndìng *v.* firmly believe, set one's mind on

【配】认定方向，认定目标

【例】①我认定他的说法是错的。②既然认定了目标，就要坚持不懈地走下去。

认可 rènkě *v.* approve, confirm

【配】得到认可，一致认可

【例】①领导终于认可了我的能力。②我以优异的成绩得到了老师的认可。

任命 rènmìng *v.* commission, nominate sb (as)

【配】任命某人为……

【例】①领导决定任命他为这个项目的负责人。②学校任命他为校长。

任性 rènxìng *adj.* wilful, self-willed

【例】①那个小女孩儿很任性。②有钱就可以做事任性吗?

任意 rènyì *adv./adj.* wantonly, arbitrarily, wilfully; unconditional

【配】任意改变,任意三角形

【例】①我们不能任意编造 (biānzào; make up) 事实。②任意两点可以连成一条直线。

任重道远 rènzhòng-dàoyuǎn the burden is heavy and the road ahead is long

【例】①实现这一目标,虽然任重道远,但是我们会坚持到底。②改善空气质量,尽管任重道远,但我们相信目标一定会实现。

仍旧 réngjiù *adv./v.* still, as before; remain the same

【例】①十几年了,他仍旧住在那个老房子里。②多少年来，公司的奖惩办法仍旧。

【同】仍然

日新月异 rìxīn-yuèyì change for the better day by day, and month by month—change rapidly

【例】①世界形势日新月异。②如今，科技进步日新月异，不及时学习就会跟不上时代了。

【同】与日俱进 (yǔrì-jùjìn)

【反】一成不变 (yìchéng-búbiàn)

日益 rìyì adv. increasingly, more and more, day by day

【配】日益富裕，日益强大

【例】①这里的环境日益改善。②人们的生活水平日益提高。

荣幸 róngxìn adj. honoured

【配】很荣幸，感到荣幸

【例】①见到您我感到十分荣幸。②我很荣幸能参加这个会议。

荣誉 róngyù n. honour, glory

【配】荣誉感，获得荣誉

【例】①我们要为集体的荣誉而努力。②她为祖国赢得了荣誉。

容貌 róngmào　*n.* appearance, looks
【配】容貌端正，容貌相似
【例】①他时常想起那位姑娘的容貌。②她的态度、她的容貌、她的声音都给人留下了深刻的印象。
【同】面貌

容纳 róngnà　*v.* have a capacity of, hold, accommodate, accept
【配】容纳量，容纳意见
【例】①这个广场可以容纳十万人。②他不能容纳不同意见。

容器 róngqì　*n.* container, vessel
【配】清洗容器
【例】①这是一个装水的容器。②这个容器太大了。

容忍 róngrěn　*v.* tolerate, put up with, endure, stand
【配】容忍某人，容忍批评
【例】①我们不能容忍他的错误。②我不能容忍你的说话语气。
【同】忍耐，忍受

溶解 róngjiě　*v.* dissolve

【配】溶解度

【例】①水能溶解盐。②糖在咖啡中溶解了。

融化 rónghuà *v.* melt, thaw

【配】开始融化，冰融化

【例】①雪融化的时候很冷。②河里的冰开始融化了。

融洽 róngqià *adj.* harmonious, on friendly terms

【配】相处融洽，关系融洽

【例】①我和同学们相处得很融洽。②经历了这件事后，他们之间的关系更融洽了。

【扩】融合（rónghé; mix together）

柔和 róuhé *adj.* soft, gentle, mild

【配】柔和的光线，柔和的声音

【例】①我喜欢柔和的颜色。②这家餐厅的光线很柔和。

揉 róu *v.* rub and knead with the hands

【配】揉一揉腿，揉眼睛

【例】①他把信揉成一团。②那位面包师正在揉面。

儒家 Rújiā *n.* Confucianists

【配】儒家思想，儒家经典

【例】①孔子是儒家思想的代表。②《论语》(Lúnyǔ; *The Analects of Confucius*) 是一部儒家经典。

若 干 ruògān *pron.* certain number/amount of, several, how many/much

【配】若干问题，若干条件

【例】①会议上讨论了关于发展教育的若干问题。②他在合同中提出了若干条件。

弱点 ruòdiǎn *n.* weakness, weak point

【配】克服弱点

【例】①我很清楚自己的弱点。②遇事容易慌张是我的弱点。

S

撒谎 sāhuǎng *v.* tell a lie, lie

【配】对某人撒谎

【例】①他对我撒谎了。②他靠撒谎骗得她的感情。

散文 sǎnwén *n.* prose

【配】写散文

【例】①这篇散文充满诗意。②散文可以很好地表达感情。

散布 sànbù　*v.* spread, disseminate
【配】散布谣言
【例】①羊群散布在山坡上吃草。②敌人在我们的军队中散布谣言。

散发 sànfā　*v.* distribute, give out
【配】散发香气，散发传单
【例】①花儿散发着清香。②那些人正在散发传单，宣传他们的产品。

丧失 sàngshī　*v.* lose, forfeit
【配】丧失记忆，丧失信心
【例】①那次车祸后，他就丧失了记忆。②他对以后的生活丧失了信心。

骚扰 sāorǎo　*v.* harass, molest
【配】骚扰女性，受到骚扰
【例】①在公司，骚扰女同事会被开除。②最近一段时间我经常接到骚扰电话。
【同】干扰

嫂子 sǎozi　*n.* elder brother's wife, sister-in-law
【例】①哥哥和嫂子出去买东西了。②我的嫂子是个勤劳的人。

刹车 shāchē　*v./n.* apply the brakes, put on the brakes; brake

【配】急刹车，踩刹车

【例】①前面出了交通事故，他紧急踩了刹车。②做事情要有分寸，该刹车的时候就得刹车。

啥 shá　*pron.* what

【例】①他说啥？我没听清。②这没啥了不起。

筛选 shāixuǎn　*v.* sieve, select

【配】经过筛选

【例】①经过筛选，一百篇小说最终入选。②他们是被从众多应聘者中筛选出来的。

山脉 shānmài　*n.* mountain range/chain

【例】①这座山脉看起来很壮观。②世界上有很多著名的山脉。

闪烁 shǎnshuò　*v.* twinkle, glisten, glimmer

【配】闪烁光芒

【例】①她的眼睛里闪烁着喜悦的光芒。②夜晚的村庄闪烁着点点灯光。

擅长 shàncháng　*v.* be good at, be expert in

【配】擅长烹饪，擅长绘画
【例】①小王很擅长画画儿。②他擅长摄影。
【同】拿手

擅自 shànzì *adv.* act without authorization
【配】擅自决定，擅自离去，擅自行动
【例】①这名警察不听命令擅自行动，受到了处分。
②你不在时，她擅自用了你的电脑。

伤脑筋 shāng nǎojīn be knotty/troublesome
【例】①这个问题真伤脑筋。②他为这些事大伤脑筋。

商标 shāngbiāo *n.* trademark, brand
【配】名牌商标，著名商标
【例】①我们邀请了一位著名设计师为我们设计了产品商标。②他们产品的商标是一朵玫瑰花（méiguihuā; rose）。

上级 shàngjí *n.* higher authorities, higher level
【配】上级领导
【例】①我们要及时向上级汇报工作情况。②他是我的老上级。
【反】下级

上进 shàngjìn *v.* go forward, make progress

【配】上进心，力求上进

【例】①他在工作之余还自学汉语，很有上进心。②他自己不上进，我也帮不上忙。

【反】堕落

上任 shàngrèn *v./n.* assume an official post, take office; predecessor

【配】刚刚上任，上任领导

【例】①他刚到公司上任。②上任总统遗留下了一些有待解决的问题。

上瘾 shàngyǐn *v.* be addicted (to sth), get into the habit (of doing sth)

【配】抽烟上瘾，喝酒上瘾

【例】①他抽烟上瘾了。②这东西吃多了会上瘾吗？

上游 shàngyóu *n.* upper reaches (of a river), advanced position

【配】黄河上游，力争上游

【例】①黄河上游的资源十分丰富。②我们要鼓足干劲，力争上游。

尚且 shàngqiě *conj.* even

【例】①老师尚且不认识这个字，更何况学生呢？②坐飞机尚且来不及，何况坐火车呢？

捎 shāo *v.* take sth to/for sb, bring sth to sb

【配】捎东西

【例】①你能从超市帮我捎点儿东西吗？②我从广东给你捎了点儿特产（tèchǎn; speciality）。

梢 shāo *n.* thin end of a twig

【配】眉梢，树梢

【例】①树梢上有只小鸟。②她喜上眉梢，肯定有什么好事。

哨 shào *n./v.* sentry post, post, whistle; patrol

【配】吹哨，放哨，哨兵

【例】①班长吹哨集合。②大门口有哨兵站岗（zhàn-gǎng; stand guard）。

奢侈 shēchǐ *adj.* luxurious, extravagant, wasteful

【配】奢侈的生活，奢侈浪费

【例】①他们的生活很奢侈。②咱们这顿晚餐吃得太奢侈了。

舌头 shétou *n.* tongue

【配】伸舌头

【例】①有些动物的舌头很长。②她调皮地朝我吐了吐舌头。

设立 shèlì　*v.* establish, set up, found

【配】设立机构

【例】①我们公司设立了一个新部门。②学校设立了学生聊天室，帮学生解决些学习、生活和情感方面的问题。

【同】建立

设想 shèxiǎng　*v./n.* envisage, conceive; imagination

【配】不堪设想，初步设想

【例】①如果你这样做，后果会不堪设想。②这项计划只是一个初步设想。

设置 shèzhì　*v.* set up, establish

【配】设置课程

【例】①这座剧院是专门为儿童设置的。②会场里设置了录音设备。

社区 shèqū　*n.* community

【配】社区建设，社区服务

【例】①社区设立了活动中心，为老人们提供了个休息的好去处。②我们社区的服务很好。

涉及 shèjí *v.* involve, relate to, touch (up) on
【例】①这个问题涉及到你们每一个人。②政治方面的新闻往往要涉及经济问题和社会问题。

摄氏度 shèshìdù *m.* degree centigrade (℃)
【例】①水在零摄氏度时结冰。②今天的最低气温是 23 摄氏度。

申报 shēnbào *v.* report to a higher body, declare (sth to the customs)
【例】①你有什么东西要申报吗？②公司明年的预算必须在今年年底前申报。

呻吟 shēnyín *v.* groan, moan
【配】无病呻吟，低声呻吟
【例】①那个生病的孩子呻吟了一会儿就睡着了。②他疼得低声呻吟。

绅士 shēnshì *n.* gentleman, gentry
【配】年轻的绅士，绅士风度
【例】①他很有绅士风度，大家都很喜欢他。②她最近认识了一个有钱有地位的绅士。

深奥 shēn'ào　*adj.* abstract, profound, recondite
【配】深奥的道理，深奥的书
【例】①这是一本深奥的书。②哲学对我来说太深奥了。

深沉 shēnchén　*adj.* deep, reserved, low-pitched
【配】深沉的爱，深沉的声音
【例】①夜已深沉。②父亲的爱很深沉。

深情厚谊 shēnqíng hòuyì　profound sentiments of friendship, profound friendship
【例】①两国人民结下了深情厚谊。②他们俩的深情厚谊让人感动。

神经 shénjīng　*n.* nerve
【配】神经系统，神经紧张
【例】①人体内的神经系统很复杂。②考试前他容易神经紧张。

神奇 shénqí　*adj.* magical, mystical, miraculous
【配】神奇的功效，神奇的事情
【例】①这种药有神奇的功效。②这个社区发生了一件神奇的事情。
【同】奇妙

神气 shénqì *adj./n.* vigorous, spirited, cocky; expression
【配】神气十足
【例】①他走起路来很神气。②看她的神气，一点儿也不像刚生过病的。

神圣 shénshèng *adj.* sacred, holy
【配】神圣的权利，神圣的事业
【例】①保卫祖国是每个公民神圣的职责。②他把自己的工作当成神圣的事业。

神态 shéntài *n.* expression, manner, bearing, mien
【配】神态悠闲，神态从容
【例】①她神态从容地走向讲台。②他一副傲慢的神态，对旁人理都不理。
【同】神色（shénsè），神情（shénqíng）

神仙 shénxiān *n.* supernatural/celestial being, immortal, person free from worldly cares
【例】①这些孩子很喜欢听和神仙有关的故事。②她过着神仙般的生活。

审查 shěnchá *v.* examine, censor
【配】资格审查，审查制度
【例】①报告还在审查中。②领导正在审查新的项目。

审理 shěnlǐ *v.* try, hear
【配】审理案件
【例】①法官正在审理案件。②这个案子将于下月审理。

审美 shěnměi *v.* appreciate the beautiful
【配】审美能力，审美眼光
【例】①你不能不惊叹群众的审美能力。②我和他的审美眼光很像。

审判 shěnpàn *v.* bring to trial, try
【配】公开审判，因……受审判
【例】①法庭公开审判了这一案件。②他因盗窃罪受到审判。

渗透 shèntòu *v.* permeate, infiltrate
【配】经济渗透
【例】①汗水渗透了衣裳。②这部作品渗透着她多年的心血。

慎重 shènzhòng *adj.* careful, cautious, prudent
【配】慎重选择，说话慎重
【例】①为慎重起见，我们要制定两个方案。②我们做事情要采取慎重的态度。
【同】谨慎

生存 shēngcún *v.* subsist, live, survive
【配】生存危机，生存空间
【例】①人离开了空气便不能生存。②我们此后只有两条路：一条是死亡，另一条是生存。

生机 shēngjī *n.* hope of life, life, vitality
【配】充满生机
【例】①春天，万物都充满生机。②这座城市充满了生机。

生理 shēnglǐ *n.* physiology
【配】生理反应，生理现象
【例】①这是动物正常的生理反应。②他很健康，没有生理缺陷。

生疏 shēngshū *adj.* unfamiliar, not as close as before, out of practice
【配】生疏的面孔（miànkǒng; face），对……生疏
【例】①我在这儿人地生疏。②他变了，我们的关系也生疏了。
【反】亲密

生态 shēngtài *n.* ecology
【配】生态环境，生态学

【例】①维护生态环境，要从我们每个人做起。②他的专业是生态学。

生物 shēngwù   *n.* living thing/being, organism
【配】高级生物
【例】①世界上的生物具有多样性。②人类是高级生物。

生肖 shēngxiào   *n.* any of the 12 symbolic animals associated with a 12-year cycle, often used to denote the year of a person's birth
【例】①中国有十二生肖。②中国人在自我介绍时，习惯加上自己的生肖。

生 效 shēngxiào   *v.* come into force, take effect, become effective
【例】①这份文件已经生效。②合同自签字之日起生效。

生锈 shēngxiù   *v.* get rusty, rust
【例】①铁容易生锈。②雨水使工具生锈了。

生育 shēngyù   *v.* give birth to, bear
【例】①她刚刚生育了第一胎。②她生育了两个孩子。

声明 shēngmíng   *v./n.* state, declare, announce; declaration

【配】郑重声明，口头声明

【例】①总统在演讲中声明了他的意图。②政府公开发表声明严厉打击盗窃行为。

声势 shēngshì *n.* power, momentum

【配】大造声势，声势空前

【例】①这场运动的声势正在逐渐扩大。②新闻界为这次演出大造声势。

声誉 shēngyù *n.* reputation, fame, prestige

【配】维护声誉，有损声誉

【例】①他的艺术才能使自己赢得了良好声誉。②我们不能做有损公司声誉的事情。

牲畜 shēngchù *n.* livestock, domestic animals

【配】饲养牲畜

【例】①他靠饲养牲畜来维持生活。②农场里有多少头牲畜？

省会 shěnghuì *n.* provincial capital

【例】①江苏省的省会是南京。②陕西省的省会是西安。

胜负 shèngfù   *n.* victory or defeat, success or failure

【配】比赛的胜负，胜负未定

【例】①到目前为止，比赛胜负未定。②这次比赛的胜负对我非常重要。

盛产 shèngchǎn   *v.* abound in, teem with, be rich in

【配】盛产石油

【例】①山西省盛产煤。②这个国家盛产水果。

盛开 shèngkāi   *v.* be in full bloom

【例】①春天桃花（táohuā; peach blossom）盛开。②现在是牡丹花（mǔdanhuā; peony）盛开的季节。

盛情 shèngqíng   *n.* great kindness, boundless hospitality

【配】盛情款待，盛情难却

【例】①谢谢你的盛情款待。②小张多次邀请我一起去爬山，盛情难却，这次一定得去。

盛行 shèngxíng   *v.* be current, be in vogue

【配】盛行一时

【例】①这种习俗在非洲某些地区仍然很盛行。②这款帽子曾经在法国盛行一时。

【同】流行

尸体 shītǐ　*n.* corpse, dead body, cadaver

【配】辨认尸体

【例】①死者的尸体至今仍未找到。②警方请死者家属辨认尸体。

失事 shīshì　*v.* be wrecked, have an accident

【配】飞机失事，失事的原因

【例】①这个地区经常发生飞机失事的事故。②没有人知道这艘船失事的原因。

失误 shīwù　*v./n.* make a mistake; fault

【配】发球失误，重大失误

【例】①他发球失误了。②工作中难免会有失误。

失踪 shīzōng　*v.* disappear, become missing

【配】失踪人员

【例】①在这次地震中，除了伤亡之外，还有许多人失踪。②政府公布了失踪人员的名单（míngdān; name list）。

师范 shīfàn　*n.* teacher-training school

【配】师范教育，师范学校

【例】①这所大学的办学宗旨是坚持学术教育与师范教育相统一。②她高中毕业后上了一所师范院校。

施加 shījiā *v.* exert (on), inflict (on), impose (on)

【配】施加压力

【例】①他这么懒惰，一定要给他施加一些压力。②考试前不要给他施加太多的压力。

施展 shīzhǎn *v.* put to good use, give free play to

【配】施展才能，施展抱负

【例】①在这场比赛中，他把自己的所有本领都施展出来了。②在这家公司里，他没有机会施展自己的才能。

【同】发挥

十足 shízú *adj.* out-and-out

【配】信心十足，勇气十足

【例】①她信心十足地走向讲台。②我有十足的把握一定能成功。

石油 shíyóu *n.* petroleum, oil

【配】石油资源，石油产品

【例】①这个国家的石油工业很发达。②中东地区的石油资源很丰富。

时常 shícháng *adv.* often, frequently

【例】①人们时常到这地方来散步。②开会时，我们时常交换意见。

【反】偶尔

时而 shí'ér *adv.* from time to time, sometimes

【例】①蓝色的天空中，时而飘过几朵白云。②最近天气时而热时而冷。

时光 shíguāng *n.* time

【配】美好时光，珍惜时光

【例】①我时常想起往日的美好时光。②我们度过了一段非常愉快的时光。

时机 shíjī *n.* opportunity, opportune moment

【配】等待时机，良好时机

【例】①我们已经错过了最好的时机。②时机尚未成熟。

【同】机会

时事 shíshì *n.* current events/affairs

【配】关心时事，国际时事

【例】①大家都很关心时事。②我们听了一个时事报告，感触（gǎnchù; feeling）很深。

识别 shíbié *v.* identify

【配】识别能力，识别真假

【例】①他能识别钻石的真假。②机器无法识别这张人民币。

【同】辨别（biànbié）

实惠 shíhuì　*adj./n.* substantial; material benefit

【配】经济实惠，得到实惠

【例】①这家商店的东西既实惠又便宜。②妈妈买东西向来讲求实惠。

实力 shílì　*n.* (actual) strength

【配】经济实力，实力相当

【例】①这家企业很有实力。②这两名应聘者的实力相当。

实施 shíshī　*v.* put into effect, implement, carry out

【配】实施计划，尽快实施

【例】①学校从今天开始实施新的教学计划。②这些措施在没有资金的情况下很难得到实施。

实事求是 shíshì-qiúshì　seek truth from facts, base oneself on facts, be practical and realistic

【例】①实事求是是我们处理问题的原则。②我们要实事求是，反对主观主义。

实行 shíxíng *v.* put into practice, carry out

【配】实行计划，实行政策

【例】①这个计划已经开始实行了。②中国实行对外开放政策。

实质 shízhì *n.* essence

【配】问题的实质，实质上

【例】①这两个问题表面相同，但实质不同。②实质上，幸福很简单。

拾 shí *v.* pick up (from the ground), collect

【配】拾东西，收拾

【例】①我在街上拾到一个钱包。②他把书拾了起来。

【同】捡

使命 shǐmìng *n.* mission

【配】完成使命，重大使命

【例】①他成功地完成了使命。②她被派往国外，执行重大使命。

示范 shìfàn *v.* set an example, demonstrate

【配】示范作用，示范动作

【例】①小王给我做了示范动作。②请你给我们示范一下如何操作这台仪器。

示威 shìwēi *v.* demonstrate, display one's prowess
【配】示威游行，向……示威
【例】①工人们正在街上示威游行。②你这样做是在向我示威吗？

示意 shìyì *v.* signal, give a signal
【配】点头示意，挥手示意
【例】①他示意我先走。②她挥手示意我坐在她旁边。

世代 shìdài *n.* long period of time, from generation to generation
【配】世代相传，世代友好
【例】①我家世代行医。②两国人民世代友好。

势必 shìbì *adv.* be bound to, certainly will
【例】①他实力这么强，势必赢得这次比赛。②这样吵下去，他们俩势必会分手。
【同】一定

势力 shìlì *n.* force, power, influence
【配】有势力，社会势力
【例】①进步势力和传统势力有许多不同的观点。②政府坚决打击一切黑暗势力。

事故 shìgù *n.* mishap, accident

【配】发生事故，交通事故

【例】①一次生产事故使他双目失明。②马路上刚刚发生了一起交通事故。

事迹 shìjì　*n.* deed, achievement

【配】英雄事迹，感人事迹

【例】①他的英勇事迹感动了在场的观众。②小明从小就喜欢听一些英雄事迹。

事件 shìjiàn　*n.* event, incident

【配】国际事件，政治事件

【例】①我们一定要查明事件的真相。②学校门口发生了一起打架事件。

事态 shìtài　*n.* state of affairs, situation

【配】事态严重，事态发展

【例】①事态发展迅速。②事态有所缓和。

事务 shìwù　*n.* work, routine, affairs

【配】日常事务，公司事务

【例】①经理事务繁忙，请您稍等一会儿。②他的主要工作是处理公司的日常事务。

事项 shìxiàng　*n.* item, matter

【配】注意事项，有关事项

【例】①这次活动有几个注意事项。②报告中规定了工作中需要注意的安全事项。

事业 shìyè　*n.* cause, undertaking, institution

【配】文化教育事业

【例】①近年来文化教育事业发展迅速。②他在一家事业单位工作，福利不错。

试图 shìtú　*v.* attempt, try

【配】试图逃跑，试图放弃

【例】①那个犯人试图逃跑。②我试图解释，但没有用。

【同】打算

试验 shìyàn　*v.* try out, experiment, test

【配】做试验，反复试验

【例】①周教授正在进行一项有趣的试验。② 100 名志愿者参与了这项试验。

视力 shìlì　*n.* vision, sight

【配】视力模糊，影响视力

【例】①这位老人视力不好。②长时间读书损伤 (sǔn-shāng; hurt) 了他的视力。

视频 shìpín *n.* video

【配】拍视频，晚会视频

【例】①他经常给自己的孩子拍视频，记录他们的成长。②他负责拍摄（pāishè; shoot）晚会的视频。

视线 shìxiàn *n.* line of sight/vision

【配】挡住视线

【例】①那棵树挡住了我的视线。②他一开口说话，所有人的视线都集中到了他身上。

视野 shìyě *n.* field of vision

【配】视野开阔

【例】①一个企业家应具有开阔的视野。②哲学课打开了学生们的视野。

是非 shìfēi *n.* right and wrong, quarrel, dispute

【配】明辨是非，分清是非

【例】①我们应该具备分辨是非的能力。②那些大妈很喜欢搬弄是非。

适宜 shìyí *adj.* suitable, fit, appropriate, proper

【配】适宜生存，适宜居住

【例】①这水不适宜饮用。②这里不适宜人类居住。

【同】适合

逝世 shìshì   *v.* pass away, die
【例】①总理逝世的时候，大家都十分伤心。②人们纷纷为领袖的逝世表示哀悼（āidào; condolences）。
【同】去世

释放 shìfàng   *v.* release, set free
【配】释放能量，无罪释放
【例】①他被释放出狱。②他想释放心里的怒气。

收藏 shōucáng   *v.* collect, store (up)
【配】收藏古画
【例】①他的最大爱好是收藏古画。②他收藏了很多语言学方面的书籍。

收缩 shōusuō   *v.* contract, shrink, draw back
【配】收缩变形，收缩战线
【例】①低温使金属收缩。②敌人收缩了战线。

收益 shōuyì   *n.* income, proceeds, profit, earnings
【配】获得收益，总收益
【例】①我们公司今年的收益增加了。②他投资了这个项目，获得了很大收益。
【同】收获

收音机 shōuyīnjī *n.* radio set

【配】听收音机

【例】①老人们散步的时候喜欢听收音机。②这是一款老式收音机。

手法 shǒufǎ *n.* skill, technique, trick

【配】艺术手法，手法高明

【例】①这种艺术表现手法很独特。②小偷用自己惯用的手法盗窃。

手势 shǒushì *n.* gesture, sign

【配】打手势

【例】①我说的话他听不懂，我打手势他也看不懂。②不同的国家，同样的手势意思却可能不同。

手艺 shǒuyì *n.* workmanship, craftsmanship

【配】手艺超群（chāoqún; be preeminent），手艺人

【例】①他把手艺传给了儿子。②他是一名有经验的手艺人。

【同】技艺（jìyì）

守护 shǒuhù *v.* guard, defend

【配】守护者

【例】①士兵守护着这个重要的军事基地。②儿子日

夜守护在生病的父亲身边。

首饰 shǒushì *n.* jewels, jewellery
【配】首饰店，戴首饰
【例】①她开了一家首饰店。②她每天都戴很多首饰。

首要 shǒuyào *adj./n.* of first importance, chief; head, leader
【配】首要任务，政界首要
【例】①学生的首要任务是学习。②他是一名政界首要。

受罪 shòuzuì *v.* endure hardships/tortures, have a hard time
【配】活受罪
【例】①让我跑 5000 米，真是活受罪啊。②他到了国外，语言不通，真受罪。

授予 shòuyǔ *v.* confer, award, grant
【配】被授予……，授予学位
【例】①学院授予他法学博士学位。②他被授予"模范教师"的称号。

书法 shūfǎ *n.* handwriting, penmanship, calligraphy
【配】书法比赛

【例】①我们班举行了一次书法比赛。②我从小就喜欢书法。

书籍 shūjí   *n.* books, works, literature
【配】收集书籍，文学书籍
【例】①这个箱子里装满了文学书籍。②我家里珍藏了好多历史书籍。

书记 shūjì   *n.* secretary
【配】党委书记，总书记
【例】①我们学校的党委书记姓张。②王书记人很好，考虑问题很周到。

书面 shūmiàn   *adj.* written
【配】书面材料，书面汇报
【例】①你要注重提高自己的书面表达能力。②他向我提交了一份书面保证。

舒畅 shūchàng   *adj.* happy, entirely free from worry
【配】心情舒畅，身心舒畅
【例】①这几天我心情舒畅。②最近事业顺利，生活幸福，身心怎会不舒畅呢？
【扩】顺畅（shùnchàng; smooth）

疏忽 shūhu *v.* neglect, overlook

【配】疏忽大意，一时疏忽

【例】①这个细节我疏忽了。②他一时疏忽才造成大错。

疏远 shūyuǎn *v.* alienate, become estranged from

【配】互相疏远，感情疏远

【例】①他们俩好几年没联系了，感情已经疏远了。②他觉得女朋友在故意疏远他。

【反】亲近（qīnjìn）

束 shù *m./v.* bundle, bunch, sheaf; bind

【配】一束花，束发

【例】①他送给我一束玫瑰花（méiguihuā; rose）。②他的腰上束了一条新皮带。

束缚 shùfù *v.* tie, bind up, fetter

【配】束缚思想

【例】①他被一堆杂事束缚着。②我们应该打破习惯的束缚。

【同】约束

树立 shùlì *v.* set up, establish

【配】树立形象，树立观念

【例】①全社会应该树立良好的道德风尚（fēngshàng; prevailing custom）。②他为我们树立了好榜样。

竖 shù   *v./adj./n.* set upright, erect; vertical; vertical stroke

【配】竖立，竖琴，横竖

【例】①他们在屋顶上竖起了电视天线。②地上画着一条横线和一条竖线。③我姓王，三横一竖的"王"。

数额 shù'é   *n.* number, amount, quotient

【配】超出数额，数额巨大

【例】①他们这次买了很多货物，数额巨大。②我们的钱数额有限。

耍 shuǎ   *v.* play, play with, flourish, play tricks

【配】玩耍，耍刀，耍把戏

【例】①他会耍大刀。②他被骗子耍了。

衰老 shuāilǎo   *adj.* old and feeble, senile, aged

【例】①他年过七十，虽然衰老但并不迟钝。②从她的动作看，她确实有点儿衰老了。

【扩】衰弱（shuāiruò; feeble）

衰退 shuāituì   *v.* fall, decline

【配】经济衰退，听力衰退
【例】①经济危机导致很多国家经济衰退。②他的视力已经开始衰退了。

率领 shuàilǐng *v.* lead, head, command
【配】率领代表团
【例】①他率领一个参观团去了欧洲。②队长率领我们取得了这次比赛的胜利。

涮火锅 shuàn huǒguō eat/have fondues
【例】①北京的羊肉涮火锅很好吃。②我常常和朋友一起去吃涮火锅。

双胞胎 shuāngbāotāi *n.* twins
【配】生双胞胎，一对双胞胎
【例】①那对夫妇生了一对双胞胎。②那对双胞胎长得特别可爱。

爽快 shuǎngkuai *adj.* refreshed, comfortable, frank, straight forward
【配】为人爽快，办事爽快
【例】①他为人很爽快，大家都很喜欢他。②他办事很爽快。
【同】直爽（zhíshuǎng）

水 利 shuǐlì　*n.* water conservancy, irrigation works, water conservancy project

【配】水利调查，水利工程

【例】①我们要进行一项水利调查。②政府决心大力发展水利工程。

水龙头 shuǐlóngtóu　*n.* bibcock, tap

【配】开水龙头

【例】①他正打开水龙头洗手。②洗完手后请您将水龙头关紧。

水泥 shuǐní　*n.* cement

【例】①水泥是建造建筑物的必备材料。②他是一名水泥工人。

【扩】泥沙（níshā; mud and sand），泥土（nítǔ; earth）

瞬间 shùnjiān　*n.* blink, twinkling

【配】一瞬间，瞬间发生

【例】①刚才还是晴天，一瞬间就下起了大雨。②爆炸是瞬间发生的，大家都还没反应过来。

【同】刹那

司法 sīfǎ　*v.* judicature, administration of justice

【配】司法部门

【例】①我们要健全司法制度。②人人崇尚司法公正。

司令 sīlìng　*n.* commander, commanding officer
【配】总司令
【例】①他是这支军队的司令。②总司令的军事能力很强。

私自 sīzì　*adv.* privately, secretly, without permission
【配】私自离开
【例】①本阅览室的图书不得私自带走。②你们不能私自离开岗位。

思念 sīniàn　*v.* think of, long for, miss
【配】思念家人
【例】①我思念远方的朋友。②离家一年，我十分思念故乡。
【同】想念

思索 sīsuǒ　*v.* reflect, ponder, deliberate
【配】用心思索，苦苦思索
【例】①我一夜没睡着，反复思索这个问题。②他苦苦地思索生活的意义。
【同】思考

思维 sīwéi　*n./v.* thought, thinking; think, consider

【配】思维模式，反复思维
【例】①他的思维模式很独特。②当问题解决不了时，你可以换一种方法思维。

斯文 sīwén　*adj.* refined, gentle
【配】假装斯文，举止（jǔzhǐ; bearing）斯文
【例】①他说话挺斯文。②这位学者举止斯文。

死亡 sǐwáng　*v.* die
【配】死亡地点，因病死亡
【例】①他的死亡是由一次意外事故造成的。②这次地震造成了 31,000 人死亡。

四肢 sìzhī　*n.* four limbs, arms and legs
【配】四肢发达，四肢麻木
【例】①她个儿很高，四肢修长 (xiūcháng; slender)。②运动员一般都四肢发达。

寺庙 sìmiào　*n.* temple, monastery
【配】一座寺庙
【例】①这是一座唐代寺庙。②你一进寺庙大门，就能看到两棵大树。

饲养 sìyǎng　*v.* raise, rear

【配】饲养场，饲养动物

【例】①老马的农场里饲养了许多动物。②这个村每家都饲养家禽（jiāqín; domestic foul）。

肆无忌惮 sìwú-jìdàn act recklessly and care for nobody

【例】①风暴肆无忌惮地袭击了这座城市。②那些男孩儿无人管教（guǎnjiào; discipline），做坏事肆无忌惮。

耸 sǒng *v.* soar high, terrify

【配】高耸入云，耸立，耸人听闻

【例】①山峰高耸入云。②这种说法简直是耸人听闻。

艘 sōu *m.* [used for a boat or ship]

【配】一艘船

【例】①登上这艘船，我就要和家乡告别了。②海上有一艘船。

苏 醒 sūxǐng *v.* revive, regain consciousness, come round

【配】苏醒过来

【例】①经过抢救，她很快就苏醒了。②春天来了，大地苏醒了。

俗话 súhuà *n.* common saying

【配】俗话说

【例】①正如俗话所说，失败乃（nǎi; be）成功之母。②正如俗话所讲，"条条大路通罗马（Luómǎ; Rome）"，不上大学也有可能成功。

诉讼 sùsòng *v.* file a suit

【配】民事诉讼，诉讼程序

【例】①他申请撤销了诉讼。②每个公民都有诉讼权。

素食 sùshí *n.* vegetarian meal

【配】吃素食，素食主义者

【例】①吃素食一样可以很健康。②他不吃荤，是一个素食主义者。

素质 sùzhì *n.* quality

【配】文化素质，素质教育

【例】①她具备当一名好律师的素质。②教育部门正大力推进素质教育。

塑造 sùzào *v.* portray, mould

【配】人物塑造，塑造人格

【例】①这部小说中的人物塑造得很成功。②教育有助于塑造优秀人格。

算数 suànshù   *v.* count, hold, stand
【配】说话算数
【例】①他不到两岁就会算数了。②你应当说话算数。

随即 suíjí   *adv.* immediately, presently
【配】随即离开，随即出发
【例】①演讲者刚一出现，观众随即鼓掌欢迎。②一接到报警，警察随即赶到了现场。
【同】立刻

随意 suíyì   *adj.* behave at will, do as one pleases
【配】随意选择，随意消除
【例】①请随意选择你喜欢的颜色。②他做起事来很随意。

岁月 suìyuè   *n.* years
【配】难忘的岁月
【例】①我想起了年轻时的岁月。②在今后的岁月里，我要好好照顾父母。

隧道 suìdào   *n.* tunnel
【配】铁路隧道，挖隧道
【例】①火车穿过了隧道。②工人正在山里挖隧道。

损坏 sǔnhuài *v.* damage, injure, spoil

【配】损坏财物，损坏名声

【例】①公共财物如有损坏，照价赔偿。②他们拒绝回收损坏的货物。

【同】破坏

索取 suǒqǔ *v.* ask for, demand

【配】索取报酬，索取钱财

【例】①活动现场可以免费索取门票（ménpiào; admission ticket）②工人向老板索取劳动报酬。

【反】奉献

索性 suǒxìng *adv.* might (just) as well, simply

【例】①既然已经做了，索性就把它做完。②她一生气索性把书撕了。

【同】干脆

T

塌 tā *v.* collapse, fall down

【配】墙塌了，倒塌

【例】①屋顶被雪压塌了。②没有什么好怕的，天不会塌下来的。

【扩】倒塌（dǎotā; collapse）

踏实 tāshi *adj.* steady, free from anxiety
【配】工作踏实
【例】①小明学习很踏实。②他平安到家，我的心就踏实了。

塔 tǎ *n.* pagoda, tower
【配】佛塔，灯塔
【例】①寺庙里有一座宝塔。②那是一座纪念塔，旁边还有一座灯塔。

台风 táifēng *n.* typhoon
【配】强台风，一场台风
【例】①昨天刮了一场台风。②台风影响了市民正常的生活和学习。

太空 tàikōng *n.* firmament, (outer) space
【配】太空飞船
【例】①小明梦见自己坐上了太空飞船。②也许多年以后，人们就可以去太空旅游了。

泰斗 tàidǒu *n.* leading authority
【配】文学界的泰斗
【例】①他是我们这个行业的泰斗。②莎士比亚（Shāshìbǐyà; Shakespeare）是英国文学的泰斗。

贪婪 tānlán　*adj.* avaricious, greedy, rapacious

【配】贪婪的人

【例】①人的本性是贪婪的。②他露出了贪婪的目光。

贪污 tānwū　*v.* be corrupt, embezzle

【配】贪污罪

【例】①要严厉禁止官场中的贪污腐败行为。②他犯了贪污罪，被警察逮捕了。

摊 tān　*v./n.* share, fry batter in a thin layer; vendor's stand

【配】分摊，摊煎饼（jiānbǐng; thin pancake made of millet flour, etc）；水果摊

【例】①我们分摊了今天的午饭钱。②妈妈摊的煎饼特别好吃。③学校对面有一个水果摊儿。

瘫痪 tānhuàn　*v.* be physically paralysed, (of systems, transportation, etc) become paralysed

【配】瘫痪在床，交通瘫痪

【例】①他是一个瘫痪的病人，生活不能自理。②今天堵车很严重，交通又瘫痪了。

弹性 tánxìng　*n./adj.* elasticity; flexible

【配】弹性好，弹性工作

【例】①这件衣服的弹性很好。②公司对员工实行弹性奖励办法。

坦白 tǎnbái *adj./v.* frank, candid; confess
【配】坦白地说，坦白交代
【例】①我坦白地跟他说明了我来的目的。②我向他坦白了内心的真实想法。

叹气 tànqì *v.* sigh, give a sigh
【配】唉声叹气
【例】①他长长地叹了一口气。②你别总是唉声叹气的。

探测 tàncè *v.* survey, probe, sound
【配】探测资源，探测想法
【例】①他们探测了这片海水的深度。②他想探测我内心的真实想法。

探索 tànsuǒ *v.* explore, probe, seek
【配】探索秘密，探索者
【例】①我喜欢探索事物的本质。②他们探索到了新的改革途径。

探讨 tàntǎo *v.* inquire into, probe into, explore
【配】探讨问题

【例】①老师让我们一起探讨这个问题。②他们探讨了事情发展的方向。

【同】讨论

探望 tànwàng *v.* look in order to find out, visit, call on

【配】探望朋友

【例】①火车快进站了，他不时向窗外探望。②这次来北京，我想去探望一下老朋友。

倘若 tǎngruò *conj.* if, supposing, in case

【例】①倘若明天天气好，我们就出去玩儿吧。②倘若我们失败了怎么办？

【同】如果

掏 tāo *v.* take/fish out, dig (a hole, etc)

【配】掏东西，掏洞

【例】①她从上衣口袋里掏出一张纸。②孩子们在山坡上掏了一个洞。

滔滔不绝 tāotāo bùjué speak unceasingly, pour out words in a steady flow

【例】①他滔滔不绝地说了半天。②他滔滔不绝，没完没了，大家都不想听了。

陶瓷 táocí   *n.* pottery and porcelain, ceramics
【配】陶瓷瓶，陶瓷品
【例】①这个瓶子是陶瓷做的。②这是一个陶瓷工艺品。
【扩】瓷器（cíqì; porcelain）

陶醉 táozuì   *v.* be intoxicated (with happiness, etc), be enchanted
【配】令人陶醉，陶醉的样子
【例】①山里的美景令人陶醉。②他陶醉于优美动听的音乐中。

淘汰 táotài   *v.* eliminate sb from a competition, fall into disuse, be obsolete
【配】淘汰出局
【例】①这支参赛队伍不幸在比赛中被淘汰了。②这种型号的手机早就被淘汰了。

讨好 tǎohǎo   *v.* curry favour with, ingratiate oneself with
【配】讨好别人，极力讨好
【例】①他不努力工作，只会讨好领导。②不要为了讨好别人，去做自己不愿意做的事情。

【同】巴结
【反】得罪

特长 tècháng　*n.* strong point, speciality
【例】①游泳不是她的特长。②我的特长是画画儿。
【同】专长

特 定 tèdìng　*adj.* specially appointed/designated, given, specified
【配】特定的环境，特定时期
【例】①这个词只能在特定的语境下使用。②在特定的时代，人们有特定的生活方式。

特意 tèyì　*adv.* specially
【配】特意安排
【例】①她特意准备了蛋糕给我过生日。②妈妈特意来看我。

提拔 tíbá　*v.* promote, elevate
【配】提拔某人，提拔人才
【例】①厂长提拔小李当主任。②公司主张提拔年轻的人才。

提炼 tíliàn　*v.* extract and purify, abstract, refine

【配】提炼石油

【例】①人们从矿石中提炼金属。②那些工人正在提炼石油。

提示 tíshì   *v./n.* point out, prompt; cue

【配】提示某人，给某人提示

【例】①他提示我这道题还有其他解答方法。②如果她忘掉台词（táicí; actor's lines），我会给她提示。

提议 tíyì   *v./n.* propose, suggest; proposal

【配】通过提议

【例】①我提议大家一起唱首歌。②这个提议被我们采纳了。

【同】建议

题材 tícái   *n.* subject matter, theme

【配】战争题材，生活题材

【例】①这部电影是战争题材的。②电影题材大都来自现实生活。

体裁 tǐcái   *n.* literary form/style/genre

【配】文学体裁，多样的体裁

【例】①她最喜欢小说这种文学体裁。②你应该熟悉不同体裁的文章。

体积 tǐjī *n.* bulk, volume

【配】体积小

【例】①这台机器的体积很大。②这块大石头的体积为 3 立方米。

体 谅 tǐliàng *v.* show sympathetic understanding of, make allowances for

【配】体谅别人，互相体谅

【例】①领导很体谅有小孩儿的女员工。②朋友之间要互相体谅。

体面 tǐmiàn *adj./n.* dignity, face

【配】体面的外表，有失体面

【例】①大多数父母认为，考上名牌大学是一件体面的事。②你的行为有失体面。

体系 tǐxì *n.* system, setup

【配】经济体系，思想体系

【例】①这位哲学家的思想体系很完整。②政府正在努力完善国家的经济体系。

【同】系统

天才 tiāncái *n.* genius, prodigy

【配】天才儿童，数学天才

【例】①那个孩子太聪明了，是一个天才。②他是一个数学天才。

天　赋　tiānfù　　*n.*　(natural/inborn) talent/gift, endowments

【配】有天赋，画画儿的天赋

【例】①他会好几国语言，有语言天赋。②她画画儿的天赋很高。

天伦之乐　tiānlúnzhīlè　　family happiness

【配】享受天伦之乐

【例】①他们一家人非常幸福，享受着天伦之乐。②他们家四代人一起生活，共享天伦之乐。

天然气　tiānránqì　　*n.*　natural gas, gas

【配】开采天然气

【例】①他们正在开采天然气。②天然气是一种可燃气体。

天生　tiānshēng　　*adj.*　inborn, inherent, innate

【配】天生爱美，天生的美女

【例】①女孩子天生爱美。②那个女孩儿天生胆小。

天堂　tiāntáng　　*n.*　paradise, heaven

【配】人间天堂

【例】①人们都说杭州是人间天堂。②这里是购物者的天堂。

天文 tiānwén　*n.* astronomy

【配】天文学，天文数字

【例】①他精通天文学。②一亿元对我来说是个天文数字。

田径 tiánjìng　*n.* track and field

【配】田径运动，田径比赛

【例】①他很喜欢田径运动。②他参加了一项田径比赛。

田野 tiányě　*n.* fields

【配】广阔的田野

【例】①春天到了，田野里开满了鲜花。②这是一片充满希望的田野。

【扩】野生（yěshēng; wild）

舔 tiǎn　*v.* lick, lap

【配】舔嘴唇，舔干净

【例】①那个女孩子一紧张就会不停地舔嘴唇。②小猫把盘子舔干净了。

挑剔 tiāoti   *v.* nit-pick (at), be hypercritical, be fastidious

【配】过于挑剔，无可挑剔

【例】①你对别人不要过于挑剔。②他的工作无可挑剔。

条款 tiáokuǎn   *n.* clause, article, provision

【配】法律条款，合同条款

【例】①你的行为违反了法律条款。②我们要按照合同条款进行合作。

【同】条目（tiáomù）

条理 tiáolǐ   *n.* proper arrangement/presentation, orderliness

【配】条理清楚

【例】①这篇文章条理清楚。②她把工作安排得很有条理。

【同】层次

条约 tiáoyuē   *n.* treaty, pact

【配】友好条约，订立条约

【例】①中法两国签订了友好合约。②这份和平条约是在北京签订的。

【同】公约（gōngyuē）

调 和 tiáohé *adj./v.* harmonious, proportional; mediate, compromise

【配】调和矛盾，不可调和

【例】①这两种声音不太调和。②他们的矛盾不可调和。

【同】协调

调剂 tiáojì *v.* make up a prescription, adjust, regulate

【配】调剂生活

【例】①政府打算调剂一批粮食支援灾区（zāiqū; disaster area）。②适当的娱乐可以调剂生活。

调节 tiáojié *v.* regulate, adjust, control

【配】空气调节，调节收入

【例】①空调可以调节屋子里的温度。②水能调节动物的体温。

调解 tiáojiě *v.* mediate, make peace

【配】调解纠纷

【例】①通过朋友们的调解，他俩和好了。②法官 (fǎguān; judge) 正在调解这起商业纠纷。

调料 tiáoliào *n.* seasoning, condiment, flavouring

【配】放调料

【例】①他往锅里放了一些调料。②您想要什么调料?

挑拨 tiǎobō　*v.* instigate, incite, sow discord
【配】挑拨关系，挑拨是非
【例】①有人在背后挑拨我们俩的关系。②她是一个喜欢挑拨是非的人。

挑衅 tiǎoxìn　*v.* provoke
【配】故意挑衅，挑衅的目光
【例】①她向我投来挑衅的目光。②他的挑衅行为让我很生气。

跳跃 tiàoyuè　*v.* jump, skip, hop, leap
【配】跳跃障碍
【例】①小羊在田间跳跃。②这匹马跳跃了所有的障碍物。

亭子 tíngzi　*n.* pavilion
【配】修建亭子，一座亭子
【例】①我们小区里修建了一座亭子。②公园里有很多漂亮的亭子。

停泊 tíngbó　*v.* anchor, berth, moor
【配】停泊船只
【例】①这个海港可以停泊五十艘船。②那艘船已经停泊在码头上了。

【同】停靠（tíngkào）

停顿 tíngdùn *v.* stop, halt, pause, be at a standstill

【配】注意停顿，停顿一下

【例】①生产不能停顿。②你读到这里时应该停顿一下。

停滞 tíngzhì *v.* stagnate, bog down, be at a standstill

【配】停滞状态，停滞不前

【例】①那个国家的经济处于停滞状态。②我们的思想不能停滞不前。

挺拔 tǐngbá *adj.* tall and straight

【配】挺拔的松树

【例】①小路边上有一棵挺拔的松树（sōngshù; pine tree）。②学校里到处都是挺拔的白杨（báiyáng; white poplar）树。

通货膨胀 tōnghuò péngzhàng inflation

【配】通货膨胀率，控制通货膨胀

【例】①国家正努力把通货膨胀率再降一个百分点。②政府采取了不少措施抑制通货膨胀。

通缉 tōngjī *v.* order the arrest of a criminal at large, list sb as wanted

【配】被通缉，通缉犯

【例】①他因为杀人而被通缉。②见到这个通缉犯应该马上报警。

通俗 tōngsú　*adj.* popular, common

【配】通俗歌曲，通俗读物

【例】①在当今社会，通俗歌曲非常流行。②演讲者应该用通俗的语言讲出自己的观点。

通讯 tōngxùn　*n.* news report

【配】通讯报道

【例】这是一篇很有价值的通讯报道。

通用 tōngyòng　*v.* be in common use, be commonly used

【配】全国通用，通用语言

【例】①这两个字可以通用。②这种电话卡在全国通用。

同胞 tóngbāo　*n.* fellow countryman, compatriot, sibling

【配】同胞兄弟，海外同胞

【例】①小红是她的同胞妹妹。②海外同胞十分思念祖国。

同志 tóngzhì *n.* comrade

【配】好同志

【例】①领导说："同志们，辛苦了！"②经理说："小王是一个好同志。"

铜 tóng *n.* copper

【配】铜牌，铜钱

【例】①这种工具是用铜做的。②广场上竖着一座他的铜像。

童话 tónghuà *n.* children's story, fairy tale

【配】童话故事，童话作家

【例】①这位作家写了很多著名的童话故事。②孩子们都喜欢童话。

统筹兼顾 tǒngchóu jiāngù unified planning with due consideration for all concerned

【例】①城市和农村的发展要统筹兼顾。②家庭和事业要统筹兼顾。

统计 tǒngjì *v./n.* add up, count; statistics

【配】统计人数

【例】①我统计了会议的缺席人数。②小王是我们单位的统计。

统统 tǒngtǒng *adv.* all, completely, entirely
【配】统统说出来，统统完成
【例】①他把一生的精力统统献给了教育事业。②你们统统走开，我自己安静一会儿。
【同】全部

统治 tǒngzhì *v.* govern, rule
【配】统治地位
【例】①这个国王的统治只维持了一百天。②他是这个国家真正的统治者。

投机 tóujī *adj./v.* congenial, agreeable; speculate
【配】谈得很投机，投机活动
【例】①我们谈得很投机。②他是个投机商人。

投票 tóupiào *v.* vote, cast a vote
【配】投票赞成，投票选举
【例】①我们投票选举班长。②这次选举采取无记名投票的方式。

投诉 tóusù *v.* complain
【配】投诉信，提出投诉
【例】①他向有关部门打电话投诉。②这个老师被学生投诉了。

投降 tóuxiáng *v.* surrender, capitulate

【配】无条件投降，向……投降

【例】①敌人终于投降了。②我们不能向错误观点投降。

【反】抵抗，反抗

投掷 tóuzhì *v.* throw, hurl, toss, fling

【配】投掷石块，投掷雪球

【例】①他们在投掷雪球，比谁投得远。②战士们在投掷手榴弹（shǒuliúdàn; hand grenade）。

透露 tòulù *v.* let out, reveal, divulge

【配】透露消息，透露秘密

【例】①他向报纸透露了这个明星已经结婚的消息。②她经常向我透露一些她的小秘密。

【同】泄露

【反】隐瞒

秃 tū *adj.* bald, bare, barren, blunt

【配】秃头

【例】①他的头开始秃了。②这棵树早就秃了。

突破 tūpò *v.* break through, surmount, break, top

【配】突破难关（nánguān; barrier），突破包围

【例】①他终于突破难关，成功了。②突破常规（cháng-guī; convention）才能创新。

图案 tú'àn *n.* pattern, design

【配】几何图案，装饰图案

【例】①我喜欢画各种图案。②这个装饰图案很漂亮。

徒弟 túdì *n.* apprentice, disciple, pupil

【配】带徒弟

【例】①他是我的徒弟，跟我学过书法。②徒弟要听师父（shīfu; master）的话。

【反】师父

途径 tújìng *n.* avenue, way, channel, path

【配】非法途径，外交途径

【例】①赚钱应该通过合法的途径。②解决问题的途径已找到了。

【扩】捷径（jiéjìng; shortcut）

涂抹 túmǒ *v.* daub, smear, paint, scribble, scrawl

【配】随笔涂抹，涂抹香水

【例】①小朋友在白纸上涂抹色彩。②她出门前，总要涂抹一些香水。

土壤 tǔrǎng　*n.* soil

【配】肥沃的土壤

【例】①中国的土壤肥沃。②这里的土壤是紫色的。

团结 tuánjié　*v./adj.* unite, rally; friendly, harmonious

【配】团结一致，破坏团结

【例】①团结就是力量。②这个集体很团结。

团体 tuántǐ　*n.* organization, group, team

【配】群众团体，社会团体

【例】①我们班是一个大团体。②我们举行了一项团体活动。

团圆 tuányuán　*v./adj.* have a reunion; round

【配】全家团圆，团圆的月亮

【例】①他和父母分开五年，今天终于团圆了。②团圆的月亮挂在空中。

推测 tuīcè　*v.* infer, conjecture, guess, speculate

【配】推测后果，证实推测

【例】①我推测小王是这次比赛的第一名。②他推测错了，事情不像他说的那样。

推翻 tuīfān　*v.* overthrow, overturn, topple, cancel

【配】推翻协议，推翻想法

【例】①他推翻了桌子，生气地离开了。②听了他的话，我推翻了自己原来的想法。

推理 tuīlǐ *v.* infer, reason

【配】直接推理，推理能力

【例】①他喜欢看推理小说。②你的结论缺乏严密的推理。

推论 tuīlùn *v./n.* infer, deduce; inference, deduction

【配】推论下去，合理的推论

【例】①这样推论下去，自然会引出合理的结果。②这个推论符合事实。

推销 tuīxiāo *v.* promote sales, market, peddle

【配】推销商品，推销员

【例】①那里有几个推销员在推销手机。②这个公司正在推销他们的新产品。

吞 吞 吐 吐 tūntūntǔtǔ *adj.* hesitant in speech, muttering and mumbling

【例】①他吞吞吐吐地向领导解释了迟到的原因。②他做事不爽快，总是吞吞吐吐的。

托运 tuōyùn *v.* consign for shipment, check

【配】托运行李，托运货物

【例】①你的行李托运了吗？②货物已经通过铁路托运了。

拖延 tuōyán *v.* delay, put off, procrastinate, postpone

【配】拖延时间

【例】①不要拖延时间，马上交卷了。②他拖延了三天才把这本书还给图书馆。

脱离 tuōlí *v.* break away from, be divorced from

【配】脱离关系，脱离实际

【例】①那个病人已经脱离危险了。②你的想法已经脱离实际了。

妥当 tuǒdang *adj.* suitable, appropriate, proper

【配】办事妥当，妥当的办法

【例】①他办事很妥当。②你有妥当的方法处理这件事吗？

【同】妥善

妥善 tuǒshàn *adj.* appropriate, proper, well-arranged

【配】妥善处理，妥善安排

【例】①事情得到了妥善的处理。②商场承诺会妥善保管顾客的寄存物品。
【同】妥当

妥协 tuǒxié *v.* come to terms, compromise
【配】决不妥协，向某人妥协
【例】①关于工资问题，工人们表示决不妥协。②父母让他毕业后回老家，最后他终于向父母妥协了。
【同】让步

椭圆 tuǒyuán *n.* oval, ellipse, ellipsoid
【配】椭圆形
【例】①这是个椭圆形的蛋。②老师在黑板上画了一个椭圆。

唾弃 tuòqì *v.* conspue, spurn
【配】为人所唾弃
【例】①我们唾弃贪污国家钱财的行为。②偷东西的行为为人所唾弃。

W

挖掘 wājué *v.* excavate, unearth, probe
【配】挖掘矿藏（kuàngcáng; mineral resources），挖掘潜力
【例】①工人正在挖掘矿藏。②聪明的管理者善于挖

掘员工的潜力。

【扩】发掘（fājué; excavate）

哇 wā *aux.* [used in place of 啊 after a word ending in u or ao]

【例】①你让我找得好苦哇！②你来得好早哇！

娃娃 wáwa *n.* baby, child

【配】胖娃娃，泥娃娃

【例】①那个胖娃娃真可爱！②我想买一个玩具娃娃。

瓦 解 wǎjiě *v.* disintegrate, collapse, crumble, disorganize, break down

【配】瓦解敌军，制度瓦解

【例】①敌人的防线（fángxiàn; line of defense）已经瓦解了。②封建制度瓦解了。

歪曲 wāiqū *v.* distort, misrepresent, twist

【配】歪曲事实，歪曲原文

【例】①你别歪曲了原文的意思。②他歪曲了事情的真相。

外表 wàibiǎo *n.* outward appearance, exterior, surface, outside

【配】外表美观，关注外表

【例】①她的外表很迷人。②评价一个人不要只关注外表。

【同】表面

外行 wàiháng　　*adj./n.*　nonprofessional; layman

【例】①在医学方面，我很外行。②作为外行，我对你学的专业并不了解。

【反】内行（nèiháng）

外界 wàijiè　　*n.*　external/outside world, outside

【配】外界的压力，外界的影响

【例】①对于他来说，外界的压力太大了。②走自己的路，不要受外界的影响。

外向 wàixiàng　　*adj.*　extroverted, export-oriented

【配】性格外向，外向型企业

【例】①他的性格很外向。②这是当地一家著名的外向型企业。

【反】内向（nèixiàng）

丸 wán　　*n./m.*　ball, pellet, pill, bolus; [used for pills of Chinese medicine]

【配】肉丸，药丸，一丸

【例】①他喜欢吃肉丸。②这种药你每次服两丸。

完备 wánbèi *adj.* complete, perfect

【配】设施完备，手续完备

【例】①我的化妆工具很完备。②这里的设施不太完备。

【同】齐全

完毕 wánbì *v.* finish, complete, end, be done

【配】准备完毕

【例】①我的工作准备完毕。②报告完毕，请多指教。

玩弄 wánnòng *v.* dally with, play with

【配】玩弄文字游戏，玩弄手段

【例】①玩弄别人的感情是不对的。②与人相处不应该玩弄手段。

玩意儿 wányìr *n.* plaything

【例】①你手里拿的什么玩意儿？②那个商店里有好多有趣的玩意儿。

顽固 wángù *adj.* obstinate, stubborn, headstrong, chronic

【配】性格顽固，顽固的人

【例】①那个老头儿很顽固。②这种病很顽固，不好根治。

【同】固执，倔强

顽强 wánqiáng　*adj.* indomitable, staunch, tenacious
【配】顽强拼搏
【例】①小草的生命力很顽强。②他是一个顽强的人，困难再多也不怕。
【同】坚强
【反】脆弱

挽回 wǎnhuí　*v.* retrieve, redeem
【配】挽回面子，挽回损失
【例】①他极力想挽回自己的面子。②现在形势已无法挽回。

挽救 wǎnjiù　*v.* save, remedy, rescue
【配】挽救生命，成功挽救
【例】①医生挽救了我的生命。②这件事已成定局，没有挽救的可能了。

惋惜 wǎnxī　*adj.* sympathetic
【配】令人惋惜，感到惋惜
【例】①他的失败令人惋惜。②对于他的遭遇，我感到惋惜。

万分 wànfēn　*adv.* very much, extremely
【配】万分高兴，万分感谢

【例】①见到他，我万分高兴。②对于你的帮助，我万分感谢。

往常 wǎngcháng *n.* past, former times

【配】像往常一样

【例】①他像往常一样，早上 6 点又去跑步了。②今天车坏了，我往常都是开车去上班的。

【同】平常

往事 wǎngshì *n.* past events, the past

【配】童年的往事，回忆往事

【例】①一想起童年的往事，我就觉得十分开心。②爷爷喜欢回忆往事。

妄想 wàngxiǎng *v./n.* vainly hope to do sth; vain hope, wishful thinking

【配】妄想做某事，痴心（chīxīn; crazy）妄想

【例】①敌人妄想打败我们。②他们的希望只不过是妄想。

危机 wēijī *n.* crisis

【配】处处危机，经济危机

【例】①这里处处危机，战士们决定迅速撤离（chèlí; leave）。②这个国家又一次面临经济危机。

威风 wēifēng *n./adj.* power and prestige; imposing, impressive

【配】灭威风

【例】①他失去了往日的威风。②他看起来很威风。

威力 wēilì *n.* force, power, might

【配】发挥威力，舆论的威力

【例】①这种武器威力很大。②这种新产品显示出了科学技术的威力。

威望 wēiwàng *n.* prestige

【配】崇高的威望，有威望

【例】①这位教授在学术界享有崇高的威望。②这位老人在这一带很有威望。

【同】威信

威信 wēixìn *n.* prestige, public trust

【配】威信下降，有威信

【例】①他在群众中享有很高的威信。②她在班级里很有威信。

【同】威望

微不足道 wēibùzúdào not worth mentioning, too trivial or insignificant to mention

【例】①我们为残疾人做的这点儿事太微不足道了。②这点儿小事，微不足道，不用客气。

微观 wēiguān *n./adj.* microcosm; microcosmic
【配】微观经济
【例】①竞争分析应该在宏观和微观两个方面同时进行。②我们需要对问题进行微观分析。
【反】宏观

为难 wéinán *adj./v.* embarrassed, awkward; feel embarrassed, feel awkward, make things awkward for (sb)
【配】使人为难，为难某人
【例】①这件事情让我很为难。②他这么做是故意为难我的。
【同】刁难（diāonàn）

为期 wéiqī *v.* last for a certain period of time, be completed by a definite date
【配】为期三个月，为期不远
【例】①这个培训班为期三个月。②考试为期不远了，你要抓紧时间复习。

违背 wéibèi *v.* violate, go against, run counter to

【配】违背承诺，违背条约，违背原则

【例】①他违背了自己的承诺。②做工作不能违背原则。

【同】违反

【反】遵守

唯独 wéidú   *adv.* only, alone

【例】①别的事都可以放一放，唯独这件事要抓紧。
②他唯独对象棋感兴趣。

维持 wéichí   *v.* keep, maintain, preserve

【配】维持生活，维持秩序

【例】①他的工资只能勉强维持生活。②警察在街上
维持秩序。

维护 wéihù   *v.* safeguard, defend

【配】维护集体利益

【例】①警察的工作是维护社会秩序。②你要勇敢地
维护自己的合法权益。

维生素 wéishēngsù   *n.* vitamin

【配】维生素 D

【例】①人体需要维生素。②水果含有丰富的维生素。

伪造 wěizào   *v.* forge, counterfeit, fabricate

【配】伪造签名（qiānmíng; autograph），伪造护照

【例】①他伪造了老师的签名。②这幅画是伪造的，不是真迹（zhēnjì; authentic work）。

【同】捏造（niēzào）

【扩】伪装（wěizhuāng; pretend）

委托 wěituō *v.* entrust

【配】委托人

【例】①这件事就委托给你了。②他写了一份委托书给我。

委员 wěiyuán *n.* committee member

【配】委员会，宣传委员

【例】①她是我们班的宣传委员。②每个社区都有一个社区委员会。

卫星 wèixīng *n./adj.* satellite, made satellite; sth having the function of a satellite

【配】人造卫星，卫星城市

【例】①月球是地球的卫星。②这一带都是卫星城市。

未免 wèimiǎn *adv.* rather too, a bit too

【例】①这样做未免过分了点儿。②你这样对待客人，未免太不礼貌了。

畏惧 wèijù *v.* fear, awe, dread
【配】无所畏惧，畏惧困难，使某人畏惧
【例】①他对老师产生了畏惧心理。②我们不应该畏惧困难。

喂 wèi *v.* feed; raise
【配】喂孩子，喂奶
【例】①她一天给孩子喂三次奶。②你已经长大了，不应该再让妈妈喂饭了。

蔚蓝 wèilán *adj.* bright blue, azure
【配】蔚蓝的天空，蔚蓝的大海
【例】①今天天气不错，天空蔚蓝蔚蓝的。②我们房间的窗外就是蔚蓝的大海。

慰问 wèiwèn *v.* express sympathy and solicitude for
【配】慰问灾区（zāiqū; disaster area）人民，慰问病人
【例】①总理去灾区慰问灾民了。②领导去基层（jīcéng; basic level）慰问了志愿者。

温带 wēndài *n.* temperate zone
【配】北温带，南温带，温带地区
【例】①中国大部分地区位于北温带内。②温带地区气候温和。

温和 wēnhé   *adj.* (of personality) gentle, (of climate) mild, moderate

【配】态度温和，气候温和

【例】①他的态度很温和。②我喜欢温和的阳光。

文凭 wénpíng   *n.* diploma

【配】获得文凭，中学文凭

【例】①我获得了大学文凭。②他有才华，但是没有文凭。

文物 wénwù   *n.* cultural relic, historical relic

【配】文物保护，出土（chūtǔ; be unearthened）文物

【例】①这一地区出土了大量的文物。②文物应该受到保护。

文献 wénxiàn   *n.* document, literature

【配】科技文献，历史文献

【例】①这门学科的文献极为丰富。②我喜欢读历史文献。

文雅 wényǎ   *adj.* elegant, refined, cultured, polished

【配】举止（jǔzhǐ; bearing）文雅，文雅大方

【例】①她的举止特别文雅。②我喜欢文雅大方的女孩儿。

【扩】典雅（diǎnyǎ; elegant），优雅（yōuyǎ; graceful）

文艺 wényì   *n.* literature and art
【配】文艺作品，文艺演出，文艺片
【例】①我喜欢读文艺作品。②大家正坐在一起观看文艺演出。

问世 wènshì   *v.* be published, come out
【配】即将问世，问世不久
【例】①一部新汉英词典即将问世。②那本书刚刚问世不久。

窝 wō   *n./v./m.* (of birds, insects and other animals) nest, den, lair; harbour, stay (at home, etc); litter, brood
【配】鸟窝，窝藏，一窝
【例】①他发现树上多了一个鸟窝。②他一天到晚窝在家里不出门。③这一窝兔子真可爱。

乌黑 wūhēi   *adj.* pitch-black, jet-black
【配】乌黑的头发
【例】①她有一头乌黑的头发。②她那一双大眼睛乌黑发亮。

诬蔑 wūmiè   *v.* slander, defame

【配】诬蔑他人

【例】①他诬蔑我，说我偷了他的手机。②你不要在这里造谣（zàoyáo; start a rumour）生事，诬蔑他人。

【同】诬陷

诬 陷 wūxiàn *v.* frame a case against sb, frame (up), make a false charge against sb

【配】诬陷某人

【例】①谁都知道他是被诬陷的。②他的对手诬陷他。

【同】诬蔑

无 比 wúbǐ *v.* be beyond comparison, be without an equal

【配】威力无比，无比幸运

【例】①那个男孩儿英勇无比。②他中了一等奖，无比幸运。

无偿 wúcháng *adj.* free, gratis, gratuitous

【配】无偿劳动，无偿献血

【例】①他无偿为我们提供服务。②学校组织学生无偿献血。

无耻 wúchǐ *adj.* shameless, brazen, impudent

【配】无耻谎言，无耻之徒

【例】①他是一个无耻之徒，不讲信用。②他无耻的行为被当众揭穿（jiēchuān; expose）了。

无动于衷 wúdòngyúzhōng aloof and indifferent

【配】对……无动于衷

【例】①听到消息后，我尽量表现得无动于衷。②他对什么事都无动于衷。

无非 wúfēi *adv.* no more than, simply

【配】无非是

【例】①这个计划无非就是时间问题。②我来找你，无非是想请你帮个忙解决这件事。

无辜 wúgū *v./n.* be innocent/guiltless; innocent person

【配】无辜的孩子，陷害无辜

【例】①老百姓是战争无辜的受害者（shòuhàizhě; victim）。②爸妈离婚了，孩子是最无辜的。

无精打采 wújīng-dǎcǎi in low spirits, out of sorts

【配】无精打采的一笑

【例】①小明今天看起来无精打采。②他无精打采地靠在沙发上。

【反】兴高采烈

无赖 wúlài *adj./n.* blackguardly; blackguard
【例】①借钱不还，没想到他会这样无赖。②他是个无赖，我可惹不起。

无理取闹 wúlǐ-qǔnào make trouble wilfully
【例】①他这么做简直是在无理取闹。②我希望你能讲道理，但如果你仍然无理取闹，我马上去报警。

无能为力 wúnéngwéilì can do nothing about
【例】①对于这件事我实在无能为力。②我无能为力，只好选择放弃。

无穷无尽 wúqióng wújìn endless, inexhaustible
【配】无穷无尽地延伸
【例】①人民的头脑中有无穷无尽的智慧。②群众的创造力是无穷无尽的。

无微不至 wúwēi-búzhì meticulously
【配】无微不至地照顾，无微不至的关心
【例】①她无微不至地照顾孩子。②老师对孩子们的关怀无微不至。

无忧无虑 wúyōu wúlù be free from all anxieties
【配】无忧无虑的日子，无忧无虑的童年

【例】①我向往无忧无虑的日子。②她总是无忧无虑，简单快乐地生活着。

无知 wúzhī *adj.* ignorant
【配】无知的话，无知的少女
【例】①他这样说是出于无知。②她还是无知的小孩儿，请原谅她。

武器 wǔqì *n.* arms, weapon
【配】秘密武器，制造武器
【例】①枪是士兵的基本武器。②这是一支武器精良（jīngliáng; superior）的部队。

武侠 wǔxiá *n.* chivalrous swordsman
【配】武侠小说，武侠漫画
【例】①他是一位著名的武侠小说作家。②最近新上映（shàngyìng; show）了一部武侠电影。

武 装 wǔzhuāng *n./v.* army uniform, armed forces; equip or supply with arms
【配】武装斗争，用……武装
【例】①政府平定了一起武装叛乱（pànluàn; revolt）。②我们应该用知识武装头脑。

侮辱 wǔrǔ　*v.* insult

【配】忍受侮辱，莫大的侮辱

【例】①他一辈子都没受过这样的侮辱。②不许侮辱弱者（ruòzhě; the weak）！

舞蹈 wǔdǎo　*n./v.* dance

【配】舞蹈学校，舞蹈表演

【例】①他从小就开始练习舞蹈。②她在舞蹈时，往往有音乐伴奏。

务必 wùbì　*adv.* be sure to

【配】务必小心，务必完成

【例】①这次演讲请您务必到场。②今天会议很重要，请大家务必参加。

物美价廉 wùměi-jiàlián　cheap but good

【配】物美价廉的商品，物美价廉的超市

【例】①这家公司的产品物美价廉。②在这家商店，你总是能买到物美价廉的东西。

物业 wùyè　*n.* real estate, property

【配】物业管理

【例】①他在一家物业公司工作。②我们小区的物业管理非常规范。

物资 wùzī   *n.* goods and materials
【配】物资储备，物资流通
【例】①这些车是用来向灾区（zāiqū; disaster area）运送物资的。②他开了一家物资公司。

误差 wùchā   *n.* error
【配】测量误差，仪器误差
【例】①你介绍的情况跟实际有误差。②因为仪器有误差，所以我们的实验结果不同。
【同】偏差

误解 wùjiě   *v./n.* misread, misunderstand; misunderstanding
【配】误解某人
【例】①你误解我了。②这不是他的本意，而是你的误解。
【同】误会

X

夕阳 xīyáng　*n.* setting/evening sun

【配】夕阳红，美丽的夕阳

【例】①夕阳映红了天空。②夕阳使山谷更加秀丽（xiùlì; beautiful）。

【反】朝阳（zhāoyáng）

昔日 xīrì　*n.* former days/times

【配】昔日的风光，昔日的朋友

【例】①这部电影使他想起了昔日的美好时光。②他们谈起了昔日的校园生活。

【同】往日（wǎngrì）

牺牲 xīshēng　*v.* sacrifice oneself

【配】英勇牺牲，牺牲利益

【例】①他在战争中牺牲了。②为了早日完成这个项目，他牺牲了很多个人的休息时间。

溪 xī　*n.* brook

【配】小溪，溪流

【例】①这条小溪流入了大河。②他们跃过小溪，继续朝大山走去。

熄灭 xīmiè   *v.* die/go out

【配】熄灭香烟，熄灭炉火

【例】①路灯慢慢熄灭了。②他熄灭了蜡烛。

膝盖 xīgài   *n.* knee

【配】膝盖骨折（gǔzhé; fracture）

【例】①她爬山时擦伤了膝盖。②这件连衣裙刚过膝盖。

习俗 xísú   *n.* custom

【配】北方习俗，欧洲习俗

【例】①古老的非洲部落（bùluò; tribe）有很多独特的习俗。②春节贴春联（chūnlián; Spring Festival couplets）是中国人的习俗。

【同】风俗

袭击 xíjī   *v.* assault/attack by surprise

【配】遭到袭击，背后袭击

【例】①台风袭击了这座城市。②我们的部队遭到了敌人的突然袭击。

媳妇 xífù   *n.* daughter-in-law, wife of a relative of the younger generation

【配】娶媳妇，新媳妇

【例】①她是一个好媳妇，公公婆婆都很喜欢她。②

他的孙媳妇又勤快又漂亮。

喜闻乐见 xǐwén-lèjiàn　be delighted/love to see and hear
【配】喜闻乐见的形式
【例】①这是一部群众喜闻乐见的文艺作品。②这部
小说为青少年所喜闻乐见。

喜悦 xǐyuè　*adj.* delighted
【配】喜悦的眼泪，胜利的喜悦
【例】①我的内心充满喜悦。②母亲流下了喜悦的泪水。
【反】悲伤（bēishāng）

系列 xìliè　*n.* series
【配】系列报道，系列作品
【例】①政府为了治理河流污染采取了一系列措施。
②她为了完成论文进行了一系列调查研究。

细胞 xìbāo　*n.* cell
【配】一个细胞，植物细胞
【例】①他的专业是细胞生物学。②科学家用显微镜
（xiǎnwēijìng; microscope）观察细胞。

细菌 xìjūn　*n.* germ
【配】细菌感染，消灭细菌

【例】①用这种洗手液洗手可以杀灭 99% 的细菌。
②他的伤口感染了细菌。

【扩】病菌（bìngjūn; pathogenic bacterium）

细致 xìzhì *adj.* careful, meticulous

【配】考虑细致

【例】①他为这次活动做了大量而细致的工作。②这本书细致地描绘了中国的乡村风光。

峡谷 xiágǔ *n.* canyon

【配】海底峡谷，深山峡谷

【例】①小溪缓缓（huǎnhuǎn; slowly）流过峡谷。②这条大路一直穿过峡谷。

狭隘 xiá'ài *adj.* narrow, (of mind, views, etc) narrow and limited

【配】心胸狭隘，狭隘的山道

【例】①她心胸狭隘。②他的观念相当狭隘。

狭窄 xiázhǎi *adj.* narrow

【配】狭窄的走廊，狭窄的小路

【例】①这条人行道很狭窄。②他的知识面比较狭窄。

【反】宽敞

霞 xiá *n.* rosy clouds

【配】霞光，彩霞

【例】①傍晚，天空中飘着晚霞。②我们迎着朝霞出发了。

下属 xiàshǔ *n.* subordinate

【配】下属部门，下属机构

【例】①他常常教育下属要好好工作。②这个公司是我们的下属单位。

先进 xiānjìn *adj./n.* advanced; advanced individual or group

【配】先进分子，先进技术

【例】①我们应该引进国外的先进技术。②这个单位是多年的先进了。

【反】落后

先前 xiānqián *n.* early/previous days

【配】先前的经历，先前听说

【例】①那首歌我先前听过。②这种情形先前存在吗？

纤维 xiānwéi *n.* fibre

【配】植物纤维，人造纤维

【例】①芹菜（qíncài; celery）中含有大量的植物纤维。②这种布料是由人造纤维制成的。

掀起 xiānqǐ *v.* raise, surge
【配】掀起巨浪，掀起衣服
【例】①风在海面上掀起一层层巨浪。②校园里掀起了学习法语的热潮（rècháo; upsurge）。

鲜明 xiānmíng *adj.* bright, clear-cut
【配】色彩鲜明，主题鲜明
【例】①这两个学生形成了鲜明的对比，一个勤奋，一个懒惰。②在这件事上，他的态度很鲜明。

闲话 xiánhuà *v./n.* chat; digression, gossip
【配】闲话家常，说闲话
【例】①他们俩正在闲话家常。②这些人似乎爱传闲话。

贤惠 xiánhuì *adj.* virtuous
【配】贤惠的妻子
【例】①她是一位贤惠的妻子。②她不仅贤惠美丽，而且心灵手巧（xīnlíng-shǒuqiǎo; be clever and deft）。

弦 xián *n.* string, crescent, spring of a clock
【配】弦乐器，琴弦
【例】①他拨动琴弦，奏起了美妙的音乐。②他正在给闹钟上弦。

衔接 xiánjiē　*v.*　link up, connect, join

【配】衔接语篇

【例】①大桥把两条公路衔接起来。②写文章时要注意上下文的衔接。

嫌 xián　*v./n.*　dislike, complain (of); grudge

【配】嫌麻烦，避嫌

【例】①她嫌这件衣服颜色太暗。②警方认为他有贪污之嫌。

嫌疑 xiányí　*n.*　suspicion

【配】嫌疑犯，毫无嫌疑

【例】①这个人有作案的嫌疑。②他是这起案件的犯罪嫌疑人。

显著 xiǎnzhù　*adj.*　notable, remarkable

【配】成绩显著，成效显著

【例】①通过努力学习，这学期他的成绩显著提高了。②这种药对感冒有显著的疗效。

现场 xiànchǎng　*n.*　site, scene

【配】现场报道，现场记者

【例】①活动当天，现场一片混乱。②案发后，警察们立即进行了现场调查。

现成 xiànchéng *adj.* ready-made
【配】现成的材料，现成的饭菜
【例】①这个问题没有现成的答案。②这儿有现成的饭菜，你吃了再出发吧。

现状 xiànzhuàng *n.* status quo, present situation
【配】改变现状，保持现状
【例】①我们应关心时事，从而了解国家的现状。②我们应努力改变落后的现状。

线索 xiànsuǒ *n.* clue
【配】提供线索，追查线索
【例】①他向警方提供了很多有用的线索。②这篇文章的叙述线索很难把握。

宪法 xiànfǎ *n.* constitution
【配】国家宪法，宪法规定
【例】①国家宪法是不容违背的。②宪法是具有最高法律效力（xiàolì; effect）的根本大法。

陷害 xiànhài *v.* frame up
【配】遭到陷害，被陷害
【例】①他遭到了坏人的陷害。②不是我的错，我是被陷害的！

陷阱 xiànjǐng　*n.* pitfall, trap

【配】掉进陷阱，敌人的陷阱

【例】①狐狸（húli; fox）掉进了猎人（lièrén; hunter）的陷阱。②骗子给他们设下了陷阱。

陷入 xiànrù　*v.* sink into, be lost in

【配】陷入困境，陷入麻烦

【例】①听着音乐，他陷入了回忆中。②由于缺乏足够的资金，公司陷入了困境。

馅儿 xiànr　*n.* stuffing, something hidden

【配】露馅儿，饺子馅儿

【例】①沉住气，可别露馅儿。②我喜欢吃白菜馅儿的饺子。

乡镇 xiāngzhèn　*n.* villages and towns

【配】乡镇企业，乡镇工业

【例】①乡镇企业带动了当地经济的发展。②这个乡镇的粮食产量比去年增长了一倍。

相差 xiāngchà　*v.* be different

【配】相差甚微，相差很大

【例】①两队的人数相差很大。②他们之间相差六岁。

相等 xiāngděng　*v.*　be equal

【配】数量相等，大小相等

【例】①这两道数学题的结果相等。②两队的人数相等。

相辅相成 xiāngfǔ-xiāngchéng　complement each other

【例】①健康与欢乐相辅相成。②和平与发展是相辅相成的。

相应 xiāngyìng　*v.*　corresponding

【配】相应的措施，相应的改变

【例】①为了解决这个问题，我们应该立即采取相应的措施。②为了适应形势的变化，她对计划做出了相应的调整。

镶嵌 xiāngqiàn　*v.*　inlay, set, mount

【配】镶嵌宝石

【例】①国王的皇冠（huángguān; imperial crown）上镶嵌了很多宝石。②墙上镶嵌着一面镜子。

响亮 xiǎngliàng　*adj.*　loud and clear

【配】响亮的口号，响亮的歌声

【例】①人们都喜欢给自己的孩子起一个响亮的名字。②山上传来了响亮的歌声。

响应 xiǎngyìng *v.* respond

【配】响应号召，响应提议

【例】①群众积极响应政府的号召，自觉保护环境。
②他的建议没有人响应。

想方设法 xiǎngfāng-shèfǎ try all/every means

【例】①他想方设法安慰她。②他们想方设法克服困难。

向导 xiàngdǎo *v./n.* lead the way; guide

【配】安装向导，旅游向导

【例】①这条路我不熟，你来向导。②王先生真是一
位好向导，带我们游玩了这么多美丽的地方。

向来 xiànglái *adv.* always

【配】向来如此

【例】①王先生向来不吸烟。②他说话向来算数。

【同】从来

向往 xiàngwǎng *v.* look forward to

【配】向往爱情，向往幸福

【例】①人人向往自由与平等。②身在大城市，我却
向往田园（tiányuán; countryside）生活。

巷 xiàng *n.* alley

【配】小巷，后巷
【例】①小巷里有一家商店。②这是一个死巷，前面无路可走了。

相声 xiàngsheng *n.* comic dialogue, crosstalk
【配】说相声，相声演员
【例】①他很喜欢听相声。②他是一名优秀的相声演员。

削 xiāo *v.* pare/peel with a knief
【配】削苹果，削铅笔
【例】①妈妈生病了，她给妈妈削了一个苹果。②土豆皮削得太厚了，真浪费。

消除 xiāochú *v.* remove, dispel
【配】消除误会，消除疑虑
【例】①他的解释消除了我的疑惑。②她怎么也消除不了内心的恐惧。

消毒 xiāodú *v.* disinfect, sterilize
【配】高温消毒，消毒杀菌
【例】①医生手术时应该注意消毒。②伤口包扎（bāozā; wrap up）前，要做好消毒工作。

消防 xiāofáng *v.* fire fight

【配】消防用具，消防演习

【例】①这条街上有很多消防龙头。②消防队员们正在进行消防演习。

消耗 xiāohào　*v.* consume

【配】消耗体力，消耗精力

【例】①运动能消耗多余的脂肪。②这个项目消耗了他很多精力。

消灭 xiāomiè　*v.* perish, eliminate

【配】消灭敌人

【例】①为了消灭老鼠，我家养了一只猫。②我们把敌人全部消灭了。

销毁 xiāohuǐ　*v.* destroy

【配】销毁证据，销毁档案

【例】①他们正企图销毁犯罪的证据。②他把过期的发票销毁了。

潇洒 xiāosǎ　*adj.* elegant and unconventional, handsome and debonair

【配】潇洒的性格，风度潇洒

【例】①旅游、购物、看电影，她每天生活得很潇洒。②他穿上这件衣服看起来潇洒极了。

【同】大方

小心翼翼 xiǎoxīn-yìyì with the greatest care
【例】①路很滑，他小心翼翼地开着车。②她小心翼翼地迈着步子，怕惊动了别人。

肖像 xiàoxiàng *n.* portrait
【配】画肖像，一张肖像画
【例】①这枚奖章（jiǎngzhāng; medal）上有女王的肖像。②她很擅长画人物肖像。

效益 xiàoyì *n.* benefit
【配】生态效益，讲究效益
【例】①这项措施具有很大的社会效益。②这家工厂的效益很好。

效应 xiàoyìng *n.* effect
【配】明星效应，蝴蝶效应
【例】①这个项目的成功产生了连锁效应。②这个品牌的产品依靠名人效应卖得很好。

协会 xiéhuì *n.* association
【配】科学协会，协会成员
【例】①最近，她加入了动物保护协会。②所有成员都应该遵守协会的规章制度。

协商 xiéshāng　*v.* consult

【配】协商解决，充分协商

【例】①两家企业进行了友好协商。②这个问题需要
与对方进行多次协商才能得到解决。

【同】磋商

协调 xiétiáo　*adj./v.* harmonious; coordinate

【配】协调发展，协调工作

【例】①他们的关系没有那么协调。②她负责协调这
个部门的各项工作。

【同】调和

协议 xiéyì　*n./v.* agreement; negotiate

【配】签订协议，三方协议

【例】①两家公司终于签订了合作协议。②两国协议
建立友好关系。

协助 xiézhù　*v.* assist

【配】协助破案，协助调查

【例】①她的工作就是协助新员工办理相关手续。
②为了协助残疾人就业，政府专门成立了这个部门。

携带 xiédài　*v.* carry
【配】携带病毒，携带武器
【例】①请看好你们随身携带的物品。②旅客每人可以携带 20 公斤的行李。
【扩】便携（biànxié; portable）

泄露 xièlòu　*v.* disclose
【配】泄露计划，泄露秘密
【例】①那位秘书泄露了公司的商业机密。②她不小心泄露了自己内心真实的想法。
【同】透露
【反】隐瞒

泄气 xièqì　*v./adj.* lose heart; disappointing
【配】泄气话，泄气的想法
【例】①他虽然不断失败，但并未泄气。②这么简单的事都做不好，真泄气！

屑 xiè　*n./adj./v.* crumbs; trifling; consider worthwhile
【配】面包屑，琐屑（suǒxiè; trivial），不屑一顾
【例】①鸟儿正在啄（zhuó; peck）面包屑。②她天天忙于处理琐屑小事。③他对敌人的恐吓不屑一顾。

谢绝 xièjué　*v.* decline

【配】谢绝品尝，谢绝来访
【例】①本店食品谢绝品尝。②她谢绝了我的邀请。

心得 xīndé   *n.* perception, understanding
【配】学习心得，心得体会
【例】①老师请学生谈谈学习这篇课文的心得。②同学们在交流读书心得。

心甘情愿 xīngān-qíngyuàn   be most willing (to), be perfectly happy (to)
【例】①他心甘情愿去山区做一个语文老师。②我是心甘情愿嫁给他的。

心灵 xīnlíng   *n.* soul
【配】心灵纯洁，美丽心灵
【例】①她幼小（yòuxiǎo; young and small）的心灵难以承受这么大的打击。②美妙的音乐能净化（jìnghuà; purify）人的心灵。

心态 xīntài   *n.* state of mind
【配】良好心态，摆正心态
【例】①她心态很好，一点儿也不紧张。②在挫折面前，我们要保持良好的心态。

心疼 xīnténg *v.* love dearly, feel sorry
【配】心疼你，很心疼
【例】①奶奶最心疼我了。②她受伤了，丈夫很心疼。

心血 xīnxuè *n.* painstaking effort
【配】浪费心血，花心血
【例】①玛丽花了很多心血，终于完成了这部作品。
②妈妈在孩子身上费了不少心血。

心眼儿 xīnyǎnr *n.* intention, mind, cleverness, tolerance
【配】缺心眼儿，心眼儿好，打心眼儿里
【例】①她这个人心眼儿好，很善良。②妈妈看到女
儿的好成绩，打心眼儿里高兴。

辛勤 xīnqín *adj.* industrious, hardworking
【配】辛勤劳动，辛勤工作
【例】①蜜蜂在花园里辛勤地采蜜（mì; honey）。②感
谢您的辛勤工作。
【同】勤劳

欣慰 xīnwèi *adj.* gratified
【配】感到欣慰，欣慰的笑容
【例】①老师对同学们的进步感到很欣慰。②妈妈看
着我，露出了欣慰的笑容。

欣欣向荣 xīnxīn-xiàngróng   thriving, prosperous

【配】欣欣向荣的景象（jǐngxiàng; scene）

【例】①春天的花园里呈现出欣欣向荣的景象。②如今爸爸的事业欣欣向荣。

新陈代谢 xīnchén-dàixiè   metabolism

【例】①植物通过新陈代谢排除体内毒素（dúsù; poison）。②新陈代谢是人体的一项机能（jīnéng; function）。

新郎 xīnláng   *n.* bridegroom

【配】一位新郎，帅气（shuàiqì; handsome）的新郎

【例】①新郎长得很帅气。②新郎新娘正在交换戒指。

新娘 xīnniáng   *n.* bride

【配】一位新娘，美丽的新娘

【例】①她是一位幸福的新娘。②新娘得到了大家的祝福。

新颖 xīnyǐng   *adj.* novel, new and original

【配】设计新颖，构思新颖

【例】①她的设计很新颖。②这是一部构思新颖的作品。

薪水 xīnshui   *n.* wages, salary, pay

【配】领薪水，微薄（wēibó; meagre）的薪水

【例】①今天公司发薪水。②他靠微薄的薪水生活。

【同】工资

【扩】薪酬（xīnchóu; emolument）

信赖 xìnlài　*v.* trust

【配】信赖我，对……很信赖，值得信赖

【例】①他深受大家信赖。②她很诚实，值得信赖。

【同】信任

信念 xìnniàn　*n.* belief, faith

【配】共同的信念，宗教信念

【例】①他们有着坚定不移的信念。②我们要坚守自己的信念。

信仰 xìnyǎng　*n./v.* faith, belief; believe in

【配】我的信仰，信仰宗教

【例】①在任何情况下，我们都不能丢掉自己的信仰和理想。②公民有信仰宗教的自由。

【扩】敬仰（jìngyǎng; revere）

信誉 xìnyù　*n.* prestige, credit

【配】赢得信誉，良好的信誉

【例】①这家公司信誉很好。②良好的信誉来源于优

质（yōuzhì; high quality）的服务。

兴隆 xīnglóng　*adj.* prosperous
【配】生意兴隆，买卖兴隆
【例】①祝你生意兴隆！②这家店的买卖日渐兴隆。

兴旺 xīngwàng　*adj.* prosperous, flourishing
【配】人丁（réndīng; population）兴旺，国家兴旺
【例】①我们家族人丁兴旺。②国家兴旺发达，人民才能幸福。

腥 xīng　*adj./n.* fishy; fishy smell; raw meat/fish
【配】腥味儿，去腥
【例】①厨房里有一股腥味儿。②我好久没沾腥了。

刑事 xíngshì　*adj.* penal
【配】刑事案件，刑事责任
【例】①这是一起刑事纠纷。②他将被依法追究刑事责任。

行政 xíngzhèng　*n./v.* administration; administrate
【配】行政总裁，依法行政
【例】①总裁有一个能干的行政助手。②相关部门应依法行政。

形态 xíngtài *n.* form, shape, pattern
【配】物质形态，形态变化
【例】①地球上的生命有很多形态。②水的形态会随着温度的变化而变化。

兴高采烈 xìnggāo-cǎiliè excited, jubilant
【配】兴高采烈地笑
【例】①大家兴高采烈地讨论着假期的安排。②春节的时候，父母都兴高采烈地等待子女回家。
【反】无精打采

兴致勃勃 xìngzhì bóbó *adj.* be full of spirit
【配】显得兴致勃勃，兴致勃勃地说
【例】①王老师的课讲得非常精彩，学生们听得兴致勃勃。②明天就要去动物园春游了，孩子们显得兴致勃勃。

性感 xìnggǎn *adj.* sexy
【配】很性感，性感的美女
【例】①她是个性感的女孩子。②他的声音非常性感。

性命 xìngmìng *n.* life
【配】性命攸关（yōuguān; vital）
【例】①这件事性命攸关，你一定要保密。②他爱冒险，这一回差点儿把性命都丢了。

性能 xìngnéng　*n.* function（of a machine, etc）

【配】机器的性能，良好性能

【例】①这台机器的性能很好。②这样操作可以使仪器保持最佳性能。

凶恶 xiōng'è　*adj.* ferocious, fiendish

【配】很凶恶，凶恶的表情

【例】①那是一条凶恶的狗。②歹徒对她露出凶恶的目光。

【同】凶狠（xiōnghěn）

凶手 xiōngshǒu　*n.* murderer

【配】杀人凶手，捉拿凶手

【例】①警方正在全力追捕（zhuībǔ; pursue and capture）凶手。②凶手终于被送进了监狱。

汹涌 xiōngyǒng　*v.* surge

【配】波涛汹涌

【例】①看到汹涌的大海，他觉得自己很渺小。②海上波涛汹涌。

胸怀 xiōnghuái　*n./v.* mind, heart; have in mind

【配】广阔的胸怀，胸怀世界

【例】①他是一个胸怀宽广的人。②他胸怀百姓，是个好官。

胸膛 xiōngtáng　*n.* breast, chest

【配】拍胸膛，挺起胸膛

【例】①他拍了拍自己的胸膛，显得很有把握的样子。②她挺起胸膛向我走来。

雄厚 xiónghòu　*adj.* tremendous, rich

【配】雄厚的资产，实力雄厚

【例】①这家公司凭着雄厚的实力在激烈的市场竞争中胜出了。②爸爸的公司拥有雄厚的资产。

雄伟 xióngwěi　*adj.* grand, imposing

【配】高大雄伟，雄伟的建筑

【例】①这是一座雄伟的宫殿（gōngdiàn; palace）。②这座建筑很雄伟。

修复 xiūfù　*v.* repair, restore

【配】口腔修复，修复系统

【例】①玛丽正在做口腔修复手术。②你能帮我修复一下计算机系统吗？

修建 xiūjiàn　*v.* build, construct

【配】修建大桥，修建公路

【例】①大桥修建好了吗？②这里要修建一条新的高速公路。

修养 xiūyǎng *n.* accomplishment, training

【配】有修养，良好的修养

【例】①他是一位有修养的绅士。②她在各方面都表现出良好的修养。

羞耻 xiūchǐ *adj.* shameful

【配】不知羞耻，感到羞耻

【例】①他对自己考试作弊的行为感到羞耻。②人人都有羞耻之心。

绣 xiù *v.* embroider

【配】绣花，刺绣（cìxiù; needle）

【例】①她从小就会绣花。②姐姐擅长刺绣。

嗅觉 xiùjué *n.* (sense of) smell

【配】灵敏的嗅觉

【例】①狗的嗅觉很灵敏。②老人的嗅觉功能不断退化（tuìhuà; degenerate）。

须知 xūzhī *n./v.* notice; one should know that

【配】考生须知
【例】①墙上贴了一张访客须知。②在决定创业之前，你须知以后可能遇到的困难。

虚假 xūjiǎ　　*adj.* false, sham
【配】虚假消息，虚假报道
【例】①这是一则虚假新闻。②电视台应杜绝虚假广告。

虚荣 xūróng　　*n.* vain, vanity
【配】爱慕（àimù; adore）虚荣，虚荣的人
【例】①她是一个十分爱慕虚荣的女孩子。②我不喜欢虚荣的人。

虚伪 xūwěi　　*adj.* sham, false, hypocritical
【配】虚伪的人，很虚伪
【例】①他比以前更虚伪了。②她面笑心不笑，是个虚伪的人。
【反】真挚

需求 xūqiú　　*n.* demand, requirement
【配】需求量，市场需求
【例】①这种空气净化器（jìnghuàqì; purifier）在市场上需求量很大。②公司会尽力满足大家的培训

需求。

许可 xǔkě *v.* permit, allow

【配】他的许可，获得许可

【例】①请假必须首先获得老师的许可。②明天天气许可的话，我们出去玩儿吧！

序言 xùyán *n.* preface, foreword

【配】一篇序言，写序言

【例】①这篇序言是一位著名作家写的。②这位学者终于同意为咱们的书写序言了。

畜牧 xùmù *n.* livestock breeding

【配】畜牧业，畜牧场

【例】①这个国家的畜牧业很发达。②老师带领学生们参观了畜牧场。

酗酒 xùjiǔ *v.* indulge in excessive drinking

【配】禁止酗酒，酗酒伤身

【例】①他失业以后就开始酗酒。②你喝得太多了，小心酗酒伤身。

宣誓 xuānshì *v.* take/swear an oath

【配】宣誓仪式，宣誓就职

【例】①校园里正在举行 18 岁成人宣誓仪式。②他宣誓就任公司的总经理。

宣扬 xuānyáng *v.* publicise, advertise
【配】宣扬好人好事，宣扬事迹
【例】①他被任命为副总的消息很快就被宣扬出去了。②好人好事就应该宣扬。

喧哗 xuānhuá *v./adj.* make an uproar, clamour; uproarious
【配】禁止喧哗，大声喧哗
【例】①在公共场合不要大声喧哗。②看演出的时候禁止喧哗。
【反】安静

悬挂 xuánguà *v.* hang, suspend
【配】悬挂国旗，悬挂画像
【例】①商店门口悬挂着一面国旗。②彩虹悬挂在天空中。

悬念 xuánniàn *n./v.* suspense; be concerned (about sb)
【配】一个悬念，悬念在心
【例】①作者在小说的结尾部分留给大家一个悬念。②好朋友的安危（ānwēi; safety and danger）他一直悬念在心。

悬殊 xuánshū   *adj.* greatly disparate

【配】差距悬殊

【例】①他们两人的实力差距悬殊。②一个国家中贫富差距不应该太悬殊。

【反】相当

悬崖峭壁 xuányá qiàobì   steep cliff, sheer precipice

【例】①两座悬崖峭壁之间有一个大峡谷。②他们在黄山看见了许多悬崖峭壁。

旋律 xuánlǜ   *n.* melody

【配】一首旋律，乐曲旋律

【例】①这是一首难忘的旋律。②这首歌旋律优美。

旋转 xuánzhuǎn   *v.* revolve, gyrate, rotate, spin

【配】顺时针（shùnshízhēn; clockwise）旋转，旋转餐厅

【例】①地球围绕着太阳旋转。②一阵风把落叶刮得旋转起来。

选拔 xuǎnbá   *v.* select, choose

【配】选拔运动员，选拔人才

【例】①他们正在选拔运动员。②他通过了志愿者选拔考试。

选举 xuǎnjǔ *v.* elect

【配】选举总统，选举方式

【例】①总统选举在今天举行。②大会主席是通过选举产生的。

选手 xuǎnshǒu *n.* athlete

【配】篮球选手，参赛选手

【例】①他是一名优秀的篮球选手。②参赛的共有四十多名选手。

炫耀 xuànyào *v.* dazzle, show off, flaunt

【配】炫耀才能，炫耀财富

【例】①他是一个爱炫耀的人。②他经常向朋友炫耀他的名车。

削弱 xuēruò *v.* weaken

【配】削弱力量，削弱地位

【例】①我们的进攻大大削弱了敌人的力量。②金融危机削弱了这家公司的经济实力。

学说 xuéshuō *n.* theory, doctrine

【配】进化学说，确立学说

【例】①大多数学者都支持他的学说。②我不了解这个学说。

学位 xuéwèi *n.* (academic) degree

【配】学位论文，获得学位

【例】①他获得了博士学位。②学校授予我硕士学位。

雪上加霜 xuěshàng-jiāshuāng snow plus frost — exacerbate

【例】①这对他的处境来说，无疑是雪上加霜。②这一地区去年刚遭受了地震灾害，今年又遇到洪水灾害，真是雪上加霜。

【反】锦上添花

血压 xuèyā *n.* blood pressure

【配】血压表，血压计

【例】①你的血压是多少？②医生正在给病人测量血压。

熏陶 xūntáo *v.* nurture, cultivate

【配】受熏陶

【例】①他从小就受到了艺术的熏陶。②在父母的熏陶下，她从小就喜欢音乐。

寻觅 xúnmì *v.* seek, look for

【配】寻觅知音（zhīyīn; understanding friend），四处寻觅

【例】①他们苦苦寻觅解决问题的方法。②他为公司的发展寻觅机会。

【同】寻求（xúnqiú）

巡逻 xúnluó *v.* go on patrol, patrol
【配】巡逻兵，巡逻车
【例】①警察在街上巡逻。②士兵们正在执行巡逻任务。

循环 xúnhuán *v.* circulate, circle
【配】血液循环，构成循环
【例】①资金的循环很关键。②经常锻炼身体有利于促进血液循环。

循序渐进 xúnxù-jiànjìn proceed step by step
【例】①学习要循序渐进。②知识的积累是循序渐进的。

Y

压迫 yāpò *v.* oppress, repress
【配】压迫感，被压迫
【例】①哪里有压迫，哪里就有反抗。②他时常感到胸部有种压迫感。

压岁钱 yāsuìqián *n.* money given to children as a lunar New Year gift by seniors
【例】①今年春节他十岁的儿子收到了很多压岁钱。

②长辈过年要给孩子们压岁钱。

压缩 yāsuō　*v.*　compress, condense, reduce, cut down

【配】压缩空气，压缩资金

【例】①空气被压缩后，这件羽绒服可以装进小袋子里。②会议的时间由三天压缩为一天。

压抑 yāyì　*v./adj.*　constrain, depress; oppressed

【配】受到压抑，压抑的气氛

【例】①听到这个消息，他压抑不住内心的激动。②在这样的环境下工作，他的心情很压抑。

【扩】抑制（yìzhì; repress）

压榨 yāzhà　*v.*　press, squeeze, exploit

【配】压榨果汁，压榨穷人

【例】①妈妈正在压榨橙汁。②工人们受尽了资本家（zīběnjiā; capitalist）的压榨。

压制 yāzhì　*v.*　suppress, stifle

【配】压制愤怒，压制手段

【例】①他的观点一开始就受到了压制。②老师不应压制学生的创造性。

鸦雀无声 yāquè-wúshēng　be in perfect silence

【例】①孩子们都睡着了，房间里鸦雀无声。②考场上鸦雀无声，大家都在紧张地答题。

亚军 yàjūn　*n.* second place, runner-up, silver medal
【配】获得亚军
【例】①我在比赛中得了亚军。②这次篮球比赛的亚军是哪支队伍？

烟花爆竹 yānhuā bàozhú　fireworks
【配】燃放（ránfàng; let off）烟花爆竹
【例】①过年要放烟花爆竹才显得热闹。②烟花爆竹是危险品，要安全保存。

淹没 yānmò　*v.* submerge, flood, inundate, drown
【配】淹没农田
【例】①轮船被海水淹没了。②洪水淹没了农田。

延期 yánqī　*v.* postpone, defer, put off
【配】延期付款，延期开学
【例】①我们的讨论将延期进行。②展览会延期两天结束。

延伸 yánshēn　*v.* extend, stretch, elongate
【配】向前延伸，延伸到
【例】①平原一直延伸到海边。②笔直的马路向前延伸。

延续 yánxù　*v.* continue, go on, last

【配】延续时间，延续性

【例】①生命不断延续。②会议将延续两个星期。

【反】中断

严寒 yánhán　*adj.* severely/bitterly cold

【配】严寒气候，严寒天气

【例】①这一地区气候严寒，很少有人居住。②这个城市遭到了严寒的袭击。

【反】炎热

严禁 yánjìn　*v.* strictly forbid

【配】严禁抽烟，严禁作弊

【例】①运输公司规定，严禁乘客携带危险品上车。②这里严禁乱倒垃圾。

严峻 yánjùn　*adj.* stern, severe

【配】严峻的目光，形势严峻

【例】①我们面临着严峻的挑战。②总而言之，目前形势很严峻。

严厉 yánlì　*adj.* stern, severe

【配】严厉措施，目光严厉

【例】①他的行为应该受到严厉惩罚。②这位老师对学生很严厉。

严密 yánmì *adj./v.* tight, close, strict; tighten up
【配】推理严密，严密纪律
【例】①这间屋子封闭得很严密。②老师决心严密班级的组织纪律。

言论 yánlùn *n.* opinion on public affairs
【配】发表言论，政治言论
【例】①公民的言论自由依法得到保障。②他经常在一些会议上发表政治言论。

岩石 yánshí *n.* rock
【配】岩石层
【例】①这块岩石很坚硬。②海浪拍打着岩石。

炎热 yánrè *adj.* scorching, blazing, burning hot
【配】忍受炎热，炎热难耐
【例】①现在是中午十二点，天气非常炎热。②漫长炎热的夏季开始了。
【反】严寒

沿海 yánhǎi *n.* costal areas
【配】沿海岛屿，沿海城市

【例】①沿海地区经济发展迅速。②沿海城市有很丰富的资源。

【反】内地（nèidì）

掩盖 yǎngài　*v.*　cover, conceal, overspread

【配】掩盖事实，掩盖真相

【例】①大雪掩盖了田野。②他们试图掩盖事实真相。

掩护 yǎnhù　*v./n.*　shield, screen, cover; (trees, hills, etc used as) blindage

【配】掩护某人，以……为掩护

【例】①在夜幕（yèmù; curtain of night）的掩护下，他悄悄离开了。②战士们以丛林（cónglín; jungle）为掩护。

掩饰 yǎnshì　*v.*　cover up, gloss over

【配】掩饰行为，掩饰意图

【例】①她用笑声来掩饰内心的紧张。②他无法掩饰自己的痛苦。

眼光 yǎnguāng　*n.*　sight, foresight, eye

【配】有眼光，历史眼光

【例】①他很有审美眼光。②大家的眼光都集中到他身上。

眼 色 yǎnsè *n.* meaningful glance, ability of using one's discretion

【配】使眼色，有眼色

【例】①他总爱看上级的眼色办事。②经理向我使了个眼色。

眼神 yǎnshén *n.* expression in one's eyes, eyesight

【配】忧郁的眼神，期望的眼神

【例】①这位老人的眼神越来越差了。②他绝望的眼神让我感到害怕。

演变 yǎnbiàn *v.* develop, evolve

【配】演变史，演变为

【例】①万事万物都在不断演变。②任何误解都有可能演变为争吵（zhēngchǎo; quarrel）。

演习 yǎnxí *v.* manoeuvre, exercise, drill, practise

【配】演习计划，举行演习

【例】①战士们正在演习海上救护。②消防演习很重要。

演绎 yǎnyì *v./n.* narrate in detail, develop; deduction

【配】尽情演绎，精彩演绎

【例】①他的文章是从一位学者的观点中演绎出来的。

②他对这个问题进行了精彩的演绎推理。

演奏 yǎnzòu *v.* give an instrumental performance
【配】演奏会，演奏厅
【例】①乐队（yuèduì; band）演奏得很成功。②他用钢琴演奏了一首曲子。

厌恶 yànwù *v.* detest, abhor, abominate, be disgusted with
【配】厌恶工作，感到厌恶
【例】①他厌恶了城市生活。②她厌恶家务活儿。
【同】厌烦（yànfán）

验收 yànshōu *v.* check and accept
【配】验收单，验收过程
【例】①这次工程已经验收了。②这座新楼已经通过验收。

验证 yànzhèng *v.* test and verify, put to the proof
【配】验证结论，通过验证
【例】①你需要验证这个结论。②只有实践才能验证理论。

氧气 yǎngqì *n.* oxygen, oxygen gas
【配】氧气瓶，氧气罐

【例】①氧气是空气的组成部分。②氧气对于人体来说必不可少。

样品 yàngpǐn *n.* sample, specimen
【配】检查样品，赠送样品
【例】①商场向顾客赠送化妆品样品。②这些样品需要检测（jiǎncè; test）。

谣言 yáoyán *n.* rumour, groundless allegation
【配】传播谣言，听信谣言
【例】①谣言是不可信的。②网络上禁止传播谣言。

摇摆 yáobǎi *v.* sway, swing, rock, vacillate
【配】前后摇摆，摇摆不定
【例】①小船在水中前后摇摆。②他在两种观点之间摇摆不定。

摇滚 yáogǔn *n./v.* rock and roll; shake
【配】摇滚音乐
【例】①我喜欢摇滚音乐。②失控的飞机摇滚着坠落（zhuìluò; fall）下来。

遥控 yáokòng *v.* keep remote control, control
【配】遥控车，受人遥控

【例】①遥控车很受孩子们喜欢。②他正在远程遥控计算机操作系统。

遥远 yáoyuǎn *adj.* distant, remote, faraway

【配】遥远的古代，遥远的未来

【例】①我的家乡距离中国太遥远了。②美好的未来不会太遥远。

要点 yàodiǎn *n.* main points, key stronghold

【配】领会要点，设计要点

【例】①你这篇文章的要点是什么？②他没有领会领导说话的要点。

【同】重点

要命 yàomìng *v./adj.* drive sb to death, kill; terrible

【配】真要命，累得要命

【例】①这种病不至于要命。②我现在口渴得要命。

要素 yàosù *n.* essential factor, key element

【配】基本要素，生活要素

【例】①语言是一切文学作品的基本要素。②这本书具有受读者欢迎的几大要素。

耀眼 yàoyǎn *adj.* dazzling

【配】耀眼光辉，耀眼的阳光

【例】①阳光太耀眼了，把窗帘拉上吧。②那盏（zhǎn; m.）灯发出耀眼的白光。

野蛮 yěmán　*adj.*　uncivilized, savage, cruel
【配】野蛮人，野蛮时代
【例】①这些居民仍处于野蛮状态。②侵略者在这个国家犯下了野蛮的罪行（zuìxíng; crime）。

野心 yěxīn　*n.*　wild ambition, careerism
【配】有野心，侵略野心
【例】①他是一个有野心的人。②她否认自己怀有政治野心。

液体 yètǐ　*n.*　liquid
【配】一种液体
【例】①这种红色液体有毒。②水在常温下是液体，零度以下就会变成固体。
【扩】血液（xuèyè, blood）

一流 yīliú　*adj.*　first-rate
【配】一流的服务，一流的水平
【例】①他是国内一流的作家。②这个学校有这个专业一流水平的学者。

衣裳 yīshang *n.* clothing, clothes

【配】穿衣裳，美丽的衣裳

【例】①箱子里装满了衣裳。②他们都穿蓝衣裳。

依旧 yījiù *v./adv.* remain the same; as before, still

【配】风采依旧，依旧艰难

【例】①他风采依旧。②他依旧固执。

【同】依然

依据 yījù *v./n./prep.* base sth on; basis; according to, in the light of

【配】依据事实，提供依据

【例】①这个调整依据什么？②你需要提供科学依据。③警察正在依据事实进行推理。

依靠 yīkào *v./n.* rely on, depend on; support

【配】依靠父母，寻找依靠

【例】①我依靠工资生活。②父母是孩子的依靠。

【同】依赖

依 赖 yīlài *v.* rely on, be dependent on, can't be separated

【配】减少依赖，依赖性

【例】①儿女不能总依赖父母。②他们俩相互依赖。

【同】依靠

依托 yītuō　*v./n.*　rely on, depend on; backing

【配】无所依托，以……为依托

【例】①我们依托这个机构进行产品推广。②这个地区以海洋为依托，积极发展水产业（shuǐchǎnyè; fishery）。

一度 yídù　*adv.*　once, on one occasion

【例】①他一度是篮球队长的热门人选。②这部小说一度很受欢迎。

一贯 yíguàn　*adj.*　consistent, persistent

【配】一贯努力，一贯反对

【例】①她一贯反对任何新鲜事物。②工作上他一贯积极负责。

【同】一向

一目了然 yímù-liǎorán　be clear at a glance

【例】①这个案件的结果是一目了然的。②做成表格后，产品的销售情况一目了然。

一向 yíxiàng　*adv.*　always

【配】一向喜欢

【例】①他儿子一向喜欢读书。②他身体一向不太好。

【同】一贯

仪器 yíqì *n.* instrument, apparatus

【配】仪器厂，安装仪器

【例】①厂里新装了一台测量仪器。②精密仪器需要好好保养。

仪式 yíshì *n.* ceremony, rite, function

【配】欢迎仪式，升旗仪式

【例】①我们举行隆重的仪式欢迎贵宾。②总统的宣誓仪式很庄重。

遗产 yíchǎn *n.* legacy, inheritance, heritage

【配】遗产继承，遗产税

【例】①他继承了大笔遗产。②老人去世后，留下了一笔遗产。

遗传 yíchuán *v.* pass on to the next generation

【配】遗传病

【例】①他遗传了父亲的心脏病。②她的蓝眼睛是母亲遗传给她的。

遗留 yíliú *v.* leave behind, hand down

【配】遗留问题

【例】①旧体制遗留下了不少问题。②本届政府将首先着手解决历史遗留问题。

遗失 yíshī   *v.* lose

【配】遗失证件，遗失护照

【例】①他在寻找遗失的身份证。②他遗失了一张银行卡。

【同】丢失 (diūshī)

疑惑 yíhuò   *n./v.* doubt; feel uncertain/perplexed

【配】疑惑不解，疑惑的目光

【例】①他向妈妈说出了心中的疑惑。②他露出了疑惑的目光。③我疑惑地看着他，不明白他的意思。

以便 yǐbiàn   *conj.* so that, in order that

【例】①他准备了些零钱，以便上车买票。②我需要戴上眼镜以便阅读。

以免 yǐmiǎn   *conj.* lest

【例】①你必须仔细检查以免出错。②我们小声说话以免吵醒婴儿。

【同】免得

以往 yǐwǎng *n.* before, formerly, past

【配】以往的日子，以往的经验

【例】①她常常回想以往的岁月。②他以往从没迟到过。

以至 yǐzhì *conj.* down to, up to, so…that…

【配】以至于

【例】①他练习了十次、百次以至上千次才获得成功。②他工作太投入了，以至于连饭都忘了吃了。

以致 yǐzhì *conj.* so that, with the result that

【配】以致于

【例】①小王平时训练不认真，以致于这次考试没通过。②屋子里太暗，以致我没有看见她。

一帆风顺 yìfān-fēngshùn everything goes smoothly

【例】①他的人生道路一帆风顺。②祝你一帆风顺。

一举两得 yìjǔ-liǎngdé gain two ends at once

【例】①把一些用不着的书卖掉，可以一举两得。②她这次旅游，既购物又参观了博物馆，真是一举两得。

【同】一箭双雕（yíjiàn-shuāngdiāo）

一如既往 yìrú-jìwǎng as always, just as before

【例】①爸爸妈妈一如既往地支持我。②他对事业的忠诚一如既往。

【同】自始至终（zìshǐ-zhìzhōng）

一丝不苟 yìsī-bùgǒu not be the least bit negligent

【例】①他做事一向一丝不苟。②他对工作一丝不苟的精神值得我们学习。

亦 yì *adv.* also, too

【配】亦步亦趋（yìbù-yìqū; ape sb at every step）

【例】①不要老跟着别人亦步亦趋。②精神充实亦是一种财富。

异常 yìcháng *adj./adv.* unusual, abnormal; extremely, exceedingly

【配】情况异常，异常沉重

【例】①他神色有些异常。②今年的雨天异常多。

【扩】差异（chāyì; difference）

意料 yìliào *v.* expect, anticipate

【配】意料之外，难以意料

【例】①小说的结尾出乎我的意料。②他的回答在我意料之中。

意识 yìshí   *n./v.* consciousness; be conscious/aware of

【配】有意识，意识到

【例】①人人都应该增强法律意识。②他意识到自己错了。

意图 yìtú   *n.* intention, purpose, intent

【配】表明意图，创作意图

【例】①他来的意图是什么？②他隐瞒了自己的真实意图。

意味着 yìwèizhe   *v.* signify, mean, imply, import

【例】①权力意味着责任。②他沉默，意味着他不同意。

意向 yìxiàng   *n.* intention, purpose

【配】有意向，意向书

【例】①两家公司有合作意向。②她有投资意向。

意志 yìzhì   *n.* will

【配】意志坚定，意志力

【例】①他意志坚强。②艰苦的环境磨炼（móliàn; temper oneself）了她的意志。

毅力 yìlì   *n.* willpower, guts, will, stamina

【配】超常的毅力，坚强的毅力
【例】①她凭着超常的毅力完成了这次任务。②克服挫折需要时间和毅力。

毅然 yìrán　*adv.* resolutely, firmly, determinedly

【配】毅然决定，毅然拒绝
【例】①不顾父母的反对，他们最后毅然决定结婚。②她毅然接受了这次艰巨的任务。

翼 yì　*n.* wing

【配】机翼
【例】①这只鸟儿的双翼受伤了。②飞机左侧的机翼出现了故障。

阴谋 yīnmóu　*n./v.* plot, scheme, conspiracy; conspire

【配】搞阴谋，阴谋家
【例】①他是一个阴谋家。②他试图阴谋叛变（pànbiàn; betray），但是失败了。

音响 yīnxiǎng　*n.* sound, acoustics, audio

【配】音响设备，音响效果
【例】①音乐厅的音响效果直接影响我们今天的演出。②这间演播室（yǎnbōshì; broadcast studio）音响设备很差。

引导 yǐndǎo *v.* guide, lead

【配】引导某人，由……引导

【例】①老师应该引导学生独立思考。②校长引导我们参观了校园。

引擎 yǐnqíng *n.* engine

【配】发动引擎，修理引擎

【例】①他打开了电脑的搜索引擎。②麻烦你帮我给汽车装个引擎。

引用 yǐnyòng *v.* quote, cite, recommend, appoint

【配】引用话语，引用球员

【例】①他的文章经常被人引用。②我们的队里引用了一名外籍（wàijí; foreign nationality）球员。

饮食 yǐnshí *n./v.* food and drink, diet; eat and drink

【配】饮食标准，饮食起居（qǐjū; daily life）

【例】①我们要严格遵守饮食标准。②她天天照顾老人的饮食起居。

隐蔽 yǐnbì *v./adj.* take cover; hidden (from view)

【配】迅速隐蔽，隐蔽的小路

【例】①为了不让敌人发现，战士们迅速隐蔽。②这片树林很隐蔽。

【扩】隐藏（yǐncáng; hide），隐含（yǐnhán; imply），隐形（yǐnxíng; invisible）

隐患 yǐnhuàn　*n.* hidden trouble
【配】发现隐患，安全隐患
【例】①这套设备到底有没有安全隐患？②那家饭店有火灾隐患。

隐瞒 yǐnmán　*v.* conceal, hide, cover up
【配】隐瞒事实，隐瞒真相
【例】①他隐瞒了事实真相。②他隐瞒了自己的身份。
【反】透露，泄露

隐私 yǐnsī　*n.* privacy, personal secret
【配】隐私权，家庭隐私
【例】①他侵犯了我的隐私。②她喜欢打听别人的隐私。

隐约 yǐnyuē　*adj.* instinct, faint
【配】隐约听见，隐约觉得
【例】①我隐约听到门外有脚步声。②她隐约看到屋子里亮着灯。

英明 yīngmíng　*adj.* wise, brilliant

【配】英明果断，决策英明

【例】①他是位英明的领导人。②在危机时刻，他做出了一个英明的决定。

英勇 yīngyǒng *adj.* heroic, valiant, brave, gallant

【配】英勇无比，英勇行为

【例】①他在战争中表现得很英勇。②当地居民英勇抵抗侵略者。

婴儿 yīng'ér *n.* baby, infant

【配】婴儿床，婴儿用品

【例】①她正哄着婴儿入睡。②婴儿床大小要适中（shìzhōng; moderate）。

迎面 yíngmiàn *adv.* in front of

【配】迎面走来

【例】①春风迎面扑来。②迎面走来一个漂亮的女孩儿。

盈利 yínglì *v./n.* gain; profit

【配】盈利率，获得盈利

【例】①企业只有盈利才能发展。②公司今年获得了预期的盈利。

【反】亏损

应酬 yìngchou *v./n.* engage in social activities; social engagement

【配】忙于应酬，减少应酬

【例】①客人来了，我去应酬一下。②今天晚上有个应酬。

应邀 yìngyāo *v.* accept an invitation

【配】应邀参加，应邀出席

【例】①她应邀唱了一首歌。②我应邀出席了会议。

拥护 yōnghù *v.* support, uphold, endorse

【配】拥护者，得到拥护

【例】①这些政策得到了群众的拥护。②大家都拥护他当领导。

拥有 yōngyǒu *v.* possess, have, own

【配】拥有财富，拥有主权

【例】①这一地区拥有丰富的资源。②这本杂志拥有大量读者。

庸俗 yōngsú *adj.* vulgar, philistine, low

【配】庸俗化，趣味庸俗

【例】①这本书非常庸俗。②她是一个庸俗的女人。

【反】高雅（gāoyǎ）

永恒 yǒnghéng *adj.* eternal, perpetual

【配】永恒不变，永恒运动

【例】①这些美好的瞬间是她生命中永恒的回忆。
②爱情是文学作品中永恒的主题。

【扩】持之以恒（chízhī-yǐhéng; persevere）

勇于 yǒngyú *v.* be brave / bold in, have the courage to do sth

【配】勇于承担，勇于面对

【例】①你要勇于承认错误。②企业应该勇于创新。

涌现 yǒngxiàn *v.* emerge in large numbers, spring up

【配】大量涌现，涌现出

【例】①新生（xīnshēng; newborn）事物不断涌现。
②在这次救援（jiùyuán; rescue）过程中，涌现出许多感人事迹。

踊跃 yǒngyuè *adj.* vying with one another

【配】非常踊跃，踊跃参加

【例】① HSK 考试报名非常踊跃。②会上大家都踊跃发言。

用户 yònghù *n.* user, subscriber, consumer

【配】电话用户，手机用户

【例】①这款产品考虑到了各类用户的需要。②每个电脑用户都配有一个账号（zhànghào; account number）。

优胜劣汰 yōushèng-liètài survival of the fittest
【例】①这家企业建立了员工优胜劣汰的机制（jīzhì; mechanism）。②进化论认为，优胜劣汰是自然界的法则（fǎzé; law）。

优先 yōuxiān *v.* take precedence, have priority
【配】优先权，优先发展
【例】①企业优先考虑老员工的住房问题。②这部电梯，妇女、儿童、老人有优先使用权。

优异 yōuyì *adj.* excellent, outstanding, exceedingly good
【配】成绩优异
【例】①小明的体育成绩优异。②他以优异的成绩考上了重点大学。

优越 yōuyuè *adj.* superior, advantageous
【配】环境优越，条件优越
【例】①这家超市地理环境优越。②她的社会地位很优越。

忧郁 yōuyù　*adj.* melancholy, heavy-hearted, dejected

【配】目光忧郁，忧郁的心情

【例】①他目光忧郁。②听了这个消息，他心情忧郁。

犹如 yóurú　*v.* be just as, be like

【例】①他待我犹如陌生人。②商场犹如战场。

【同】仿佛

油腻 yóunì　*adj./n.* greasy, oily; fatty/oily food

【配】油腻的食物，满身油腻

【例】①这个食物很油腻。②在餐厅工作了一天，他满身油腻。

油漆 yóuqī　*n./v.* paint, varnish; paint

【配】油漆产品，油漆一新

【例】①他用油漆刷房子。②整个房间油漆一新。

有条不紊 yǒutiáo-bùwěn　in perfect order

【配】有条不紊地工作

【例】①会议的准备工作正在有条不紊地进行着。②她是一个工作和生活都有条不紊的人。

【同】井井有条（jǐngjǐng-yǒutiáo）

【扩】紊乱（wěnluàn; disorderly）

幼稚 yòuzhì   *adj.* young, childish, naive
【配】幼稚的孩童，幼稚的想法
【例】①一群幼稚的孩童在草原上奔跑。②他的想法很幼稚。

诱惑 yòuhuò   *v.* tempt, seduce, attract, lure
【配】诱惑力，诱惑某人
【例】①那芬芳的花香诱惑着他走入了树林深处。②在这家企业工作的机会对他来说是很大的诱惑。

渔民 yúmín   *n.* fisherman
【例】①这片沿海地带曾经住着一群渔民。②渔民以打鱼为生。
【同】渔夫 (yúfū)

愚蠢 yúchǔn   *adj* stupid, foolish
【配】愚蠢的行为，愚蠢的方法
【例】①打骂孩子是愚蠢的教育方法。②他是一个愚蠢的人。
【反】明智

愚昧 yúmèi   *adj* fatuous, benighted
【配】愚昧无知
【例】①封建迷信是愚昧无知的表现。②这个地区很落后，人们生活在愚昧之中。

舆论 yúlùn　*n.* public opinion
【配】舆论导向，制造舆论
【例】①这起案件一出，舆论一片哗然（huárán; in an uproar）。②迫于舆论压力，总统决定废除这项法令。

与日俱增 yǔrì-jùzēng　grow with each passing day
【例】①他已经离开半年了，但是我对他的思念与日俱增。②地球人口数量与日俱增。

宇宙 yǔzhòu　*n.* universe, cosmos
【配】研究宇宙，宇宙空间
【例】①宇宙中有无数的星球。②我们对宇宙的了解还很有限。

羽绒服 yǔróngfú　*n.* down garment
【例】①这里的冬季很冷，出门一定要穿上厚厚的羽绒服。②我的羽绒服很保暖。

玉 yù　*n.* jade
【配】一块玉
【例】①这块玉很漂亮。②她很喜欢戴玉做的首饰。

预料 yùliào *v./n.* predict, anticipate; expectation, prediction
【配】难以预料，出乎预料
【例】①比赛胜负很难预料。②他的成绩大大出乎我们的预料。

预期 yùqī *v.* expect, anticipate
【配】预期收益，预期效果
【例】①他的英语水平比我预期的好。②她完美的演出远远超出了人们的预期。

预算 yùsuàn *n./v.* budget; draw up a budget
【配】工程预算，预算费用
【例】①他买沙发的预算是 2000 元人民币。②经理正在预算工程的全部费用。

预先 yùxiān *adv.* in advance, beforehand
【配】预先准备，预先了解
【例】①因为明天要下雪，我预先为他准备了一件羽绒服。②关于他的病情，医生预先通知了他的家属。
【同】事先

预言 yùyán *n./v.* prophecy, prediction; prophesy, predict
【配】预言应验（yìngyàn; come true），预言未来
【例】①他的预言应验了。②没有人能预言未来会发

Level 6 | **461**

生什么，所以我们要珍惜现在。

预兆 yùzhào *n./v.* omen, presage; be an omen

【配】不祥（bùxiáng; ominous）的预兆

【例】①乌云是下雨的预兆。②今年冬天的大雪预兆明年是个丰收年。

【同】征兆（zhēngzhào）

欲望 yùwàng *n.* desire, lust

【配】求知欲望，学习欲望

【例】①她的求知欲望很强，自学了好几种语言。②强烈的创作欲望让他写出了一首又一首好听的歌曲。

【扩】食欲（shíyù; appetite）

寓言 yùyán *n.* fable, allegory, parable

【配】寓言故事，讲寓言

【例】①孩子们都喜欢听寓言故事。②这则寓言试图用轻松幽默的故事告诉读者一个深刻的哲理。

愈 yù *adv.* more and more, the more...the more...

【配】愈来愈……

【例】①她愈来愈漂亮了。②雪愈下愈大了。

冤枉 yuānwang *v./adj./n.* treat unjustly; unjust;

wrongful treatment

【配】冤枉某人，冤枉钱

【例】①我们不应该冤枉好人。②我今天下午花了冤枉钱，买了一件又贵质量又差的大衣。③你有什么冤枉，尽管说吧。

元首 yuánshǒu   *n.* sovereign, head of state

【例】①来自欧洲各国的元首在巴黎就石油问题进行了洽谈。②两个国家的元首在会议上讨论能源问题。

【同】首脑（shǒunǎo）

元素 yuánsù   *n.* element

【配】化学元素，生命元素

【例】①化学老师要求我们背化学元素表。②水是生命不可缺少的元素。

元宵节 Yuánxiāo Jié   *n.* Lantern Festival

【例】①元宵节是中国的传统节日。②在元宵节当天，中国人有吃元宵、赏灯的习俗。

园林 yuánlín   *n.* park, garden

【配】游览园林，园林设计

【例】①苏州园林以其精致的设计吸引了世界各地的游客。②他是一位园林设计师。

原告 yuángào　*n.* plaintiff (in civil cases)

【例】①法官判决原告胜诉（shèngsù; win a lawsuit）。②原告的律师要求暂时休庭（xiūtíng; adjourn a court session）。

【反】被告

原理 yuánlǐ　*n.* principle, theory

【配】数学原理，科学原理

【例】①他从小就对各种机器的运行原理有着浓厚的兴趣。②只有掌握其中的科学原理，才能取得成功。

原始 yuánshǐ　*adj.* original, primaeval

【配】原始版本，原始社会

【例】①这一片丛林（cónglín; jungle）中还生活着原始部落。②这家工厂的生产工艺非常原始。

原先 yuánxiān　*n.* former, at first

【例】①这件事情原先我不知道。②我怀念原先的老房子和邻居们。

圆满 yuánmǎn　*adj.* satisfactory

【配】圆满开幕，圆满完成

【例】①在全体工作人员的辛勤工作下，这次展览会圆满闭幕（bìmù; close）了。②在他的帮助下，我们终于圆满完成了任务。

【同】完满（wánmǎn）

缘故 yuángù *n.* reason, cause

【配】其中的缘故

【例】①她现在还没来，不知是什么缘故。②他汉语说得好是他经常练习的缘故。

源泉 yuánquán *n.* fountain, source

【配】文化 / 思想 / 艺术的源泉

【例】①实践是理论创新的源泉。②丰富的生活经历是艺术家进行创作的灵感源泉。

约束 yuēshù *v.* restrain, bind

【配】行为约束，道德约束

【例】①一名好战士应该用纪律严格约束自己。②封建制度严重约束了人性和自由。

【同】束缚

乐谱 yuèpǔ *n.* music score

【例】①她的技艺（jìyì; skill）有很大进步，可以不看乐谱演奏了。②她太紧张了，竟然忘记带乐谱了。

【同】琴谱（qínpǔ）

岳母 yuèmǔ *n.* wife's mother, mother-in-law

【例】①他很喜欢岳母做的中国菜。②他的岳母不赞成他们的婚事。

孕育 yùnyù *v.* be pregnant with, breed

【配】孕育生命，孕育文明

【例】①她体内正孕育着一个新的生命。②长江、黄河孕育了中华文明。

运算 yùnsuàn *v.* perform calculations

【配】数学运算，运算能力

【例】①这台运算器帮助科学家提高了研究效率。②运算能力和语言表达能力一样，都是人才的必备要素。

运行 yùnxíng *v.* be in motion

【配】运行程序，机器运行

【例】①他的电脑正在运行新的程序。②地球围绕太阳运行。

酝酿 yùnniàng *v.* be in the making, make preparations

【配】酝酿思绪，酝酿气氛

【例】①他酝酿了很久，终于跟喜欢的女生表白 (biǎobái; express) 了。②这一切危机正酝酿着一场战争。

【扩】酿造（niàngzào; make wine, vinegar, etc）

蕴藏 yùncáng   *v.* hold in store
【配】蕴藏潜力，蕴藏资源
【例】①这群孩子们蕴藏着极大的创造力。②海底蕴藏着丰富的资源。
【扩】底蕴（dǐyùn; exact details），蕴含（yùnhán; contain）

熨 yùn   *v.* iron, press
【配】熨衣服，熨烫
【例】①出差前，妻子总是为他熨好衣服，整整齐齐地放在行李箱中。②熨衣服要掌握热度，否则会把衣服熨坏。

Z

杂技 zájì   *n.* acrobatics
【配】耍杂技，杂技表演
【例】①外婆最爱看杂技表演。②我从小就想当一名杂技演员。

杂交 zájiāo   *v.* hybridise, cross
【配】杂交技术，杂交繁殖
【例】①他是水稻（shuǐdào; rice）杂交技术的主要创新者之一。②这两种植物可以杂交种植。

砸 zá　*v.* pound, break

【配】砸东西，砸伤

【例】①她一生气就喜欢在家里砸东西。②杯子掉在地上砸碎了。

咋 zǎ　*pron.* how, why

【配】咋了，咋样

【例】①你咋回事？为什么不接我电话？②这可咋办好呢？

【同】怎么

灾难 zāinàn　*n.* disaster, suffering

【配】自然灾难，遭受灾难

【例】①在自然灾难面前，人类是弱小的。②灾难面前，我们应该携起手来，共同战胜困难。

【同】灾害

【扩】磨难（mónàn; hardship）

栽培 zāipéi　*v.* cultivate, foster

【配】精心栽培，辛苦栽培

【例】①在母亲的精心栽培下，这盆植物终于开出了小小的花朵。②他在演讲中感谢老师多年对他的辛苦栽培。

宰 zǎi *v.* slaughter, soak

【配】宰……（动物），挨宰

【例】①现在一些地区的农民过年时还会杀猪宰羊。②外地游客在这座旅游城市经常挨宰。

再 接 再 厉 zàijiē-zàilì make persistent/unremitting efforts

【例】①你这次考试成绩不错，再接再厉。②只有再接再厉，才能取得更好的成绩。

在意 zàiyì *v.* take notice of, care about, mind, take to heart

【配】小心在意，毫不在意

【例】①我太在意这次比赛的结果了，忽视了比赛过程的美妙。②妈妈让我天冷加衣，我没有在意她的叮嘱，结果患了重感冒。

【同】在乎

攒 zǎn *v.* accumulate, amass, save

【配】攒钱，积攒

【例】①他是个集邮（jíyóu; collect stamps）爱好者，已经攒了三千多张邮票了。②我准备攒钱带父母去看这次音乐会。

暂且 zànqiě   *adv.* for the time being, for the moment

【配】暂且如此，暂且停止

【例】①我暂且推迟去美国旅游的计划。②经理有事，咱们的会议暂且停一停吧。

【同】暂时

赞叹 zàntàn   *v.* gasp in admiration, highly praise

【配】令人赞叹，赞叹不已

【例】①杂技演员们的高超技艺令人赞叹。②看到眼前的草原美景，他赞叹不已。

【同】赞扬（zànyáng）

【扩】感叹（gǎntàn; sign with emotion）

赞助 zànzhù   *v.* support, sponsor

【配】提供赞助，赞助公司

【例】①这项活动得到了三家公司的赞助。②这家公司在这次比赛中给予球队数千万元的赞助。

遭受 zāoshòu   *v.* suffer, be subjected to, sustain

【配】遭受灾难，遭受损失

【例】①她在童年时遭受了家庭破裂的打击，但仍然坚强地成长。②两国在战争中都遭受了重大经济损失。

遭殃 zāoyāng *v.* suffer disaster, suffer
【例】①洪水泛滥，村民们都遭殃了。②东南亚经济危机蔓延，许多国家都遭殃了。

遭遇 zāoyù *v./n.* meet with, encounter; (bitter) experience
【配】遭遇困难，生活遭遇
【例】①今年夏天，这一地区遭遇了百年不遇（bǎinián--búyù; not seen in a hundred years）的洪水。②她讲述了自己悲惨的遭遇，大家纷纷表示同情。

糟蹋 zāotà *v.* waste, ruin, spoil
【配】糟蹋粮食，糟蹋时光
【例】①他有糟蹋粮食的坏习惯。②他整天游手好闲（yóushǒu-hàoxián; idle about），白白糟蹋了美好的青春时光。

造型 zàoxíng *v./n.* model, mould; mould-making
【配】造型艺术，造型美观
【例】①他去美国学习造型艺术。②这几座雕像（diāoxiàng; sculpture）造型各不相同，成为公园里的一道风景线。

噪音 zàoyīn *n.* noise
【配】发出噪音，噪音污染
【例】①我的房间靠近高速公路，每晚被噪音吵得睡不着觉。②噪音污染是城市的主要污染之一。

【同】噪声（zàoshēng）

责怪 zéguài　*v.* blame

【配】责怪某人

【例】①妈妈正在责怪他不认真学习。②出了问题，
不要总是责怪别人。

【同】责备

贼 zéi　*n.* thief

【配】抓贼

【例】①火车站附近贼很多，你要看好自己的随身物
品，以免被偷。②"抓贼啦！"人群中传来一声喊叫。

增添 zēngtiān　*v.* add, increase

【配】增添色彩，增添信心

【例】①他的话增添了我战胜困难的信心。②春天的
到来为花园增添了许多绿色。

赠送 zèngsòng　*v.* present as a gift

【配】赠送礼物，赠送仪式

【例】①他赠送给他的老师一支钢笔。②老师向他赠
送了一套书。

扎 zhā *v.* prick, plunge into
【配】扎手，扎人
【例】①护士给他扎了一针。②她被玫瑰花(méiguihuā; rose) 的刺扎了手。

扎实 zhāshi *adj.* sturdy, strong, solid
【配】扎实的功底，基础扎实
【例】①他具备扎实的绘画（huìhuà; painting）功底。②他工作扎实，被评为公司的优秀员工。

渣 zhā *n.* dregs, residue, broken bits
【配】豆腐渣，饼干渣
【例】①他用漏斗（lòudǒu; hopper）把豆渣过滤掉。②他不小心摔倒了，把饼干渣撒了一地。

眨 zhǎ *v.* blink
【配】眨眼睛，一眨眼
【例】①她对我眨眨眼睛，不让我说出来。②只是一眨眼的工夫，她就换了一身新衣服出门了。

诈骗 zhàpiàn *v.* defraud, swindle
【配】诈骗钱财，诈骗罪
【例】①这个犯罪团伙(tuánhuǒ; gang) 一个月内共诈骗了近一百万元人民币。②他因诈骗罪被警察拘留了。

摘要 zhāiyào　*n.* summary, abstract

【配】会议摘要，新闻摘要

【例】①领导让我完成会议摘要。②如果时间紧张，你可以只读新闻摘要部分，不读全文。

债券 zhàiquàn　*n.* bond, debenture

【配】发行债券，金融债券

【例】①这类债券由国家长期发行。②他对金融债券行业很有兴趣。

沾光 zhānguāng　*v.* benefit from one's association with sb or sth

【例】①哥哥在电影院工作，我也跟着沾光，总能看到好电影。②孩子有出息了，父母也跟着沾光。

瞻仰 zhānyǎng　*v.* look at with reverence

【配】瞻仰伟人，瞻仰纪念碑

【例】①他在瞻仰英雄纪念碑。②孩子们到陵园（língyuán; cemetery）瞻仰了战士们的墓地（mùdì; graveyard）。

斩钉截铁 zhǎndīng-jiétiě　resolute and decisive

【配】斩钉截铁地说

【例】①她斩钉截铁地拒绝了这份工作。②他斩钉截铁地说："这次一定要成功。"

【扩】钉子（dīngzi; nail）

展示 zhǎnshì　*v.* reveal, show

【配】展示才华，展示作品

【例】①他把自己创作的画展示给朋友欣赏。②她在文艺演出中向大家展示了自己的才艺（cáiyì; talent and skill）。

【同】展现

展望 zhǎnwàng　*v.* look ahead, forecast

【配】展望未来

【例】①她爬上山顶，向四周展望。②展望未来，他充满了信心。

展现 zhǎnxiàn　*v.* unfold before one's eyes, emerge

【配】展现才能，展现景象

【例】①他很喜欢在别人面前展现自己的特长。②这座城市展现出一片繁荣景象。

【同】展示

崭新 zhǎnxīn　*adj.* brand new

【配】崭新的房间，崭新的一天

【例】①生日那天，父亲送他一辆崭新的自行车。②他今天穿了一件崭新的衣服。

占据 zhànjù *v.* occupy, seize

【配】占据土地，占据市场

【例】①我们的军队已经占据了重要的战斗位置。②随意停放的汽车占据了人行道。

占领 zhànlǐng *v.* capture, occupy, seize

【配】占领地盘（dìpán; domain），占领市场

【例】①侵略者占领了这个国家的大部分领土。②他们的产品迅速占领了市场。

战斗 zhàndòu *n./v.* fight, battle; combat

【配】战斗激烈，继续战斗

【例】①战斗进行得非常激烈。②战士们坚持和敌人战斗到底。

战略 zhànlüè *n.* strategy

【配】战略战术，发展战略

【例】①两国在新能源开发领域是战略合作伙伴。②公司发展离不开正确的战略。

战术 zhànshù　*n.* (military) tactics
【配】战略战术，战术指导
【例】①这次胜利得益（déyì; benefit）于正确的战术。
②军队正在进行战术演习。

战役 zhànyì　*n.* campaign, battle
【配】打响战役，伟大的战役
【例】①两位将军在这场战役中英勇牺牲了。②我们的军队取得了这场战役的胜利。

章程 zhāngchéng　*n.* rules, regulations, constitution
【配】遵守章程，公司章程
【例】①会议通过了新的组织章程。②员工应遵守公司的章程。

帐篷 zhàngpeng　*n.* tent
【配】支起帐篷
【例】①他们点起篝火（gōuhuǒ; bonfire），支起帐篷，准备在山里过一晚。②我们在公园里搭起帐篷准备休息。

障碍 zhàng'ài　*n.* hinder
【配】前进的障碍
【例】①人生路上有许多障碍，我们需要一个一个地克服。②前进路上的障碍已经被扫除了。

【同】阻碍

招标 zhāobiāo　*v.*　invite tenders/bids/public bidding

【配】公开招标，招标广告

【例】①在这次招标大会中，这家公司获得了本届博览会的主办权。②这家工厂已经开始公开招标了。

招收 zhāoshōu　*v.*　recruit, take in

【配】招收学生，招收计划

【例】①这个学校今年招收了 5000 名学生。②这家航空公司今年不招收新飞行员（fēixíngyuán; pilot）。

朝气蓬勃 zhāoqì péngbó　be full of youthful spirit, be full of vigour and vitality

【例】①看着这些小学生朝气蓬勃的脸庞（liǎnpáng; face），我感慨年轻真好。②他是一个朝气蓬勃的年轻人。

着迷 zháomí　*v.*　be fascinated, be captivated

【配】听得着迷，为……而着迷

【例】①孩子们听故事都听得着迷了。②这首曲子令他十分着迷。

【同】入迷（rùmí）

沼泽 zhǎozé   *n.* marsh
【配】沼泽地
【例】①他一不小心陷入了沼泽里。②再往前走就是一片望不到头的沼泽地。

照样 zhàoyàng   *adv.* be in the same old way
【配】照样做某事
【例】①父亲还是照样抽烟，不听母亲的话。②虽然放假了，但他还是照样每天六点起床。

照耀 zhàoyào   *v.* shine, illuminate, enlighten
【配】阳光照耀
【例】①灿烂的阳光照耀着大地。②阳光照耀在海面上，泛起一阵波光。

折腾 zhēteng   *v.* torment, toss about, do sth over and over again
【配】反复折腾，折腾半天
【例】①噪音可把这个小区的居民折腾苦了。②你就在这儿休息一会儿吧，别再折腾回家了。

遮挡 zhēdǎng   *v./n.* shelter from, keep out; cover
【配】遮挡阳光，设置遮挡
【例】①她戴着帽子，以此来遮挡强烈的阳光。②门前什么遮挡都没有。

折 zhé *v./n.* break; discount

【配】折断，打六折

【例】①他力气很大，一下就把尺子折断了。②这件衣服打六折。

折磨 zhémó *v.* torture

【配】肉体折磨，精神折磨

【例】①她被忧郁的心情折磨着。②他的病一直不见好，真够折磨人的。

侦探 zhēntàn *n./v.* do detective work; spy

【配】私家（sījiā; private）侦探，侦探小说

【例】①她雇佣私家侦探跟踪调查丈夫的行踪（xíngzōng; track）。②他喜欢看侦探小说。

珍贵 zhēnguì *adj.* valuable

【配】珍贵的珠宝，珍贵的情谊

【例】①这是他送给我的珍贵礼物。②这是国家级的珍贵文物。

【同】宝贵

珍稀 zhēnxī *adj.* rare and precious

【配】珍稀动物，珍稀物种（wùzhǒng; species）

【例】①人人都应该保护珍稀动物。②熊猫是受保护的珍稀物种。

【扩】稀少（xīshǎo; rare）

珍珠 zhēnzhū *n.* pearl

【配】一串珍珠，珍珠项链

【例】①这串珍珠很珍贵。②我喜欢珍珠项链。

真理 zhēnlǐ *n.* truth

【配】追求真理

【例】①真理有时候掌握在少数人的手中。②这是不可否认的真理。

真相 zhēnxiàng *n.* truth

【配】接近真相，了解真相

【例】①真相有时是残酷的，需要我们勇敢面对。②他最终查清了事情的真相。

真挚 zhēnzhì *adj.* sincere

【配】真挚的友谊，真挚的感情

【例】①我们彼此间建立了真挚的友情。②他们之间的感情很真挚。

【反】虚伪

斟酌 zhēnzhuó　*v.* deliberate, consider

【配】斟酌一下，反复斟酌

【例】①我需要斟酌一下这篇文章的用词。②我要好好斟酌一下他的意见。

枕头 zhěntou　*n.* pillow

【配】一个枕头

【例】①我想要一个舒适的枕头。②挑选（tiāoxuǎn; choose）合适的枕头有助于提高睡眠质量。

阵地 zhèndì　*n.* position, front

【配】坚守（jiānshǒu; stick to）阵地，学术阵地

【例】①多年来，他一直坚守在学术研究的阵地上。②战士们艰难地守着这块阵地。

阵容 zhènróng　*n.* battle array

【配】阵容强大，部队阵容

【例】①这部电影演员阵容强大，值得期待。②这次晚会阵容强大，很多明星都会上场。

振奋 zhènfèn　*v./adj.* inspire, spur on; high-spirited

【配】令人振奋，精神振奋

【例】①一大早他就听说了这个令人振奋的好消息。②他的演讲使我们精神振奋。

振兴 zhènxīng *v.* develop vigorously

【配】振兴民族，振兴经济

【例】①他为了振兴祖国，来到西方国家学习先进的技术。②这些措施振兴了地方经济。

震撼 zhènhàn *v.* shake, shock

【配】震撼心灵，震撼的电影

【例】①这本书给她的心灵造成了深深的震撼。②这是一部震撼人心的电影。

震惊 zhènjīng *v.* shock

【配】感到震惊，震惊中外

【例】①听到他被这所著名大学录取的消息，我震惊了。②这条新闻震惊了全世界。

镇定 zhèndìng *adj./v.* calm; calm down

【配】神情镇定，镇定情绪

【例】①他装作很镇定，其实内心非常不安。②她太激动了，得先让她镇定情绪。

【同】镇静

镇静 zhènjìng *adj./v.* calm; calm (down)

【配】镇静自如

【例】①过了一会儿，他终于镇静下来了。②她需要镇静一下紧张的情绪。

【同】镇定

正月 zhēngyuè　*n.* first month of the lunar year

【配】正月初一

【例】①正月是孩子们最喜欢的月份。②我打算正月初一回老家。

争端 zhēngduān　*n.* dispute

【配】发生争端，国际争端

【例】①和平对话是解决争端的有效途径。②这两个国家发生了领土争端。

争夺 zhēngduó　*v.* fight for

【配】争夺市场，争夺土地

【例】①各家电视台都在争夺这次比赛的播出权。②这两个国家多年来一直在争夺那片土地的所有权。

争气 zhēngqì　*v.* try to be next to none

【配】为……争气

【例】①尽管家庭贫困，但是他很争气，考上了大学。②他发誓要为父母争气。

争先恐后 zhēngxiān-kǒnghòu　strive to be the first

and fear to lag behind

【例】①听说这位著名学者要来学校演讲，同学们都争先恐后地报名听演讲。②班级大扫除，同学们都争先恐后地干活儿。

争议 zhēngyì *v.* debate

【配】有争议，存在争议

【例】①关于这位文学家的出生地问题，学术界还存在着争议。②这个证据的可靠性存在争议。

征服 zhēngfú *v.* conquer

【配】征服对手，征服观众

【例】①他天天刻苦训练，就是为了在赛场上征服对手。②她的歌声征服了全场观众。

征收 zhēngshōu *v.* levy, collect, impose

【配】征服赋税（fùshuì; taxes），征收土地

【例】①这些年，向农民征收的税减少了。②这块土地被国家征收了。

挣扎 zhēngzhá *v.* struggle

【配】苦苦挣扎

【例】①他挣扎了两下，终于站了起来。②他们为了生存痛苦地挣扎着。

蒸发 zhēngfā　*v.* evaporate

【配】液体蒸发，人间蒸发

【例】①蒸发是一种物理现象。②那家公司一夜之间突然蒸发了，一个人也找不到。

整顿 zhěngdùn　*v.* rectify

【配】整顿秩序，整顿作风

【例】①公司决定整顿一下内部纪律。②班主任决定整顿一下班级的学习风气。

【同】整治（zhěngzhì）

正当 zhèngdàng　*adj.* proper, appropriate

【配】正当行为，正当的要求

【例】①这些钱都是他的正当收入。②他通过不正当途径拿到了护照。

正负 zhèngfù　*adj.* plus-minus, positive-negative

【配】正负极

【例】①地球有正负两极磁场（cíchǎng; magnetic field）。②磁铁（cítiě; magnet）有正负极。

正规 zhèngguī　*adj.* regular, standard

【配】正规经营，正规军队

【例】①这家商店的经营很正规，有许可证。②这些战士们是经过正规训练的。

正经 zhèngjing　*adj.* proper, serious, honest

【配】正经事儿，说正经的

【例】①说正经的，你到底去不去？②钱必须用在正经地方。

正气 zhèngqì　*n.* healthy atmosphere

【配】一身正气，发扬正气

【例】①他一身正气，从不向恶势力屈服。②他很刚正（gāngzhèng; principled），充满正气。

正义 zhèngyì　*n./adj.* justice; righteous

【配】主持正义，正义的力量

【例】①正义在我们这一边。②我相信正义的力量一定能战胜邪恶（xié'è; evil）。

【反】邪恶

正宗 zhèngzōng　*adj.* genuine, authentic

【配】正宗西餐，正宗川菜

【例】①这家上海菜馆很正宗。②这是正宗的四川火锅。

【同】地道

证实 zhèngshí　*v.* verify

【配】被证实……

【例】①法院证实他是清白的。②他的判断被证实了。

证书 zhèngshū　*n.* certificate

【配】荣誉证书，毕业证书

【例】①他很自豪地把荣誉证书拿到我面前。②我已经拿到了毕业证书。

郑重 zhèngzhòng　*adj.* serious, solemn

【配】郑重声明

【例】①他郑重地向领导保证，一定按时完成任务。②他郑重地对我说："你一定保守秘密。"

政策 zhèngcè　*n.* policy

【配】一项政策，制定政策

【例】①这项政策保障了农民的利益。②为保护环境，市政府最近制定了几项新政策。

政权 zhèngquán　*n.* political power

【配】巩固政权，统治政权

【例】①为了巩固政权，政府颁布了一些新措施。②他们在那个国家建立了新政权。

症状 zhèngzhuàng　*n.* symptom
【配】疾病症状，感冒症状
【例】①中医对不同类型的感冒症状用不同的药。②这种症状很少见。

之际 zhījì　*n.* during, amid
【配】开学之际，新婚之际
【例】①他们俩趁新婚之际去国外旅游了一趟。②很多校友（xiàoyǒu; schoolfellow）在建校 100 周年之际回到母校（mǔxiào; Alma Mater）。

支撑 zhīchēng　*v.* support, maintain
【配】勉强支撑，苦苦支撑
【例】①高楼靠地基(dìjī; foundation)支撑。②这个家全靠她支撑。

支出 zhīchū　*v./n.* pay; expenses
【配】支出费用，日常支出
【例】①我本月的话费比上月多支出了 50 元。②教育花费是家庭中一笔很大的支出。

支流 zhīliú　*n.* branch; minor aspect
【例】①长江有许多支流。②观察形势要区别主流和支流。

【反】主流

支配 zhīpèi *v.* arrange, dominate

【配】支配时间，资金支配

【例】①别让社会舆论支配了你的思想。②这些资金由你们部门支配。

支援 zhīyuán *v.* support

【配】支援灾区（zāiqū; disaster area），支援部队

【例】①灾区收到来自社会各界的支援。②政府派出专家小组去当地支援经济建设。

支柱 zhīzhù *n.* support, pillar

【配】精神支柱，经济支柱

【例】①这对儿女一直是他们的精神支柱。②爸爸是我们家里的经济支柱。

枝 zhī *n./m.* branch; [used for flowers with stems intact]

【配】树枝，一枝花

【例】①树枝上压满了花朵（huāduǒ; flower）。②他送给我一枝桃花（táohuā; peach blossom）。

【扩】树枝（shùzhī; branch）

知觉 zhījué *n.* consciousness, perception

【配】失去知觉

【例】①他眼前一黑，失去了知觉。②我双手冻得已经没有知觉了。

知足常乐 zhīzú chánglè contentment brings happiness

【例】①人要懂得知足常乐，养成好的心态。②我的人生观就四个字——知足常乐。

脂肪 zhīfáng *n.* fat

【配】囤积（túnjī; hoard）脂肪，体内脂肪

【例】①为了过冬，动物要囤积厚厚的脂肪。②为了减去多余的脂肪，他每天坚持锻炼。

执行 zhíxíng *v.* execute, carry out

【配】执行合同，执行命令

【例】①制定了计划就要认真执行。②警察在执行任务。

执着 zhízhuó *adj.* stubborn; persistent

【配】执着于

【例】①她对唱歌非常执着。②他一直执着于弄清这件事的真相。

【反】灵活

直播 zhíbō *v.* televise live

【配】现场直播

【例】①他负责这次电视节目的直播。②这场比赛是现场直播，很精彩。

直径 zhíjìng   *n.* diameter

【例】①这个球的直径有 5 厘米。②圆形（yuánxíng; circular）的直径越大，面积越大。

侄子 zhízi   *n.* nephew, brother's son

【例】①我侄子今年 10 岁了。②他的小侄子非常调皮。

值班 zhíbān   *v.* be on duty

【例】①今天是星期天，可爸爸还要去公司值班。②我周末还要值班，没有时间休息了。

职能 zhínéng   *n.* function

【配】政府职能

【例】①居委会（jūwěihuì; neighbourhood committee）的职能就是保障社区安全。②政府这次改革的方向是转变政府职能。

职位 zhíwèi   *n.* position

【配】一个职位，公司职位

【例】①我在公司的职位是销售部经理。②我想重新换一个职位。

职务 zhíwù *n.* post, duty

【配】担任职务，解除职务

【例】①他被解除了职务。②我的职务是行政助理。

殖民地 zhímíndì *n.* colony

【例】①这个国家历史上在世界很多地方都拥有殖民地。②这块殖民地最终获得了自由。

指标 zhǐbiāo *n.* standard

【配】达到指标，生产指标

【例】①体育成绩是衡量（héngliáng; weigh）学生综合素质的重要指标。②这个部门今年没有完成生产指标。

指定 zhǐdìng *v.* appoint

【配】指定地点，指定日期

【例】①他们在指定地点见面了。②我们在指定日期内完成了任务。

指甲 zhǐjia *n.* nail

【配】指甲油，剪指甲

【例】①她喜欢给指甲涂上不同的颜色。②你的指甲该剪了。

指令 zhǐlìng *n.* instruction

【配】发出指令，主考指令

【例】①我们时刻等着上级的指令。②主考正在宣读考试指令。

【同】指示

指南针 zhǐnánzhēn *n.* compass

【例】①指南针是中国古代四大发明之一。②有了这个指南针，我们就不怕迷路了。

【扩】逆时针（nìshízhēn; anticlockwise）

指 示 zhǐshì *v./n.* indicate, point out, instruct; directive

【配】指示方向，接到指示

【例】①领导指示我们，一定要按时完成任务。②我们没有接到上级的指示。

【同】指令

指望 zhǐwàng *v./n.* look to; hope

【配】指望某人，有指望

【例】①我不指望他能准时到达。②你找工作的事有指望了吗？

指责 zhǐzé *v.* criticise

【配】指责某人，过分指责

【例】①面对舆论的指责，他只是保持沉默。②他因为我的失误而指责我。

志气 zhìqì *n.* aspiration

【配】有志气

【例】①他是个有志气的孩子，很有上进心。②他虽人小，但志气大。

制裁 zhìcái *v.* impose sanctions (on), punish

【配】军事制裁，严厉制裁

【例】①他最终受到了法律的制裁。②几个国家联合对这个国家进行了经济制裁。

制服 zhìfú *v./n.* bring sb under control; uniform

【配】制服罪犯，穿制服

【例】①两市警察一起行动，共同制服了罪犯。②我不喜欢穿制服。

制约 zhìyuē *v.* restrict

【配】制约发展

【例】①这一落后的指导方针严重制约了社会的发展。②交通不发达制约着这个城市的经济发展。

制止 zhìzhǐ *v.* stop

【配】及时制止，上前制止
【例】①他正要往墙上贴小广告，我及时制止了他。
②警察上前制止了他不理智的行为。

治安 zhì'ān　*n.* public order
【配】社会治安，社区治安
【例】①近几年，这个城市的社会治安得到改善，人民安居乐业。②我们小区的治安很好。

治理 zhìlǐ　*v.* administer
【配】治理国家，治理环境
【例】①新市长把这座城市治理得很好。②政府正在治理环境污染。

致辞 zhìcí　*v.* make a speech
【配】毕业致辞，典礼致辞
【例】①校长在毕业典礼上的致辞令人难忘。②新郎在婚礼上向大家致辞。

致力 zhìlì　*v.* devote oneself to
【配】致力于
【例】①新市长上任后，一心致力于城市建设。②他一生致力于语言学研究。

致使 zhìshǐ   *v./conj.* cause; so as to
【例】①那次地震致使几万人失去生命。②他粗心大意，致使考试成绩不及格。
【同】导致

智力 zhìlì   *n.* intelligence
【配】智力测验，智力游戏
【例】①老师组织孩子们进行智力测验。②他的智力超过了平常人。
【同】智商

智能 zhìnéng   *adj./n.* intellectual; intellectual ability
【配】智能手机，人工智能
【例】①学生们几乎人手一部智能手机。②这样的教育有利于发展学生的智能。

智商 zhìshāng   *n.* intelligence quotient (IQ)
【配】高智商
【例】①要想成为一名优秀的人才，只有高智商还不够，还需要具备良好的情商（qíngshāng; emotional quotient）。②他的智商很高。
【同】智力

滞留 zhìliú   *v.* be held up

【配】滞留机场，滞留海外

【例】①一场台风使得大批旅客滞留机场。②因交通堵塞，我们在路上滞留了好几个小时。

中断 zhōngduàn *v.* break off

【配】信号中断，会议中断

【例】①地震使得电视信号暂时中断。②由于事故，交通中断了。

【反】延续

中立 zhōnglì *v.* be neutral

【配】保持中立，中立立场

【例】①对于这件事，他始终保持中立。②在这场战争中，这个国家保持中立态度。

中央 zhōngyāng *n.* centre, middle, centre of power

【配】马路中央，中央大厅

【例】①她坐在同学们中央，笑得很灿烂。②第一届中央代表大会在这里举行。

忠诚 zhōngchéng *adj.* loyal, faithful

【配】忠诚的战士，态度忠诚

【例】①忠诚是一名战士最重要的品德。②这只小狗对主人很忠诚。

忠实 zhōngshí　*adj./v.* loyal, truthful; be true to
【配】忠实的听众，忠实于
【例】①我是这个节目最忠实的听众。②这部电影忠实于原著（yuánzhù; original work）。

终点 zhōngdiǎn　*n.* destination
【配】到达终点
【例】①他虽然受伤了，但仍坚持跑到了终点。②谁先到终点，谁就是第一名。
【反】起点（qǐdiǎn）

终究 zhōngjiū　*adv.* all in all
【例】①自己的路，终究要自己走。②他终究没能走出那个小山村。

终身 zhōngshēn　*n.* all one's life
【配】终身大事，终身荣誉
【例】①他被英国电影学院授予终身教授。②他终身未婚。

终止 zhōngzhǐ　*v.* terminate
【配】终止合同，终止比赛
【例】①他终止了与公司的合同。②因为双方球员打架，裁判终止了这场比赛。

衷心 zhōngxīn   *adj.* heartfelt, wholehearted

【配】衷心祝福，衷心感谢

【例】①我衷心地祝福你一切顺利。②我衷心感谢父母对我的养育（yǎngyù; bring up）之恩。

【扩】热衷（rèzhōng; be fond of）

肿瘤 zhǒngliú   *n.* tumour

【配】脑肿瘤，良性（liángxìng; benign）肿瘤

【例】①她脑子里长了一个肿瘤，需要做手术。②良性肿瘤只要及时治疗，并不可怕。

种子 zhǒngzi   *n.* seed

【配】种子发芽（fāyá; sprout），种子选手

【例】①这颗种子发芽了。②他是一名种子选手。

种族 zhǒngzú   *n.* race

【配】不同种族，种族战争

【例】①各个种族之间是平等的关系。②世界上有许多种族。

众所周知 zhòngsuǒzhōuzhī   as everyone knows

【例】①众所周知，他是一位好老师。②他是羽毛球冠军，这是众所周知的事情。

种植 zhòngzhí   *v.* plant, grow
【配】种植香蕉，种植园（plantation）
【例】①他在山上种植了很多苹果树。②这个种植园里种满了鲜花。

重心 zhòngxīn   *n.* centre of gravity, core
【配】重心不稳，工作重心
【例】①他感到重心不稳，一阵头晕。②经济建设问题是政府当前的工作重心。

舟 zhōu   *n.* boat
【配】龙舟，小舟
【例】①每当端午节，这个地方的人们都要赛龙舟。②他独自一个人坐在小舟上。
【同】船

州 zhōu   *n. zhou* [an administrative division in former times], autonomous prefecture, state
【配】自治（zìzhì; autonomy）州，州长
【例】①中国有许多少数民族自治州。②美国有多少个州？

周边 zhōubiān   *n.* surrounding area
【配】周边城市，学校周边

【例】①这次地震，周边的省市都受到了影响。②学校周边有许多小商店。

周密 zhōumì　*adj.* careful, thorough
【配】周密部署，周密的计划
【例】①在行动前，警察已经做了周密的部署。②他的计划很周密。

周年 zhōunián　*n.* anniversary
【配】周年纪念日
【例】①今天是我们结婚一周年的纪念日。②今年是我们学校建校 60 周年。

周期 zhōuqī　*n.* cycle, period
【配】生理周期，运行周期
【例】①这种动物新陈代谢的周期很长。②地球自转一个周期是一天。

周折 zhōuzhé　*n.* twists and turns
【配】经受周折，大费周折
【例】①几经周折，她们母女终于相见了。②我们终于拿到了这份合同，真是大费周折。

周转 zhōuzhuǎn　*v.* turn over

【配】资金周转

【例】①他周转了很多城市，终于买到了这批货物。②这家公司最近资金周转不灵了。

粥 zhōu *n.* porridge

【配】小米粥，喝粥

【例】①我很喜欢喝小米粥。②他不想吃菜，就想喝粥。

昼夜 zhòuyè *n.* day and night

【配】昼夜不停，不分昼夜

【例】①机器昼夜不停地工作着。②他工作不分昼夜，把身体都累坏了。

皱纹 zhòuwén *n.* wrinkle

【配】布满皱纹

【例】①她已经 70 岁了，脸上布满了皱纹。②爷爷脸上的皱纹越来越深了。

【扩】花纹（huāwén; decorative pattern），指纹（zhǐwén; fingerprint）

株 zhū *m.* [used for plants or trees]

【例】①他在阳台上养了一株兰花（lánhuā; orchid）。②我家门前有一株苹果树。

诸位 zhūwèi *pron.* [used in addressing a group of people] ladies and gentlemen

【配】诸位来宾，诸位领导

【例】①欢迎诸位光临。②诸位能来，我非常荣幸。

【同】各位（gèwèi）

逐年 zhúnián *adv.* year and year

【配】逐年成长，逐年扩大

【例】①孩子们逐年成长。②我们都在逐年变老。

主办 zhǔbàn *v.* sponsor, host

【配】主办单位，主办城市

【例】①中央电视台主办了这次春节联欢会。②这个讲座由我们学院主办。

主导 zhǔdǎo *v./n.* lead; leading

【配】以……为主导，主导地位

【例】①这家公司的产品主导了整个市场。②学校工作应该以教学工作为主导。

主管 zhǔguǎn *n./v.* person in charge; be in charge of

【配】部门主管，由……主管

【例】①他是这个部门的主管。②这里的一切工作由他主管。

主流 zhǔliú　*n.* mainstream

【配】社会主流，主流思想

【例】①诚实是社会主流道德观之一。②分析形势要看主流。

【反】支流

主权 zhǔquán　*n.* sovereignty

【配】国家主权，领土主权

【例】①国家主权高于一切。②两国因为领土主权问题发生了争议。

主义 zhǔyì　*n.* systematic theory, mentality, political system, economical system

【配】集体主义，社会主义

【例】①他是一个自由主义者。②英国是一个资本主义国家。

拄 zhǔ　*v.* lean on (a stick, etc)

【配】拄拐

【例】①奶奶年纪大了，走路时需要拄着拐杖。②他左腿受伤了，只能拄拐走路。

嘱咐 zhǔfù　*v.* enjoin, urge

【配】再三嘱咐

【例】①妈妈嘱咐儿子一定要按时吃饭。②老师再三嘱咐我们要坚持练习口语。

助理 zhùlǐ　*n.* assistant

【配】经理助理，助理编辑

【例】①他在这家企业担任经理助理。②他是这个研究所的助理研究员。

助手 zhùshǒu　*n.* assistant

【配】得力助手

【例】①她是我工作上的得力助手。②经理需要一名助手。

住宅 zhùzhái　*n.* residence

【配】住宅区，住宅楼

【例】①住宅区内不得乱扔垃圾。②这里的住宅很豪华。

注射 zhùshè　*v.* inject

【配】注射药物，体内注射

【例】①在手术前，医生为她注射了麻醉剂。②我生病了，医生在我体内注射了药物。

注视 zhùshì　*v.* stare at

【配】深情注视，密切注视

【例】①她深情地注视着丈夫的眼睛。②我们正密切注视事态的发展。

【同】凝视

注释 zhùshì *v./n.* explain with notes; (explanatory) note

【配】注释详细，做注释

【例】①这篇古文注释得很详细。②下面看这篇课文的注释。

【同】注解（zhùjiě）

注重 zhùzhòng *v.* lay stress on

【配】注重文化建设，注重形象

【例】①这位领导很注重公司的文化建设。②他很注重个人形象。

驻扎 zhùzhā *v.* be stationed

【配】驻扎军队，驻扎在此

【例】①他率领部队暂时驻扎在这座山里。②他们打算在此驻扎，休息一晚。

著作 zhùzuò *n./v.* work, book; write

【配】文学著作，著作多

【例】①他一生出版了数十部著作。②这位作家一生著作很多。

铸造 zhùzào　*v.* cast, found

【配】铸造车间，铸造工艺

【例】①那名工匠（gōngjiàng; craftsman）铸造了一把剑。②艰难的岁月铸造了他坚强的品质。

拽 zhuài　*v.* pull, drag

【配】拽住，拽拉

【例】①她拽了拽我的衣角，希望我等等她。②她拽住妈妈的衣服不放。

专长 zhuāncháng　*n.* specialty

【配】有专长

【例】①每个人最好都有自己的专长。②我的专长是画画儿。

【同】特长

专程 zhuānchéng　*adv.* on a special trip

【配】专程看望，专程参加

【例】①我听说你病了，专程赶到你家看望你。②我是专程来请您到我的公司工作的。

专利 zhuānlì　*n.* patent

【配】申请专利，专利权

【例】①她为自己的发明申请了专利。②我们公司拥有这款产品的专利权。

专题 zhuāntí　*n.* special topic

【配】专题报道，社会专题

【例】①她是一名记者，常在报纸上发表专题报道。②社会专题是我经常关注的部分。

砖 zhuān　*n.* brick

【配】一块砖

【例】①这个房子是用砖建起来的。②这个工厂生产的砖质量非常好。

转达 zhuǎndá　*v.* pass on, convey

【配】转达问候，转达祝福

【例】①他让我向你转达歉意（qiànyì; apology）。②请向叔叔转达我的问候。

转让 zhuǎnràng　*v.* transfer the ownership of

【配】转让房子，转让财产

【例】①我打算转让这台电视机。②他已经把房子转让给他弟弟了。

转移 zhuǎnyí   *v.* transfer, shift

【配】转移注意力，转移视线

【例】①天气预报说台风马上要来了，村子里的人迅速转移了。②他很伤心，只有工作才能转移他的注意力。

转折 zhuǎnzhé   *v.* turn in the course of events

【配】转折点

【例】①那一年我经历了人生中最痛苦的转折。②这是我事业上的一个转折点。

传记 zhuànjì   *n.* biography

【配】名人传记，历史传记

【例】①像他这样伟大的诗人，许多史学家都争相（zhēngxiāng; try to be the first）为他写传记。②我喜欢看名人传记。

庄稼 zhuāngjia   *n.* crops

【配】种庄稼，庄稼地

【例】①高中毕业以后，他回到村里种庄稼。②我们家后面是一片庄稼地。

庄严 zhuāngyán   *adj.* solemn

【配】庄严的气氛，场面庄严

【例】①会场庄严肃穆（sùmù; solemn and quiet）。②会议的场面庄严而隆重。

庄重 zhuāngzhòng *adj.* grave
【配】庄重的仪式，庄重大方
【例】①教堂里正在举行一个庄重的仪式。②为了参加这次宴会，大家的穿着都很庄重。

装备 zhuāngbèi *n./v.* equipment; equip
【配】登山装备，用……装备
【例】①他有一套专业的登山装备。②应该用现代化技术装备军队。

装卸 zhuāngxiè *v.* load and unload
【配】装卸工，装卸货物
【例】①他是个工人，负责在码头装卸货物。②他懂得这种机器的装卸和维修。

壮观 zhuàngguān *adj./n.* grand; grand sight
【配】壮观的场面，景色壮观
【例】①节日的天安门广场显得非常壮观。②来到长城脚下，我就感受到了景色的壮观。
【扩】强壮（qiángzhuàng; strong）

壮丽 zhuànglì *adj.* magnificent

【配】壮丽河山，风景壮丽

【例】①我爱祖国的壮丽河山。②这里风景壮丽，气候适宜。

壮烈 zhuàngliè *adj.* heroic

【配】壮烈牺牲

【例】①在这场战争中，他壮烈牺牲了。②他是一名英雄，死得很壮烈。

幢 zhuàng *m.* [used for houses or buildings]

【配】一幢楼，一幢大厦

【例】①新校区建起了一幢幢高楼。②这幢楼非常高。

【同】栋

追悼 zhuīdào *v.* mourn over a person's death

【配】追悼会，追悼伟人

【例】①在丈夫的追悼会上，她哭得非常伤心。②大家都在追悼那位伟人。

追究 zhuījiū *v.* look into, find out

【配】追究原因，追究责任

【例】①出事故了，领导正在追究事故原因。②我们不会再追究你的责任了。

坠 zhuì　*v./n.* fall, drop; hanging object
【配】坠落，坠毁，吊坠（diàozhuì; pendant）
【例】①他不小心从高处坠了下来，摔断了腿。②飞机坠毁在沙漠里。③她脖子上的吊坠很漂亮。

准则 zhǔnzé　*n.* principle
【配】社会准则，行为准则
【例】①学生要遵守学校规定的行为准则。②所有公司员工都要遵守公司相关的准则。

卓越 zhuóyuè　*adj.* excellent
【配】卓越的人才，成绩卓越
【例】①在教育领域，她才能卓越。②他的入学成绩十分卓越。

着手 zhuóshǒu　*v.* set about
【配】着手进行，着手准备
【例】①这个项目我已经着手进行了，下个月应该就能完成。②他已经开始着手解决这个问题。

着想 zhuóxiǎng　*v.* consider (the interests of sb sth)
【配】为某人着想
【例】①我提出的这些建议都是为你着想。②父母总是多为子女着想。

着重 zhuózhòng　*v.* emphasise

【配】着重强调，着重了解

【例】①在会议上，领导着重强调了两个问题。②老师着重说了一下考试的要求。

姿态 zītài　*n.* posture, pose

【配】姿态优美，放低姿态

【例】①她走路的姿态很优美。②做人应该放低姿态，和大家好好相处。

资本 zīběn　*n.* capital

【配】资本市场，资本主义

【例】①这几年赚的钱使他有资本开一个大商场。②我没有足够的资本开公司。

资产 zīchǎn　*n.* property, capital, assets

【配】个人资产，固定资产

【例】①个人的资产受法律保护。②我的资产还不足以还清贷款。

资深 zīshēn　*adj.* senior

【配】资深学者，资深记者

【例】①她是资深的教育专家，对这一领域很有研究。②他是一名资深教授。

资助 zīzhù　*v.*　aid financially
【配】资助贫困儿童，资助费用
【例】①他资助了三名贫困学生。②李老师资助我读完了大学。

滋润 zīrùn　*v./adj.*　moisten; moist
【配】滋润皮肤，空气滋润
【例】①湿润的空气滋润着她的皮肤。②南方的夏天空气很滋润。
【同】湿润
【反】干燥

滋味 zīwèi　*n.*　taste, experience
【配】好滋味，生活的滋味
【例】①这杯饮料的滋味好极了。②他尝到了艰苦生活的滋味。

子弹 zǐdàn　*n.*　bullet
【配】一发子弹
【例】①他的肩膀被子弹击中了。②枪里还剩两发子弹。

自卑 zìbēi　*adj.*　self-abased
【配】自卑心理

【例】①因为个子矮，他一直陷于深深的自卑中。②你要自信，不要自卑，其实你很优秀。

自发 zìfā　*adj.* spontaneous
【配】自发斗争，自发捐款
【例】①群众自发组织了为灾区（zāiqū; disaster area）人民捐款的活动。②工人们自发投入了这场罢工。

自力更生 zìlì-gēngshēng　do sth by relying on one's own strength
【例】①他不依靠任何人，自力更生，终于拥有了自己的事业。②住宿舍让他学会了自力更生。

自满 zìmǎn　*adj.* complacent
【配】骄傲自满，自满情绪
【例】①我们绝不能一有成绩就骄傲自满。②自满使人退步。
【同】骄傲
【反】谦虚

自主 zìzhǔ　*v.* act on one's own
【配】婚姻自主，自主经营
【例】①这项科技是我公司自主研发的。②他自主经营一家小商店。

宗教 zōngjiào *n.* religion

【配】宗教信仰

【例】①她在研究中国的宗教。②每个人都有宗教信仰的自由。

宗旨 zōngzhǐ *n.* aim

【配】服务宗旨，管理宗旨

【例】①这个组织的宗旨是传播优秀的文化。②这家饭店的服务宗旨是顾客至上。

棕色 zōngsè *n.* brown

【配】棕色大衣，棕色头发

【例】①我喜欢棕色的大衣。②他把头发染成了棕色。

踪迹 zōngjì *n.* trail

【配】留下踪迹，不知踪迹

【例】①根据雪地上的踪迹，我们终于找到了探险者 (tànxiǎnzhě; explorer)。②最近不见小王的踪迹，不知道他去哪儿了。

总而言之 zǒng'éryánzhī in short

【例】①总而言之，大家都为公司付出了辛勤的努力，做出了贡献。②总而言之，这件事是我做错了。

总和 zǒnghé　*n.* sum

【配】销售总和，成绩总和

【例】①公司这个季度的销售总和是 1000 万元。②这两次成绩的总和就是你这学期的总成绩。

纵横 zònghéng　*adj./v.* vertical and horizontal; sweep over

【配】纵横交错，纵横商场

【例】①乡下田野纵横交错，像一幅美丽的风景画。②他纵横商场多年，非常有经验。

走廊 zǒuláng　*n.* corridor

【配】教室走廊，公司走廊

【例】①我们常常在教室前的走廊上聊天。②教学楼里的走廊十分安静。

走漏 zǒulòu　*v.* leak out

【配】走漏消息，走漏风声（fēngshēng; rumor）

【例】①不知是谁走漏了消息，敌人已经知道了我们的踪迹。②有人走漏了风声，我们的秘密泄露了。

走私 zǒusī　*v.* smuggle

【配】非法走私，走私活动

【例】①政府严厉打击走私活动。②这些货物是走私来的，已经被扣压（kòuyā; withhold）了。

揍 zòu　*v.* beat
【配】揍一顿，挨揍
【例】①他没按时完成作业，妈妈揍了他一顿。②他把那个小偷揍了一顿。

租赁 zūlìn　*v.* rent
【配】房屋租赁，租赁生意
【例】①他做起了房屋租赁的生意。②他租赁了好几套房子。

足以 zúyǐ　*v.* be enough to
【例】①他的怀疑足以破坏我们之间的友情。②我的工资足以养活我自己了。

阻碍 zǔài　*v.* hinder
【配】阻碍前进
【例】①他的猜忌阻碍了我们之间的交流。②骄傲自大是你前进路上的阻碍。
【同】阻挡（zǔdǎng），障碍

阻拦 zǔlán　*v.* hinder
【例】①他的母亲阻拦他，不让他跟那个女孩儿结婚。②谁都阻拦不了历史前进的车轮。
【同】阻挡（zǔdǎng）

阻扰 zǔrǎo *v.* hinder
【例】①他的疾病阻扰了他科学研究的脚步。②警察阻扰了他逃跑的企图。

祖父 zǔfù *n.* grandfather
【例】①我的祖父是一位将军。②我很爱我的祖父。

祖国 zǔguó *n.* motherland
【配】祖国母亲，伟大的祖国
【例】①我爱我的祖国。②我们要好好建设我们的祖国。

祖先 zǔxiān *n.* ancestors
【配】人类的祖先
【例】①炎黄子孙（Yán-Huáng zǐsūn; descendants of *Yan Di* and *Huang Di*—Chinese people）有着共同的祖先。②清明节（Qīngmíng Jié; Pure Brightness Festival）人们会祭祀（jìsì; hold a memorial service）祖先和死去的亲人。

钻研 zuānyán *v.* study intensively
【配】刻苦钻研，钻研技术
【例】①他对经济学很感兴趣，常常钻研各类经济学问题。②他最近在钻研这个数学问题。

钻石 zuànshí *n.* diamond
【配】一枚钻石，钻石项链
【例】①他举起一枚钻石戒指向女朋友求婚。②她新买了一条钻石项链。

嘴唇 zuǐchún *n.* lip
【配】咬着嘴唇
【例】①约会前，她特意在嘴唇上涂了些口红（kǒuhóng; lipstick）。②那个女孩儿紧张地咬着嘴唇。

罪犯 zuìfàn *n.* criminal
【配】逮捕罪犯
【例】①警察很快就抓到了罪犯。②法院依法（yīfǎ; base on the law）审判了这名罪犯。

尊严 zūnyán *n./adj.* dignity; solemn
【配】维护尊严
【例】①每个人都有自己的尊严，因此请你尊重他人。②大学讲台是一个尊严的地方。

遵循 zūnxún *v.* follow
【配】遵循规律，遵循章程
【例】①生老病死是人类要遵循的自然规律。②我们要遵循公司的办事章程。

琢磨 zuómo *v.* think over, reckon

【配】琢磨问题，仔细琢磨

【例】①这个问题他琢磨了一下午，还是没有解决。
②我在琢磨刚才跟我打招呼的是谁。

作弊 zuòbì *v.* cheat

【配】考试作弊，严禁作弊

【例】①学校严禁考场作弊。②作弊反映出一个学生
严重的道德问题。

作废 zuòfèi *v.* become invalid

【配】成绩作废，合同作废

【例】①因为作弊，他的考试成绩作废了。②因为谈
判失败，两家公司之前的合作条约作废了。

作风 zuòfēng *n.* style

【配】工作作风，生活作风

【例】①几年来，她始终保持艰苦朴素的作风。②他
因生活作风问题受到了领导的批评。

作息 zuòxī *v.* work and rest

【配】作息时间表，生活作息

【例】①你应该调整你的作息时间表，养成早睡早起
的习惯。②他的作息很合理。

座右铭 zuòyòumíng　*n.* motto, maxim

【例】①"有志者事竟成（yǒuzhìzhě shì jìng chéng; where there is a will, there is a way）"，这句座右铭鼓舞着他度过最艰难的时光。②座右铭的力量是强大的，它可以鼓励人朝着希望不断前进。

做主 zuòzhǔ　*v.* decide, back up

【配】由……做主

【例】①我选择什么样的职业由我自己做主。②新中国成立前，儿女的婚姻大事都是由父母做主的。

APPENDIX

附表1: 重组默认词

	默认词		大纲词	
1	便捷	biànjié	方便	敏捷
2	便携	biànxié	方便	携带
3	辨别	biànbié	分辨	区别
4	濒危	bīnwēi	濒临	危险
5	病菌	bìngjūn	病毒	细菌
6	残缺	cánquē	残疾	缺少
7	差异	chāyì	差距	异常
8	持之以恒	chízhī-yǐhéng	保持	之
			以	永恒
9	尺寸	chǐcùn	尺子	分寸
10	崇尚	chóngshàng	崇拜	高尚
11	瓷器	cíqì	陶瓷	乐器
12	存储	cúnchǔ	保存	储备
13	倒塌	dǎotā	摔倒	塌
14	底蕴	dǐyùn	底	蕴藏

15	抵御	dǐyù	抵抗 防御
16	典雅	diǎnyǎ	古典 文雅
17	淀粉	diànfěn	沉淀 粉末
18	钉子	dīngzi	斩钉截铁 竹子
19	发掘	fājué	发现 挖掘
20	感叹	gǎntàn	感慨 赞叹
21	贯穿	guànchuān	贯彻 穿
22	涵盖	hángài	内涵 盖
23	花纹	huāwén	花 皱纹
24	绘画	huìhuà	描绘 画
25	监测	jiāncè	监督 测验
26	简洁	jiǎnjié	简单 廉洁
27	鉴赏	jiànshǎng	鉴别 欣赏
28	焦虑	jiāolù	焦急 顾虑
29	揭示	jiēshì	揭露 显示
30	捷径	jiéjìng	敏捷 途径
31	敬仰	jìngyǎng	尊敬 信仰
32	枯竭	kūjié	枯萎 竭尽全力
33	跨度	kuàdù	跨 程度

34	宽阔	kuānkuò	宽	开阔
35	连贯	liánguàn	连	贯彻
36	猎人	lièrén	打猎	人
37	猎物	lièwù	打猎	动物
38	茂密	màomì	茂盛	稠密
39	美誉	měiyù	赞美	名誉
40	模拟	mónǐ	模仿	拟定
41	磨难	mónàn	折磨	灾难
42	谋生	móushēng	谋求	生活
43	泥沙	níshā	水泥	沙滩
44	泥土	nítǔ	水泥	土地
45	逆境	nìjìng	逆行	环境
46	逆时针	nìshízhēn	逆行	时间
				指南针
47	酿造	niàngzào	酝酿	制造
48	贫穷	pínqióng	贫困	穷
49	器械	qìxiè	机器	机械
50	恰好	qiàhǎo	恰巧	正好
51	潜能	qiánnéng	潜力	能力

52	潜入	qiánrù	潜水 潜移默化
			投入
53	潜在	qiánzài	潜移默化 存在
54	强壮	qiángzhuàng	坚强 壮观
55	倾诉	qīngsù	倾听 告诉
56	热衷	rèzhōng	热情 衷心
57	融合	rónghé	融洽 结合
58	入侵	rùqīn	投入 侵犯
59	食欲	shíyù	食物 欲望
60	树枝	shùzhī	树 枝
61	衰弱	shuāiruò	衰老 弱
62	顺畅	shùnchàng	顺利 舒畅
63	推崇	tuīchóng	推广 崇拜
64	弯曲	wānqū	拐弯 曲折
65	伪装	wěizhuāng	伪造 假装
66	紊乱	wěnluàn	有条不紊 乱
67	稀少	xīshǎo	珍稀 减少
68	戏曲	xìqǔ	戏剧 曲子
69	显露	xiǎnlù	显示 暴露

70	薪酬	xīnchóu	薪水	报酬
71	血液	xuèyè	血压	液体
72	野生	yěshēng	田野	生长
73	抑制	yìzhì	压抑	限制
74	隐藏	yǐncáng	隐蔽	躲藏
75	隐含	yǐnhán	隐蔽	包含
76	隐形	yǐnxíng	隐蔽	形状
77	优雅	yōuyǎ	优美	文雅
78	乐曲	yuèqǔ	音乐	曲子
79	蕴含	yùnhán	蕴藏	包含
80	折叠	zhédié	折	重叠
81	征兆	zhēngzhào	象征	预兆
82	指纹	zhǐwén	手指	皱纹
83	追踪	zhuīzōng	追求	跟踪

附表2：减字默认词

	默认词		大纲词
1	拔	bá	拔苗助长
2	绑	bǎng	捆绑
3	逼	bī	逼迫
4	巢	cháo	巢穴
5	垂	chuí	垂直
6	寸	cùn	分寸
7	代谢	dàixiè	新陈代谢
8	叠	dié	重叠
9	赴	fù	全力以赴
10	腹	fù	腹泻
11	工艺	gōngyì	工艺品
12	雇	gù	雇佣
13	湖	hú	湖泊
14	患	huàn	患者
15	祸	huò	惹祸
16	尖	jiān	尖端

17	箭	jiàn	火箭
18	揭	jiē	揭露
19	捆	kǔn	捆绑
20	狼	láng	狼狈
21	裂	liè	分裂
22	露	lù	暴露
23	埋	mái	埋葬
24	瞒	mán	隐瞒
25	闷	mèn	沉闷
26	庙	miào	寺庙
27	泥	ní	水泥
28	泡	pào	浸泡
29	膨胀	péngzhàng	通货膨胀
30	偏	piān	偏差
31	旗	qí	旗帜
32	迄今	qìjīn	迄今为止
33	迁	qiān	迁徙
34	渗	shèn	渗透
35	寺	sì	寺庙

36	踏	tà	践踏
37	天然	tiānrán	天然气
38	添	tiān	增添
39	吞	tūn	狼吞虎咽
40	挖	wā	挖掘
41	旺	wàng	兴旺
42	掀	xiān	掀起
43	卸	xiè	装卸
44	悬崖	xuányá	悬崖峭壁
45	沿	yán	沿海
46	氧	yǎng	氧气
47	氧化	yǎnghuà	二氧化碳
48	意味	yìwèi	意味着
49	赠	zèng	赠送
50	遮	zhē	遮挡
51	蒸	zhēng	蒸发
52	知足	zhīzú	知足常乐
53	壮	zhuàng	理直气壮
54	捉	zhuō	捕捉

附表3：特例词

特例词	说明
1 《霸王别姬》	电影名
《Bàwáng Bié Jī》	
2 《百家讲坛》	节目名
《Bǎijiā Jiǎngtán》	
3 《楚辞》	诗词名
《Chǔ Cí》	
4 《富春山居图》	画名
《Fùchūn Shānjū Tú》	
5 《古文观止》	书名
《Gǔwén Guānzhǐ》	
6 《贵妃醉酒》	京剧名
《Guìfēi Zuìjiǔ》	
7 《孔雀东南飞》	诗歌名
《Kǒngquè Dōngnán Fēi》	
8 《兰亭集》	诗集名
《Lántíng Jí》	
9 《聊斋志异》	书名

《Liáozhāi Zhìyì》

10	《骆驼祥子》 《Luòtuo Xiángzi》	书名
11	《牡丹亭》 《Mǔdantíng》	戏曲名
12	《水浒传》 《Shuǐhǔ Zhuàn》	书名
13	《说文解字》 《Shuōwén Jiězì》	书名
14	《天工开物》 《Tiāngōng Kāiwù》	书名
15	《天仙配》 《Tiānxiānpèi》	戏曲名
16	《易经》 《Yìjīng》	书名
17	《岳阳楼记》 《Yuèyánglóu Jì》	文章名
18	《资治通鉴》 《Zīzhì Tōngjiàn》	书名

19	奥林匹克公园 Àolínpǐkè Gōngyuán	建筑名
20	八达岭长城 Bādálǐng Chángchéng	地名
21	饱和脂肪酸 bǎohé zhīfángsuān	化合物
22	茶马古道 Chámǎ Gǔdào	地名
23	丞相 chéngxiàng	称呼
24	承德 Chéngdé	地名
25	城隍庙 Chénghuáng Miào	建筑名
26	赤壁之战 Chìbì zhī Zhàn	战争名
27	蹴鞠 cùjū	运动名
28	胆固醇	化合物

dǎngùchún

29	蛋白质	化合物
	dànbáizhì	
30	敦煌石窟	地名
	Dūnhuáng Shíkū	
31	凤凰	动物名
	fènghuáng	
32	复旦大学	单位组织名
	Fùdàn Dàxué	
33	关羽	名字
	Guān Yǔ	
34	桂林	地名
	Guìlín	
35	黄果树瀑布	地名
	Huángguǒshù Pùbù	
36	黄梅戏	戏曲名
	huángméixì	
37	景泰蓝	瓷器名
	jǐngtàilán	

38	恐龙	动物名
	kǒnglóng	
39	矿物质	化合物
	kuàngwùzhì	
40	联合国天文组织	单位组织名
	Liánhéguó Tiānwén Zǔzhī	
41	鲁班	名字
	Lǔ Bān	
42	蒙古族	民族名
	Měnggǔzú	
43	孟子	名字
	Mèngzǐ	
44	牡丹	植物名
	mǔdan	
45	钱塘江	地名
	Qiántáng Jiāng	
46	秦始皇陵兵马俑	文物名
	Qínshǐhuánglíng Bīngmǎyǒng	

47	蜻蜓	动物名
	qīngtíng	
48	鲨鱼	动物名
	shāyú	
49	丝绸之路	地名
	Sīchóu zhī Lù	
50	宋词	文学类别名
	Sòngcí	
51	苏州园林	建筑名
	Sūzhōu Yuánlín	
52	碳水化合物	化合物
	tànshuǐ huàhéwù	
53	王羲之	名字
	Wáng Xīzhī	
54	叶绿素	化合物
	yèlǜsù	
55	藏族	民族名
	Zàngzú	
56	祖冲之	名字
	Zǔ Chōngzhī	